므네모시네의
그리스 로마 신화

Greek and Roman Mythology

므네모시네 의

그리스 로마 신화

권혁진 지음

성공신화 R&D

마음의 소리를 따라
태초부터 오늘에 이르는
그리스 로마 신화를 펼치려 하오니
신들이시여!
부디 제 뜻을 어여삐 여기시어
이야기를 온전히 풀어갈 수 있도록
영감을 불어넣어 주소서.

| 프롤로그 |

좋은 곳을 여행하거나 맛있는 것을 먹을 때
사랑하는 사람이 생각나듯

몇 해 전 스위스 융프라우에 갔을 때였다. 온통 새하얀 눈으로 뒤덮인 알프스산과 그 아래에 펼쳐진 동화 속 같은 마을이 환상적이었다. 여기저기서 감탄사가 절로 터져 나왔다. 일행 중 한 명이 말했다. "여기 오지 않았더라면 평생 후회할 뻔했네!" 그러자 가이드가 한마디 툭 던졌다. "후회할 일도 없습니다. (얼마나 아름다운지) 보지도 못했는데….."

마찬가지다. 그리스 로마 신화를 읽지 않은 사람이 그 책을 읽는 즐거움과 감동을 알 턱이 없다. 그리스 로마 신화의 매력에 흠뻑 빠진 나는, 아직 읽지 않은 사람들에게 어서 읽어 보라고 권한다. 하지만 많은 사람들이 그리스 로마 신화가 어렵다거나 복잡하다고 말한다. 그래서 나는 누구나 이해하기 쉽고 흥미롭게 읽을 수 있는 그리스 로마 신화를 써야겠다고 마음먹었다.

예로부터 말로 전해 내려오던 그리스 로마 신화를 최초로 글로 옮긴 호메로스에서부터 현대에 이르기까지 수많은 작가를 거쳐 오늘날의 그리스 로마 신화가 탄생하게 되었다. 즉, 그리스 로마 신화의 초기 작가와 지금의 작가 사이에는 수천 년의 간극이 존재하고 있다. 그러므로 오늘날 우리가 읽고 있는 그리스 로마 신화는 책마다 다소 상이한 내용이 있을 수밖에 없다. 다시 말해 어떤 책이 어느 원전에 가까운지를 논할 수 있을지라도 '맞다', '틀리다'로 단정 지을 수 없다는 것이다.

오래전부터 나는 그리스 로마 신화에 남다른 관심과 흥미를 가지고 시중에 출간된 여러 책을 탐독하면서 상당히 의아했다. 다양한 설로 인해 내용이 서로 상이한 것은 그렇다 치더라도, 많은 책들이 시간의 흐름과 이야기의 연계성이 부족하고 단편적인 줄거리로 이루어져 있다는 사실에 적잖이 놀랐다. 몇몇 책은 마치 지그소 퍼즐 조각들을 흩뜨려 놓은 듯했다.

이로 인해 책을 읽는 도중에 일어나는 궁금증을 풀기 위해 인터넷 검색창을 열고 이곳저곳을 기웃거리거나 원전을 뒤져야 했다. 또한 복잡하게 얽혀있는 신들의 계보를 찾아 앞뒤 페이지를 뒤적거리다가 되레 엉켜버리기 일쑤였다. 그래서 나는, 이러한 번거로움에서 벗어나 완성된 퍼즐을 보듯 한눈에 볼 수 있는 그리스 로마 신화를 써야겠다는 열정에 더욱 이끌렸다.

이 책은 다르다. 이 책에서는 그리스 로마 신화에 등장하는 신과 인물들의 계보를 단순하고 선명하게 정리하여 책을 읽으면서 겪게 되는 번거로움과 불편함을 없앴다. 또한 글을 읽다가 생겨나는 궁금증을 해

소하고, 필요에 따라 이해하기 쉽게 간략한 각주를 달았다. 그뿐만 아니라 번역에 치우친 언어들을 편안하게 읽을 수 있도록 리듬감 있게 다듬었다. 특히 그리스 로마 신화의 상식적인 내용에서부터 우리 일상에 스며든 흥미롭고 경이로우며 신비스러운 이야기들까지 빠짐없이 싣는 데 충실했다.

무엇보다 시간의 흐름에 따라 짜임새 있고 연계성 있는 목차와 내용이 그리스 로마 신화를 한눈에 보듯 읽고 이해하는 데 많은 도움이 될 것으로 믿는다. 그러므로 이 책은 기존의 책들에 비해 누구나 쉽고 흥미롭게 그리고 리듬감 있게 읽을 수 있을 것이다.

물론, 이미 많은 작가들이 그리스 로마 신화에 관한 책을 출간한 이 시점에 굳이 나까지 책을 낼 필요가 있을까 하는 생각이 들지 않는 것은 아니었다. 그러나 좋은 곳을 여행하거나 맛있는 것을 먹을 때 사랑하는 사람이 생각나듯, 그리스 로마 신화를 읽는 즐거움과 감동을 여러분과 함께 나누고 싶은 마음에서 《므네모시네의 그리스 로마 신화》를 출간하게 되었다. 이 책 한 권이면 그리스 로마 신화를 충분히 이해하고, 제대로 알 수 있을 것이라 확신한다.

| 차례 |

1장 신들의 탄생과 패권 다툼

1. 신들의 탄생 • 21
   가이아와 우라노스 • 21
   티탄 신족과 크로노스 • 23
2. 제우스의 탄생과 패권 다툼 • 25
   티타노마키아 • 27
   하늘을 짊어진 아틀라스 • 28
3. 기간토마키아 • 29
4. 기억의 여신 므네모시네 • 31
5. 괴물 티폰의 반란 • 33

2장 올림포스 12신, 제우스의 형제

1. 신들의 제왕 제우스 • 37
   황금 소나기와 다나에 • 39
2. 신들의 여왕 헤라 • 42
   곰으로 변한 칼리스토 • 43
3. 땅의 어머니 데메테르 • 47
   납치된 페르세포네 • 48
   데메테르의 연인들 • 50
4. 바다의 신 포세이돈 • 52
   제우스와의 권력투쟁 • 54
5. 불과 화로의 여신 헤스티아 • 56

3장 올림포스 12신, 제우스의 자식

1. 대장장이의 신 헤파이스토스 •59
   복수의 황금 의자 •60
2. 전쟁과 지혜의 여신 아테나 •63
   아테나 폴리아스 •64
   아테나의 숨겨진 자식 •65
3. 달과 사냥의 여신 아르테미스 •68
   칼리스토와 악타이온 •70
4. 태양과 궁술의 신 아폴론 •72
   아폴론의 연인들 •73
5. 전령의 신 헤르메스 •75
   시금석이 된 바토스 •76
6. 전쟁의 신 아레스 •79
   최고 재판소 아레오파고스 •80
7. 미와 사랑의 여신 아프로디테 •82
   아레스와의 사랑과 질투 •83

4장 지하와 지상에 머문 신

1. 하계의 신 하데스 •87
   하계에 다녀온 영웅 •88
   하데스의 연인들 •89
2. 포도주의 신 디오니소스 •91
   사랑을 의심한 세멜레 •92
   미다스의 황금 손 •94
3. 정의의 여신 디케 •97

5장 인간의 탄생과 인간 종족

1. 인간을 창조한 프로메테우스 •101
   최초의 여성 판도라 •102
   신이 만든 인간 종족 •105
   인간을 버린 아스트라이아 •107
2. 인간 종족과 대홍수 •108
   데우칼리온과 피라 •109
   그리스인의 시조 헬렌 •110

6장 신탁과 운명 그리고 죽음

1. 신의 계시, 신탁 • 113

    델포이의 신탁소 • 114

    피할 수 없는 신탁 • 115

2. 운명의 여신 모이라이 • 117

    멜레아그로스의 장작개비 • 118

3. 저승의 강 스틱스 • 120

    스틱스 강을 걸고 한 맹세 • 121

4. 의술의 신 아스클레피오스 • 123

    아스클레피오스의 지팡이 • 125

7장 테바이 왕가와 오이디푸스

1. 납치당한 에우로페 • 129

2. 테바이의 왕 카드모스 • 131

    하르모니아의 목걸이 • 133

3. 오이디푸스 가문 • 136

    코린토스를 떠난 오이디푸스 • 138

    테바이의 왕이 된 오이디푸스 • 140

    테바이의 마지막 왕가 • 142

    하르모니아 목걸이의 행방 • 145

8장 괴물과 마녀

　　1. 괴물과 마녀의 출현 •149

　　2. 유명한 마녀와 괴물 •151

　　3. 미궁 속 미노타우로스 •160

9장 영웅들의 탄생과 활약

　　1. 페르세우스 •165

　　2. 헤라클레스 •173

　　3. 이아손 •192

　　4. 테세우스 •202

10장 모험과 도전

　　1. 파에톤과 태양마차 •219

　　2. 페가수스와 벨레로폰테스 •223

　　3. 미궁을 만든 다이달로스 •228

　　4. 거미가 된 아라크네 •232

11장 목신 판과 정령들

　　1. 목신 판 •237

　　2. 자연의 정령 님페 •241

　　3. 숲의 정령 사티로스 •244

12장 신들의 사랑과 질투와 분노

    1. 남녀 사랑의 쾌감을 판정한 테이레시아스 • 249

    2. 암소로 변한 이오 • 252

    3. 큐피드와 프시케 • 256

    4. 사랑과 질투의 대상이 된 오리온 • 261

13장 변함없는 영원한 사랑

    1. 저승으로 내려간 오르페우스 • 267

    2. 피그말리온과 갈라테이아 • 270

    3. 포모나를 사랑한 베르툼누스 • 273

    4. 한 몸이 된 필레몬과 바우키스 • 275

14장 이루어질 수 없는 사랑

    1. 월계수로 변한 다프네 • 279

    2. 피라모스와 티스베 • 281

    3. 메아리가 된 에코 • 284

15장 금지된 사랑

    1. 샘으로 변한 비블리스 • 289

    2. 남녀 양성의 헤르마프로디토스 • 291

    3. 몰약나무가 된 미르라 • 293

16장 꽃으로 피어난 못다 한 사랑

1. 아네모네 꽃이 된 아도니스 • 297
2. 수선화로 피어난 나르키소스 • 299
3. 히아신스로 피어난 히아킨토스 • 301
4. 헬리오트로피움이 된 클리티아 • 303

17장 신을 기만하고 모독한 형벌

1. 아귀병에 걸린 에리시크톤 • 307
2. 바위를 굴려 올리는 시시포스 • 309
3. 영원한 기갈에 시달리는 탄탈로스 • 312
4. 사자로 변한 아탈란테와 히포메네스 • 315

18장 트로이 전쟁

1. 트로이의 건국 • 321
2. 트로이 전쟁의 발단 • 326
3. 토로이 전쟁의 등장인물 • 331
4. 트로이 전쟁의 전개 • 345
5. 트로이의 멸망 • 356

19장 오디세우스의 모험

1. 출생과 성장 •365

2. 트로이 전쟁 참전 •368

3. 오디세우스의 모험 경로 •371

4. 오디세우스의 귀환 •385

20장 아이네이아스의 모험

1. 출생과 트로이 전쟁 •393

2. 트로이 탈출 •395

3. 로마 건국 •403

제우스는
세상의 중심을 찾기 위해
동쪽과 서쪽 끝에서
두 마리의 독수리를 동시에 날려 보냈고,

두 마리 독수리는
같은 속도로 날아올라
그리스의 델포이 상공에서 서로 교차하였다.

이 지점에
옴파로스라 불리는 돌이 놓이게 되었는데,
옴파로스는 배꼽이란 뜻으로 '세상의 중심'을 의미한다.

1장

신들의 탄생과 패권 다툼

1
신들의 탄생

태초에,
가장 먼저 공간의 신 카오스가 생겨났다.

가이아와 우라노스

그리고 대지의 여신 가이아가 생겨나고, 대지의 아주 깊숙한 곳에서 지하의 신 타르타로스가 생겨났으며, 그다음으로 만물을 움직이는 사랑의 신 에로스가 차례로 생겨났다.

공간의 신 카오스*는 누구와도 결합하지 않고 스스로 암흑의 남신 에레보스와 밤의 여신 닉스를 낳았다. 그리고 남매 에레보스와 닉스 사이에 에로스가 작동하여 창공의 남신 아이테르와 낮의 여신 헤메라를 낳았다. 밤의 여신 닉스 또한 어느 누구와도 몸을 섞지 않고 홀로 잠의 신 히프노스, 죽음의 신 티나토스, 불화의 여신 에리스, 복수의 여신 네메시스 등 수많은 자식들을 낳았다.

대지의 여신 가이아**는 혼자서 하늘의 신 우라노스를 낳고, 다음으로 산들의 신 우레아와 바다의 신 폰토스를 낳았다. 이렇게 하여 가이아는 드넓은 영역을 차지하고 우주의 질서를 잡아 최초의 지배자가 되었다. 그러나 우라노스는 가이아보다 높은 하늘을 차지하면서 가이아의 권력을 빼앗고 아내로 삼았다. 이로써 우라노스는 어머니 가이아에 이어 두 번째 권력자가 되었다. 권좌에 오른 하늘의 신 우라노스와 대지의 여신 가이아 사이에서 100개의 손과 50개의 머리를 가진 백수 거인 헤카톤케이레스 삼형제와 외눈 거인 키클로페스 삼형제가 태어났다.

우라노스는 자신이 어머니의 권력을 차지했던 것처럼 가이아와 사이에서 태어난 무시무시한 자식들에게 권력을 빼앗기지나 않을까 두려웠다. 그래서 우라노스는 자기 자식들인 헤카톤케이레스 삼형제와 키클로페스 삼형제 모두를 지하의 아주 깊숙한 곳 타르타로스에 가두었다.

---

*   카오스(Chaos)는 '공간'을 뜻하며 고대 그리스 시인 헤시오도스의 '신통기'에 나오는 말이다. 카오스가 '혼돈'의 의미로도 쓰인 것은 후대에 로마의 시인 오비디우스의 '변신 이야기'에서 나온다.
** 가이아는 로마 신화에 나오는 땅의 여신 테라(Terra) 혹은 텔루스(Tellus)와 동일시된다. 현재 모 회사의 맥주 브랜드로도 테라(Terra)가 쓰이고 있다.

타르타로스는 하늘에서 떨어진 청동 모루가 9일 동안 낙하하여 땅에 다다른 후, 다시 지하세계로 9일 밤낮을 떨어져야 닿을 수 있는 세상에서 가장 깊숙한 곳이었다. 이곳은 신들의 권력투쟁에서 패하거나 신들을 모욕한 자들을 유폐하는 곳으로 한 번 갇히면 영원히 빠져나올 수 없는 암흑의 장소로 알려져 있었다. 자식들을 모두 이곳 타르타로스에 가둔 후에 우라노스와 가이아는 다시 12명의 티탄 신족을 낳았다.

티탄 신족과 크로노스

자식에게 저지른 우라노스의 만행에 분노한 가이아는 우라노스를 몰아내기 위한 음모를 꾸몄다. 가이아는 자식들인 티탄 신족*에게 극악무도한 아비를 처단해 줄 것을 호소했다. 모두가 두려워하며 망설이고 있을 때 막내 크로노스가 용기 있게 나섰다. 가이아는 크로노스에게 우라노스를 처단할 계략을 알려주고 그를 자신의 은신처에 숨겼다.

이윽고 우라노스가 밤을 대동하고 가이아와 결합하기 위해 대지로 내려왔다. 이때 크로노스는 어머니 가이아가 만들어 준 불멸의 낫으로 아버지 우라노스의 남근을 잘라 멀리 바다로 던져버렸다. 화들짝 놀란

---

* 티탄(Titan) 신족은 12명으로 '티타네스'라 불리는 6명의 남신 오케아노스, 코이오스, 히페리온, 이아페토스, 크리오스, 크로노스와 '티타니데스'라 불리는 6명의 여신 테미스, 테이아, 포이베, 레아, 므네모시네, 테티스를 이르는 말이다.

우라노스는 대지에서 떨어져 높은 곳으로 달아나 더 이상 대지 가까이에 오지 않았다. 이로써 하늘과 땅은 서로 분리되게 이르렀다. 거세당한 우라노스는 반란을 일으킨 자식들에게 티탄*이라 비난하며, "훗날 너희들에게도 그 징벌이 따르리라."라고 저주를 내렸다.

이때 잘려 나간 우라노스의 남근에서 흘러내린 핏방울이 대지의 여신 가이아에게 스며들면서, 복수의 여신 에리니에스 세 자매 티시포네, 알렉토, 메가이라와 거인족 기간테스, 그리고 물푸레나무의 님페들인 멜리아데스가 태어났다. 또한 바다에 떨어진 우라노스의 남근에서 흘러나온 정액과 바닷물이 어우러져 생겨난 거품에서 사랑의 여신 아프로디테**가 태어났다.

---

* 티탄은 '손을 뻗다'라는 뜻과 관련 있으며 손을 뻗어 엄청난 짓을 저질렀다는 의미를 담고 있다.
** 아프로디테(Aphrodite)는 '거품에서 태어난 여인'이라는 뜻으로, 그리스어로 거품을 뜻하는 아프로스(aphros)에서 유래되었다.

2

제우스의 탄생과 패권 다툼

　우라노스를 거세하고 패권을 영원히 무력화시킨 티탄 신족의 막내 크로노스는 가이아와 우라노스에 이어 세 번째로 권좌에 오르게 되었다. 크로노스는 누이 레아를 아내로 맞이하여 헤스티아, 데메테르, 헤라, 하데스, 포세이돈을 차례로 낳았다. 그러나 크로노스는 '훗날 너희들에게도 그 징벌이 따르리라'라는 우라노스의 저주를 잊지 않고 있었다. 자신이 그랬듯 자식이 권력을 빼앗을지도 모른다는 두려움으로 크로노스는 자식이 태어날 때마다 모두 집어삼켰다. 자식들을 자신의 뱃속에 가두어 애초에 아비에게 저항할 수 없게 만들기 위한 것이었다.

　남편 크로노스가 자식을 낳는 족족 삼켜버리자 레아는 깊은 슬픔에 빠졌다. 레아는 6남매 중 막내아들 제우스를 낳았을 때 아기 대신 돌을 강보에 싸서 크로노스에게 건네주었다. 크로노스는 강보에 싼 돌덩이를 새로 태어난 자식으로만 알고 곧장 집어삼켰다. 레아는 남편

크로노스로부터 빼돌린 아들 제우스를 크레타섬의 동굴에 숨겨 님페 아말테이아*에게 양육을 맡겼다. 아말테이아는 어린 제우스를 염소의 젖과 꿀을 먹이며 키웠다. 또한 반신반인의 쿠레테스를 시켜 아기를 지키게 하고, 울음소리가 크로노스의 귀에 들어가지 않도록 창으로 방패를 두들겨 소리를 내게 했다.

한편 아버지 우라노스를 축출하고 권력을 잡은 크로노스는 자신이 구출해 주었던 키클로페스 삼형제와 헤카톤케이레스 삼형제를 다시 타르타로스에 가두었다. 자식들이 또다시 감금되자 화가 난 가이아가 이번에는 크로노스를 몰아낼 계획을 세웠다. 가이아는 장성한 제우스를 찾아가 그의 출생 비밀을 들려주며 그를 부추겼다. 제우스는 아버지 크로노스에게 도전하는 것이 두려웠지만, 아버지가 삼켜버린 형제자매를 구하고 그의 폭정으로부터 세상을 구해야겠다고 다짐했다.

가이아의 조언에 따라 제우스는 지혜의 여신 메티스를 찾아가 도움을 요청했다. 제우스는 메티스에게 받은 토해 내는 효력을 가진 약을 레아에게 주어 크로노스가 먹게 만들었다. 구토제를 먹은 크로노스는 자신이 삼킨 자식들을 차례로 토해내기 시작했다. 이전에 삼켰던 반대순으로 제일 먼저 제우스 대신 삼켰던 돌이 튀어나오고, 포세이돈, 하데스, 헤라, 데메테르, 헤스티아 순으로 뛰쳐나왔다.

---

*   아말테이아는 염소를 소유한 님페로 제우스를 길러준 유모이다. 다른 설에 따르면 아말테이아 자신이 염소였다고도 하고, 레아가 님페 아말테이아를 암염소로 변하게 하여 어린 제우스에게 젖을 먹이게 하였다고도 한다.

티타노마키아

제우스는 형제들과 함께 올림포스산에 근거지를 두고 크로노스를 선두로 하는 티탄 신족과 전쟁을 벌였다. 하지만 제우스 형제들의 힘만으로 티탄 신족을 상대하기에는 역부족이었다. 제우스는 크로노스가 권력을 잡은 뒤에 소외당한 채 타르타로스에 갇혀있던 키클로페스 삼형제와 헤카톤케이레스 삼형제를 구해주고 그들에게 도움을 요청했다.

제우스 덕분에 타르타로스에서 풀려난 키클로페스 형제들은 제우스에게는 천둥과 번개를, 하데스에게는 투명 투구를, 포세이돈에게는 삼지창을 각각 선물했다. 제우스의 형제들은 키클로페스 형제들로부터 받은 무기로 티탄 신족과 용감히 맞서 싸웠다. 백수 거인 헤카톤케이레스 삼형제도 선봉에 서서 티탄 신족에게 맹공을 퍼부었다. 이들이 각각 백 개의 손으로 거대한 바위를 집어 들고 티탄 신족을 향해 던질 때 그 위력은 압도적이었다. 동시에 집채만 한 삼백 개의 바위가 하늘을 뒤덮자 햇빛이 가려지고 대지에는 어둠이 짙게 드리웠다.

마침내 제우스는 형제들과 키클로페스와 헤카톤케이레스의 도움으로 타탄 신족과 치른 10년간의 티타노마키아*에서 승리를 거두게 되었다. 제우스는 전쟁에서 굴복시킨 티탄 신족을 지하세계인 타르타로스에 감금하고 헤카톤케이레스 삼형제에게 이들을 지키게 하였다.

---

* '티타노마키아(Titanomachia)'란 제우스와 그의 형제들이 티탄 신족과 벌인 전쟁을 말한다. '마키아(machia)'는 그리스어로 전쟁이라는 뜻이다.

하늘을 짊어진 아틀라스

티탄 신족 중 누구보다도 가혹한 형벌을 받은 자는 아틀라스였다. 아틀라스는 티탄 12신 중 하나인 이아페토스와 님페 클리메네* 사이에서 태어난 아들로 메노이티오스, 프로메테우스, 에피메테우스와 형제지간이었다. 하지만 이들 4형제의 운명은 티타노마키아로 인하여 서로 극명하게 갈렸다.

10년간의 전쟁 티타노마키아에서 프로메테우스와 에피메테우스는 제우스의 편에 서면서 제우스의 벌을 면할 수 있었다. 반면 아틀라스와 메노이티오스는 티탄 신족을 지지하다가 전쟁에서 패하면서 제우스의 형벌을 받게 되었다. 메노이티오스는 벼락을 맞고 타르타로스로 떨어졌고, 아틀라스는 세상의 끝에서 하늘을 어깨에 짊어지고 두 손으로 떠받치는 형벌을 받았다.

아틀라스가 형벌을 받게 된 이때부터 하늘과 땅은 서로 떨어져 영원히 만날 수 없게 되었다. 이는 우라노스와 가이아를 떼어 놓아 더 이상 그들의 끔찍한 자식들이 태어나지 않도록 미연에 막은 것이었다. 이로써 티탄 신족의 시대는 끝이 나고 제우스는 가이아, 우라노스, 크로노스에 이어 네 번째 권좌에 올랐다.

---

* 클리메네는 티탄 신족에 속하는 대양의 신 오케아노스와 그의 누이동생 테티스 사이에 태어난 3000명의 딸들인 오케아니데스 중 하나이다. 티탄 신족인 테티스(Tethys)는 트로이 전쟁의 영웅 아킬레우스를 낳은 여신 테티스(Thetis)와 서로 다르다.

3

기간토마키아

한편 가이아는 티타노마키아에서 제우스를 지지했지만, 권력을 잡은 제우스가 티탄 신족을 감금시키자 다시 분노에 휩싸였다. 가이아는 이번엔 제우스를 권좌에서 몰아내기로 마음먹었다. 가이아는 이전에 우라노스의 남근에서 흘린 피와 정액이 대지에 스며들면서 잉태하고 있던 수많은 기간테스를 낳았다.

기간테스는 상반신은 거대한 거인의 모습이고 하반신은 뱀의 형상을 하고 있으며 엄청난 힘을 가진 무시무시한 거인족들이었다. 가이아는 자신이 낳은 기간테스를 부추겨 올림포스를 공격하게 만들었다. 기간테스가 커다란 바위와 불타는 참나무를 던지며 공격해 오자 올림포스 신들도 이들과 맞서 싸웠다. 이로써 기간테스와 올림포스 신들 사이에 격렬한 전쟁이 일어나면서 기간토마키아가 시작되었다.

번개로 무장한 제우스가 앞장서고 포세이돈, 헤파이스토스, 아폴론,

아테나 등이 전쟁에 임했으며 승리의 여신 니케도 이들과 함께했다. 기간테스와 올림포스 신들 사이에 전쟁은 오랫동안 지속되었지만 승부가 나지 않았다. 그때 기간테스*는 결코 신들에 의해서 죽지 않으며, 기간테스에게 승리하기 위해서는 필멸의 존재인 인간의 도움이 필요하다는 신탁을 받았다.

제우스는 아테나를 보내 인간의 몸에서 태어난 자신의 아들 헤라클레스**를 불러오게 했다. 헤라클레스는 기간테스와의 전쟁에 참전하여 뛰어난 공을 세웠다. 대다수의 기간테스들은 제우스의 벼락과 헤라클레스의 화살을 맞고 죽었다. 기간테스의 우두머리인 알키오네우스와 최강의 전사 중 한 명인 포르피리온도 역시 헤라클레스와 제우스에 의해 죽임을 당했다. 이렇게 하여 티타노마키아에 이어 기간토마키아***에서 승리함으로써 제우스를 중심으로 하는 올림포스 신들은 확고한 세력을 구축하기에 이르렀다.

* '기간테스(Gigantes)'는 복수형이며 단수형은 '기가스'(Gigas)이다. 기간테스는 모두 24명의 거인들로 신의 자식들이지만 불멸의 존재는 아니었다.
** 헤라클레스는 필멸의 남녀가 몸을 섞어 낳은 여인들 중 미모와 지혜 면에서 견줄 이가 없는 아름다운 여인 알크메네와 제우스 사이에 태어난 아들이다. p173.
*** '기간토마키아'란 기간테스와 제우스를 중심으로 한 올림포스 신들과의 전쟁을 말한다.

4

기억의 여신 므네모시네

　기간토마키아에서 승리한 제우스는 축가를 지어 자신의 영광을 영원히 기리고자 했다. 이에 제우스는 기억의 여신 므네모시네와 아홉 날 아홉 밤을 동침하여 아홉 명의 무사 자매를 낳았다. 무사*는 모든 것을 기억하고 간직하는 학문의 여신이며, 영감을 주는 예술의 여신이기도 했다.

　이들 아홉 명의 무사 여신들은 천상의 신들뿐만 아니라 인간들에게도 예술적 재능과 영감을 베풀어 주었다. 그리스 로마 신화의 모든 이야기는 기억의 여신 므네모시네와 그녀의 아홉 자녀들이 시인의 입을

---

* 예술가에게 영감을 주는 아름다운 여신을 일컫는 무사(Mousa)는 뮤즈(Muse)의 어원이 되었으며, 여신들의 기예를 이르는 무시케(mousike)는 뮤직(music)의 어원이 되었다. 무사 여신 아홉은 주로 함께 등장하기 때문에 복수형인 '무사이'로도 불리며, 단수는 '무사'라고 한다.

빌어 인간에게 전해 준 것들이었다. 문자가 존재하지 않았던 당시 기억의 여신 므네모시네*와 아홉 자녀들의 노래는 모든 정보를 기억하고 간직하는 데 가장 효과적이며 절대적인 역할을 했다. 이때 무사 여신들과 인간들 사이에 매개의 역할을 하는 이가 시인들이었다.

아홉 명의 무사는 각각 주관하는 영역이 정해져 있었다. 칼리오페는 서사시, 에우테르페는 서정시, 에라토는 연가, 폴리힘니아는 찬가, 테르프시코레는 합창가무, 탈리아는 희극, 멜포메네는 비극, 클레이오는 역사, 우라니아는 천문을 담당하였다. 무사 여신들은 올림포스에서 신들의 연회가 열리면 아폴론 신과 함께 악기를 연주하며 노래하고 춤을 춰 신들에게 즐거움을 선사했다.

또한 무사이는 그들이 살던 헬리콘산이나, 아폴론 신전이 있는 텔포이의 파르나소스산에서 춤과 노래를 즐기곤 했다. 무사 여신들은 시와 음악을 관장하는 아폴론을 수행하였으며, 무사 칼리오페와 탈리아는 아폴론과 사랑을 나누기도 했다. 특히 이들 중 맏이로 태어난 칼리오페는 아내를 찾아 저승까지 내려간 음악의 명인 오르페우스**의 어머니로 유명했다.

---

*   기억의 여신 '므네모시네(Mnemosyne)'는 우라노스와 가이아의 딸로 티탄 12신 중 하나이다.
** 오르페우스는 죽은 아내를 찾아 저승에까지 내려가 리라의 감미로운 선율과 노래로 저승의 왕 하데스와 왕비 페르세포네를 감동시켜 아내 에우리디케를 데려가도 좋다는 허락을 받아냈다. p267.

5

괴물 티폰의 반란

    제우스가 티탄 신족을 가두고 기간테스마저 모두 제거하자 가이아는 지하의 신 타르타로스와 결합하여 그녀의 마지막 자식인 티폰을 낳았다. 티폰은 가이아가 낳은 자식들 중에서 막내지만 가장 몸집이 크고 가장 강력했다. 상반신은 인간이며 하반신은 뱀의 형상을 한 반인반수의 괴물로 그의 어깨와 팔에는 눈에서 불을 뿜어내는 100개의 뱀의 머리가 솟아나 있었다. 티폰*이 일어서면 머리가 하늘에 닿고 양팔을 벌리면 동쪽 끝과 서쪽 끝에 닿을 정도였다. 그가 가는 곳마다 끊임없이 거센 폭풍과 비바람이 생겨났다.

---

*   티폰의 어원은 '연기를 내다. 연기를 내뿜다.'라는 말에서 유래되었다. 티폰은 늘 눅눅하게 불어오는 강풍들을 몰고 다녔는데, 태풍을 뜻하는 영어단어 타이푼(typhoon)은 티폰(Typhon)에서 유래되었다.

무시무시한 괴물 티폰은 어머니 가이아의 부추김을 받아 활활 타는 바윗돌을 내던지고, 강한 불길을 내뿜으며 올림포스를 공격해 왔다. 티폰이 올림포스에 나타나자, 신들은 그를 피해 동물로 변신하여 아이깁토스*로 뿔뿔이 달아났다. 헤라는 암소로, 아프로디테는 물고기로, 아르테미스는 고양이로, 헤르메스는 따오기로, 디오니소스는 염소로 각각 변신해 숨었다.

제우스만이 티폰과 용감히 맞서 싸우자 아테나도 제우스를 도왔다. 하지만 티폰은 제우스를 제압하여 팔과 다리의 모든 힘줄을 끊어버리고 아무 힘도 쓸 수 없게 만들었다. 티폰은 무력해진 제우스를 코리코스 동굴에 감금한 후 암용인 델피네에게 감시하게 했다. 제우스의 팔다리에서 잘라 낸 힘줄도 곰 가죽에 싸서 그곳에 함께 두고 지키게 했다.

아테나 여신은 도둑질에 능한 헤르메스와 함께 제우스의 팔다리 힘줄을 몰래 훔쳐 다시 제우스에게 붙여주었다. 기운을 회복한 제우스는 날개 달린 말들이 이끄는 수레를 타고 벼락을 던지며 티폰을 뒤쫓았다. 티폰은 산을 송두리째 뽑아 제우스에게 던졌다. 제우스는 번개 창으로 날아오는 산들을 티폰에게 되돌려 보냈다. 거대한 산들이 그에게 쏟아져 내려 피투성이가 된 티폰은 시칠리아의 바다로 달아났다. 이때 제우스는 시칠리아에 있는 에트나산을 뿌리째 뽑아 티폰에게 던졌다. 티폰은 산 밑에 깔린 채 바다 아래에 영원히 갇히게 되었다.

---

* 아이깁토스(Aegyptus)는 지금의 이집트(Egypt)를 이르는 말이다.

2장

올림포스 12신, 제우스의 형제

제우스 [Zeus]

신들의 제왕이자 천지를 지배하는 최고의 신이다. 제우스의 로마식 이름은 유피테르(Jupiter), 영어식 이름(발음)은 주피터(Jupiter)이다. 티탄 신족 크로노스와 레아 사이에 태어난 6남매 중 막내로 여신 헤스티아, 데메테르, 헤라, 남신 하데스, 포세이돈과 형제이다.

제우스는 헤라와 결혼하였지만, 수많은 여신과 님페 그리고 인간 여인들과 애정행각을 벌이며 수없이 많은 자식들을 낳았다. 이는 남성의 욕망과 자신의 세력을 넓혀 권력을 확장하는 의미가 있다.

제우스는 주로 독수리와 함께 벼락을 손에 든 모습으로 그려지며, 로마 신화의 유피테르와 동일시된다. 고대 그리스에서는 제우스를 기리기 위해 올림피아 제전을 열었는데, 현재 4년마다 열리고 있는 올림픽경기는 고대 그리스의 올림피아 경기에서 유래된 국제적인 운동경기이다. 주피터(Jupiter)는 태양계에서 가장 큰 행성인 목성의 명칭으로도 쓰이고 있다.

1
신들의 제왕 제우스

　티탄 신족을 물리치고 권좌에 오른 제우스는 형제들과 제비뽑기를 하여 통치 영역을 나누었다. 제우스는 하늘을, 포세이돈은 바다를, 하데스는 지하세계를 각각 맡아 다스렸다. 이로써 제우스는 형제들과 함께 올림포스 신들의 시대를 열고 신과 인간들의 절대 지배자가 되었다. 하지만 제우스는 곧 크나큰 도전에 직면했다. 거인족 기간테스와 전쟁을 치러야 했으며, 거대한 괴물 티폰과 맞서 싸워야 했다. 기간토마키아에서 승리하고 티폰을 물리친 후 비로소 명실상부한 신들과 인간들의 통치자이자 영원한 권력자로 군림하기에 이르렀다.
　제우스는 최고신으로 다른 모든 신들을 합친 것보다 더 강력했다. 제우스는 최고의 권능과 힘을 가지고, 모든 신들과 인간의 왕으로서 세계의 질서와 정의를 유지하였다. 제우스는 천상에서 비와 우박을 내리고 천둥과 벼락을 쳤으며, 벼락은 신들과 인간들의 잘못을 응징할 때 사용하는 가장 강력한 무기였다. 제우스를 능가하는 권력은 신비로운 운명의 힘밖에 없었다.

제우스를 비롯한 신들의 주 무대인 올림포스는 그리스의 북쪽 테살리아에 위치한 그리스에서 가장 높은 산의 정상으로 알려져 있었다. 그러나 점차 특정한 산이 아니라 신들이 거처하는 신성하고 신비로운 영역으로 일반화되었다. 올림포스는 평화와 영광이 가득하고 완전한 행복이 존재하는 곳이었다. 이곳 천상의 입구에는 거대한 구름문이 있는데, 계절의 여신 호라이*가 이를 지키고 있었다. 제우스를 비롯한 올림포스 12신들은 영원한 젊음과 불멸의 생명을 주는 신들의 음식인 암브로시아와 넥타르를 먹고 마시며 이곳에서 평화롭게 지냈다.

제우스는 헤라를 정실부인으로 맞이했으나 수많은 여성들과 애정행각을 벌이고 수많은 자식들을 낳아 헤라를 질투심에 사로잡히게 만들었다. 이로 인해 제우스의 사랑을 받던 여신과 님페 그리고 인간 여인들뿐만 아니라 그들의 자식들까지도 헤라의 분노의 대상이 되었다. 제우스는 헤라의 감시를 피하고 여성들의 호감을 사기 위해 다양한 모습으로 변신해 그들에게 접근하였다. 독수리, 뻐꾸기, 백조, 황소, 구름, 여신, 때로는 인간 남자와 여자로 변신했다. 한번은 제우스가 황금 소나기로 변신하고 청동 감옥으로 스며들었다.

---

* 호라이(Horai)는 율법의 여신 테미스와 제우스 사이에 태어난 세 자매로 정의의 여신 디케, 질서의 여신 에우노미아, 그리고 평화의 여신 에이레네를 일컫는다. 이들은 주로 함께 모여 다니므로 복수형 '호라이'로 쓰고 단수형은 '호라'이다. 운명의 여신 모이라이와 자매지간이다.

황금 소나기와 다나에

어느 날 아르고스의 왕 아크리시오스는 그리스에서 가장 영험하기로 소문난 델포이의 아폴론 신전을 찾아갔다. 아폴론 신전은 폴리스의 수많은 왕과 현자들이 중요한 결정에 앞서 신들의 뜻을 물어보기 위해 찾는 곳으로 유명했다.

아크리시오스는 아름다운 딸 다나에가 있지만 자신의 대를 이을 아들을 얻을 수 있을지 신탁을 물었다. 그러나 그는 아들을 얻기는커녕 뜻하지 않던 흉측한 신탁을 받게 되었다. 언젠가 딸 다나에가 낳은 자식에 의해 자신이 살해될 것이라고 했다. 깜짝 놀란 아크리시오스는 다나에를 청동으로 만든 감옥에 가두어 아무도 접근하지 못하게 철저히 감시했다. 딸이 아이를 갖지 못하도록 애초에 막기 위한 것이었다.

이전부터 다나에 공주의 미모에 반해 마음에 두고 있던 제우스는 그녀가 갇혀있는 청동 감옥으로 접근했다. 하지만 청동 감옥은 원천 봉쇄되어 그 누구도 들어갈 수 없게 만들어져 있었다. 이때 제우스는 황금 소나기로 변신하여 청동 감옥의 지붕 틈새로 스며들어 갔다. 그리고 마침내 다나에와 사랑을 나누어 아들을 낳았다.

아크리시오스 왕은 딸이 아이를 낳은 사실을 뒤늦게 알고 사색이 되었다. 언젠가 자신을 살해하게 될 아이가 태어났기 때문이었다. 불행한 운명에서 벗어날 수 있는 유일한 길은 손자를 죽이는 방법밖에 없다는 걸 알지만 차마 그럴 수 없었다. 더구나 손자에게 제우스의 피가 흐르고 있는 사실을 알고 몹시 두려웠다. 아크리시오스는 딸 다나에와 갓 태어난 손자를 나무 궤짝에 넣어 아무도 모르게 먼바다에 내다 버렸다. 파도에 휩쓸리며 망망대해를 표류하던 다나에와 아기는 세리포스섬에 닿게 되었다. 때마침 이 섬에 살고 있던 어부 딕티스가 이들을 발견하고 집으로 데려갔다. 자식이 없던 딕티스 부부는 다나에와 그녀의 아들을 친자식처럼 보살펴 주었다. 이 아이는 훗날 메두사의 목을 베는 영웅*으로 자라게 되었다.

---

* 제우스와 다나에 사이에서 태어난 페르세우스는 후에 미케네를 건설하고 왕이 된다. 특히 메두사의 목을 벤 것으로 유명하다. p165.

헤라 [Hera]

신들의 여왕이자 결혼생활의 수호신이다. 헤라의 로마식 이름은 유노(Juno), 영어식 이름(발음)은 주노(Juno)이다. 티탄 신족인 크로노스와 레아 사이에서 셋째로 태어났다. 헤스티아, 데메테르, 하데스, 포세이돈, 제우스와 형제지간이다. 남자 형제 제우스와 결혼하여 부부 사이가 되었으며, 둘 사이에서 전쟁의 신 아레스, 젊음의 여신 헤베, 출산의 여신 에일레이티이아, 대장장이의 신 헤파이스토스를 낳았다.

제우스의 정실부인이 된 헤라는 모든 가정에서 결혼의 수호신으로 숭배받았으며, 결혼한 여인들을 보살피고 결혼의 신성한 가치를 지켰다. 헤라는 아프로디테, 아테나 등과 미모를 다툴 정도로 아름다운 자태를 지녔으며 위엄 있고 정숙한 아내였다. 하지만 제우스의 숱한 애정 행각 때문에 복수의 화신으로 널리 알려졌다.

신들의 여왕인 헤라는 주로 머리에 왕관을 쓰고, 손에는 권위의 상징인 왕홀을 든 모습으로 공작새와 함께 그려진다.

2

신들의 여왕 헤라

　헤라는 형제들과 함께 아버지 크로노스 뱃속에 갇혀 지내다가 막내 제우스의 도움으로 세상의 빛을 보게 되었다. 레아는 다시 태어난 갓난아기 헤라를 바다의 신 오케아노스와 테티스* 부부에게 맡겨 안전하게 지낼 수 있게 했다. 헤라는 성년이 되어 제우스를 비롯한 다섯 형제와 힘을 합쳐 크로노스를 몰아내고 새로운 세상을 열었다.
　헤라는 처음에 신과 인간을 가리지 않고 수많은 여인들과 애정 행각을 벌이는 바람둥이 제우스가 자신에게 다가오는 것을 단호하게 거절했다. 하지만 제우스는 포기하지 않고 끊임없이 헤라에게 접근을 시도했다. 그러던 어느 날, 제우스는 폭우가 쏟아지게 한 뒤 뻐꾸기로 변신해

---

*　오케아노스와 테티스는 가이아와 우라노스의 자식으로 티탄 12신에 속하며 남매이자 부부이다.

헤라의 품속으로 날아들었다. 헤라가 비에 젖은 뻐꾸기를 가여워하며 품에 안았을 때 제우스는 본래의 모습으로 돌아와 사랑을 고백했다. 정식 아내로 맞이하겠다는 허락을 받아낸 헤라는 제우스와 결혼식을 올리고 정실부인이 되었다.

헤라를 아내로 맞이한 후에도 제우스의 애정 행각은 쉽게 멈추어지지 않았다. 바람기 많은 제우스는 헤라의 감시를 피하기 위해 다양한 모습으로 변신하여 여성들에게 접근했다. 반면 헤라는 남편 제우스의 계속되는 불륜 행각에도 불구하고 결혼생활과 가정을 꿋꿋이 지켜 나갔다. 하지만 헤라는 제우스가 바람을 피울 때마다 불타오르는 질투심으로 복수의 대상이 된 여인들과 그 자식들까지 집요하게 괴롭혔다. 님페 칼리스토는 바람둥이 제우스와의 애정 행각으로 헤라 여신의 분노를 산 불쌍한 여러 여인들 중 한 명이었다.

곰으로 변한 칼리스토

칼리스토는 아르카디아의 리카온* 왕의 딸로 사냥의 여신 아르테미스를 섬기는 아름다운 숲의 님페였다. 칼리스토는 아르테미스 여신과 함께하는 다른 님페들처럼 영원히 순결을 맹세하고 처녀로 지내는 몸

---

* 리카온은 제우스의 권능을 시험하려는 불경스러운 태도로 사람의 고기인 인육을 제물로 바쳤다가 그 벌로 늑대로 변하게 되었다. p108.

이었다. 사냥의 여신이자 순결의 수호신인 아르테미스와 함께하는 님페들은 순결의 맹세를 어기면 가혹한 처벌이 뒤따랐다.

어느 날 칼리스토는 아르테미스 여신 일행과 함께 사냥을 즐기고 있었다. 칼리스토의 아름다움에 반한 제우스는 그녀를 차지하고 싶은 욕망에 사로잡혔다. 제우스는 칼리스토를 유혹하기 위해 그녀가 섬기는 아르테미스 여신으로 변신하여 접근하였다. 아르테미스 여신으로만 여기고 경계심을 풀고 있던 칼리스토는 제우스에게 순결을 빼앗기고 임신까지 하게 되었다. 그 후 칼리스토는 아르테미스 여신의 처벌이 두려워 임신 사실을 감추고 있었다.

그러던 어느 무더운 여름날 아르테미스 일행은 사냥을 끝내고 함께 목욕을 하게 되었다. 불러온 배를 감출 수 없었던 칼리스토는 임신 사실을 아르테미스에게 그만 들키고 말았다. 그 후 아르테미스에게 추방당한 칼리스토는 홀로 숲에서 아들 아르카스를 낳아 기르다 결국 헤라의 눈에 띄게 되었다. 모든 사실을 알게 된 헤라는 질투심에 사로잡혀 칼리스토를 곰으로 변신시켜 버렸다.

제우스는 동굴 속에 홀로 남은 아르카스를 헤르메스의 어머니인 마이아에게 맡겨 기르게 했다. 세월이 흘러 건장한 청년으로 성장한 아르카스는 어느 날 사냥을 나갔다가 곰으로 변한 어머니 칼리스토와 마주쳤다. 칼리스토는 자신의 모습을 잊은 채 너무나 그리웠던 아들에게 반갑게 다가갔다. 위협을 느낀 아르카스는 다가오는 곰을 향해 화살을 겨누었다. 이 모든 것은 질투심에 불타오른 헤라가 꾸민 짓이었다. 하늘에서 이를 지켜보던 제우스는 아들이 자신의 어머니를 죽이는 비극을 막기 위해 두 모자를 하늘로 올려보내 별자리로 만들어 주었다. 어머니 칼리스토는 큰곰자리, 아들 아르카스는 작은곰자리가 되어 하늘에서 영원히 빛나게 되었다.

헤라는 칼리스토와 아르카스를 별자리로 만들어 준 제우스가 못마땅했다. 헤라는 어린 시절 자신을 길러준 바다의 신 오케아노스와 테티스 부부를 찾아가 두 별자리가 바다에 들어가 쉬지 못하게 해 달라고 부탁했다. 이로 인하여 큰곰자리와 작은곰자리*는 다른 별들처럼 바다에 들어가지 못하고 북극성 주변 하늘만 영원히 맴돌게 되었다.

---

*   고대 그리스 사람들은 다른 별자리들은 일정 기간에 바다에 내려와 쉬는데 큰곰자리와 작은곰자리가 바다에 들어가지 못하는 이유가 헤라의 질투 때문이라 여겼다.

데메테르 [Demeter]

　땅의 생산력을 관장하는 대지의 여신이다. 데메테르의 로마식 이름은 케레스(Ceres)이며 영어식 이름은 시어리즈(Ceres)이다. 데메테르는 크로노스와 레아 사이에 태어난 여신으로 제우스와 남매지간이다. 제우스와 사이에서 딸 페르세포네를 낳고, 말로 변신한 포세이돈과 관계하여 신마 아레이온을 낳았으며, 인간 청년 이아시온과 사이에서 풍요의 신 플루토스를 낳았다.
　가이아는 만물의 어머니이자 창조의 어머니인 대지의 여신이라면, 데메테르는 곡물을 주관하고 땅의 생산력을 상징하는 대지의 여신이다. 주로 밀 이삭으로 만든 관을 쓰고, 손에는 횃불이나 곡물을 든 모습으로 그려진다. 케레스(Ceres)의 영어식 이름 시어리즈(Ceres)는 곡물을 뜻하는 시리얼(cereal)의 어원이 되었다.

3

땅의 어머니 데메테르

데메테르는 대지의 여신으로 곡물을 주관하고, 인간에게 농사짓는 법을 전수하기도 했다. 특히 자연환경을 파괴하는 인간들을 엄벌에 처했다.

태양신 헬리오스의 아들 파에톤이 태양마차의 고도를 낮추어 내달리다 산천초목을 모두 불태운 적이 있었다. 이에 데메테르가 엄벌을 내려줄 것을 탄원하여, 제우스는 파에톤에게 벼락을 내려 태양마차에서 떨어져 죽게 했다. 또한 데메테르는 자신에게 봉헌된 숲의 나무를 도끼로 찍어 쓰러뜨린 에리시크톤에게는 아무리 먹어도 영원히 채워지지 않는 굶주림에 시달리게 하여 최후를 맞게 했다.

데메테르에게 페르세포네라는 어여쁜 외동딸이 있었는데, 어느 날 딸이 납치당하게 되자 데메테르는 딸을 찾아 미친듯이 온 세상을 헤매고 다녔다.

납치된 페르세포네

　데메테르는 딸 페르세포네가 태어났을 때 안전하게 기르기 위해 시칠리아섬에 숨겨서 키웠다. 아름다운 처녀로 자라난 페르세포네는 어느 날 시칠리아의 숲에서 오케아노스*의 딸들과 어울려 놀고 있었다. 그녀는 수선화가 핀 것을 보고 다가갔다가 하계의 신 하데스에게 납치되고 말았다. 수선화는 하데스가 페르세포네를 유인하기 위해 그곳에 꽃피게 한 것이었다. 페르세포네가 수선화를 꺾으려는 순간, 땅이 쩍 갈라지면서 검은 말이 끄는 전차를 탄 하데스가 나타났다. 하데스는 페르세포네를 강제로 태우고 순식간에 땅속으로 사라졌다.

　딸이 갑자기 실종되자 데메테르는 식음을 전폐하고 아흐레 동안 밤낮없이 애타게 딸을 찾아다녔다. 열흘째 되던 날 데메테르는 딸이 납치되는 것을 보았다는 마법과 주술의 여신 헤카테를 만났다. 하지만 헤카테는 사방이 온통 어두워서 납치범이 누구인지 알아볼 수 없었다면서, 세상의 모든 것을 환히 지켜보는 태양신 헬리오스에게 물어보라고 하였다. 헬리오스는 데메테르에게 그날 일어난 일들의 전말을 소상히 알려주었다.

　데메테르는 상심한 채 시칠리아의 거처에 틀어박혀 꼼짝도 하지 않았다. 그녀가 곡물을 자라게 하는 자신의 임무를 더 이상 수행하지

---

*　오케아노스는 우라노스와 가이아 사이에 태어난 대양의 신으로 누이동생 테티스와 관계하여 3000개의 강과 오케아니데스라 불리는 3000명의 딸을 낳았다.

않아 세상의 모든 곡식이 열매를 맺지 못하고, 꽃이 만발하던 초원은 꽁꽁 얼어붙어 죽음의 땅으로 변해갔다. 그 해는 지상에 있는 모든 인간들에게 가장 혹독하고 잔인한 한 해였다. 농부들은 부지런히 쟁기질을 하고 씨앗을 뿌렸지만, 씨앗은 싹을 틔우지 않았다. 온 인류는 기근에 시달려 곧 멸망할 것만 같았다.

이를 보다 못한 제우스는 전령의 신 헤르메스를 하데스에게 내려 보내 페르세포네를 어머니에게 돌려보내 줄 것을 명하였다. 하지만 페르세포네는 하데스가 준 석류를 먹고 이미 하계의 몸이 되어 있었다. 페르세포네를 돌려줄 수밖에 없다고 생각한 하데스는 일찌감치 그녀에게 석류를 먹였기 때문이었다. 하계의 음식인 석류를 한 알이라도 입에 댄 자는 지하 세계에서 완전히 벗어날 수 없는 법이었다.

하데스는 이를 구실 삼아 페르세포네를 내줄 생각이 없었다. 데메테르 역시 딸이 돌아오기 전까지는 땅에 어떤 결실도 맺지 못하게 할 작정이었다. 제우스가 둘 사이에 절충안을 내놓았다. 페르세포네에게 어머니 데메테르의 나라와 하데스의 나라를 오가며 살도록 명했다. 이로 인해 페르세포네는 1년에 여덟 달은 지상에서 어머니와 함께 살다가 넉 달은 지하 세계로 내려가 하데스와 지내게 되었다.

딸이 지상에 있을 때면 대지와 곡물의 여신 데메테르는 기쁨으로 충만해져 곡식들이 싹을 틔우고 자라면서 추수를 할 수 있었다. 반면 딸이 하계에 내려가 있을 때는 지상의 온갖 곡물들이 모두 사라지고 땅은 얼어붙어 황무지로 변했다. 이에 따라 대자연의 생명 순환과정의 이치와 사계절의 변화가 생겨나게 되었다.

데메테르의 연인들

어느 날 데메테르는 테바이의 건설자 카드모스와 하르모니아의 결혼식에 하객으로 참석하게 되었다. 그곳에서 이아시온이라는 아름다운 청년과 눈이 맞아서 크레타섬의 세 번 갈아 일군 밭*에서 사랑을 나누어 플루토스를 낳았다. 이아시온과 사이에서 얻은 아들 플루토스라는 이름은 부유하고 넉넉하다는 뜻으로 기름진 대지가 가져다주는 풍요로운 곡물을 상징했다. 하지만 인간이 여신과 동침한 사실에 분노한 제우스는 이아시온에게 벼락을 내려 죽게 했다.

또한 데메테르에게 메콘**이라는 연인이 있었는데, 그는 아테네 출신의 평범한 젊은이였다. 데메테르는 메콘이 불멸의 신과는 달리 생명이 유한한 필멸의 인간이라는 사실을 늘 안타깝게 여겼다. 그러던 어느 날 메콘이 젊은 나이에 갑자기 죽게 되었다. 큰 슬픔에 빠진 데메테르는 그를 양귀비꽃으로 다시 피어나게 하여 영원히 자기 곁에 두었다.

---

* 세 번 갈아 일군 밭이란 풍요로운 결실을 맺을 준비가 되어있다는 뜻으로 해석된다. p321.
** 메콘(Mecon)은 양귀비를 뜻하는 고대 그리스어에서 비롯된 것이며, 고대 그리스에서 양귀비는 죽음과 잠 그리고 평화를 상징했다.

포세이돈 [Poseidon]

바다의 신이며 인간에게 최초로 말을 제공한 말의 신이기도 하다. 포세이돈의 로마식 이름은 넵투누스(Neptunus), 영어식 이름은 넵튠(Neptune)이다. 티탄 신족 크로노스와 레아 사이에 태어났으며 제우스와 형제지간이다.

포세이돈은 바다의 님페 암피트리테와 결혼하여 부부 사이가 되었다. 암피트리테는 네레우스와 도리스의 딸이란 설과 오케아노스와 테티스의 딸이라는 설이 있다. 포세이돈과 암피트리테 사이에서 해신 트리톤, 님페 로데,* 벤테시키메가 태어났다. 포세이돈은 암피트리테 외에도 제우스 못지않게 수많은 여신과 님페 그리고 인간 여인들과 관계하여 수많은 자식들 낳았다.

바다의 신 포세이돈은 주로 힘의 상징인 바닷물을 휘몰아치게 하는 삼지창을 손에 든 모습으로 등장한다. 또한 거세게 밀려오는 파도의 흰 포말을, 삼지창을 든 포세이돈이 바다의 흰말들을 몰며 질주하는 모습으로 형상화하기도 한다. 오늘날 넵튠(Neptune)은 태양계 해왕성의 명칭으로도 쓰이고 있다.

---

* 바다의 님페 로데는 로도스섬의 수호신으로 '로도스'라고도 불린다.

4

바다의 신 포세이돈

　고대 그리스 초기 유목민들에게 말은 중요한 운송수단과 교통수단이었다. 이로 인해 말을 인간에게 최초로 제공한 포세이돈은 말의 수호신으로 여겨졌다. 포세이돈은 말의 수호신답게 종종 말로 변신하기도 했다. 포세이돈이 데메테르 여신에게 욕정을 품고 접근했을 때였다. 그녀는 포세이돈을 피하려고 암말로 변신하여 다른 말들의 틈으로 숨어들었다. 이를 목격한 포세이돈은 수말로 변신하여 데메테르와 관계를 맺었다. 데메테르는 임신하여 바람처럼 빨리 달리고 말도 하는 신마 아레이온을 낳았다.
　포세이돈은 또한 메두사와의 사이에서도 날개 달린 말 페가수스와 황금 칼을 가진 거인 크리사오르를 낳았다. 메두사는 원래 아름다운 여인이었다. 특히 그녀의 아름다운 머리카락에 반해 많은 남성들이 구혼했다. 어느 날 포세이돈과 메두사는 아테나 여신의 신전에서 사랑을 나눈 적이 있었다. 이를 목격한 아테나 여신은 자신의 신전을 더럽힌 죄를 물어 메두사의 아름다운 머리카락을 모두 뱀으로 만들어 버리고 그녀를 흉측한 괴물로 변하게 했다.

그리스인들이 해양으로 진출하게 되자 바다의 신 역할이 더 중요해지면서 포세이돈은 바다의 신으로 숭배받기 시작했다. 바다의 신으로서 포세이돈의 힘과 권위를 상징하는 것은 '트리아이나'라는 삼지창이었다. 삼지창으로 바다의 파도를 일으키기도 하고 잠재우기도 하였다. 이 불멸의 삼지창은 포세이돈 형제들의 도움으로 타르타로스에 갇혀 있다 풀려난 외눈박이 거인 키클로페스 삼형제가 포세이돈에게 선물한 무기였다.

포세이돈의 정식 아내는 바다의 님페 암피트리테였다. 처음에 포세이돈이 암피트리테에게 반하여 청혼했을 때 그녀가 거절하였다. 포세이돈이 계속해서 구애하자 그녀는 포세이돈을 피해 몸을 감추었다. 포세이돈은 바다의 모든 동물들을 풀어 암피트리테를 찾게 하였다. 마침 돌고래가 그녀를 찾아내 설득한 다음 자신의 등에 태워 포세이돈의 궁으로 데려왔다. 포세이돈은 고마움의 표시로 돌고래를 하늘의 별자리인 돌고래자리로 만들어 주었다.

포세이돈은 암피트리테와 결혼했지만 신, 님페, 인간 여인들 사이에서 수많은 자식들을 낳았다. 이들은 하나같이 악명이 높았으며 대다수 올림포스 신이나 영웅들에 의해 처단되었다. 제우스 다음가는 권력자인 포세이돈은 여자 문제뿐만 아니라 권력에 대한 욕망 또한 강했다. 그로 인해 제우스와 서로 경쟁하기도 했다.

제우스와의 권력투쟁

포세이돈은 바다의 여신들 중 가장 아름다운 테티스를 두고 서로 차지하기 위해 제우스와 경쟁했다. 또한 포세이돈은 제우스를 권좌에서 몰아내기 위해 헤라, 아테나, 아폴론 등과 함께 역모를 꾀하기도 했다. 포세이돈은 이들과 합심하여 제우스를 100개의 가닥으로 된 강력한 사슬로 묶어 매달았다. 이때 테티스가 100개의 손을 가진 헤카톤케이레스 삼형제 중 브리아레오스를 찾아가 제우스를 도와달라고 간청했다. 테티스와 브리아레오스의 도움으로 제우스는 겨우 쇠사슬에서 풀려날 수 있었다. 결국 한때 흠모했던 테티스가 연적인 제우스 편을 들면서 포세이돈의 반란은 실패로 돌아갔다.

제우스는 역모를 일으킨 아폴론과 포세이돈에게 인간 세상에 내려가 1년 동안 노역하는 벌을 내렸다. 이로 인하여 포세이돈과 아폴론은 트로이의 왕 라오메돈 밑에서 종살이하며 트로이의 성벽을 쌓는 막노동을 해야만 했다. 신으로서 인간의 종이 된다는 것은 그들에게 크나큰 굴욕이 아닐 수 없었다.

헤스티아 [Hestia]

헤스티아는 불과 화로의 여신이다. 로마식 이름은 베스타(Vesta)이다. 크로노스와 레아 사이에 태어난 6남매(헤스티아, 데메테르, 헤라, 하데스, 포세이돈, 제우스) 중 장녀이다. 헤스티아는 영원히 순결을 지키며 평생 처녀로 살았다.

그리스인들은 식민지를 개척하고 새로운 정착지를 만들 때 헤스티아를 숭배하는 중심도시에서 불씨를 가져와 새로 세워진 도시에 옮기는 전통이 있었다. 이런 전통이 오늘날 올림픽 경기의 성화로 이어졌다고 한다. 올림픽 성화 채화는 고대 올림픽경기의 발상지인 그리스의 올림피아에 있는 헤라 신전에서 태양광선으로 채화된다. 성화 채화 의식에 여성이 참여하는 것은 헤스티아 여신의 제사에 참여한 여사제가 30년 동안 순결을 지켜야 했던 데서 비롯되었다고 한다.

5
불과 화로의 여신 헤스티아

헤스티아는 6남매의 맏이로 묵묵히 가정을 지키고 돌보는데 충실하며 영원히 순결을 지켰다. 고대 그리스에서는 가정의 상징인 화로를 집안의 한가운데에 두어 소중하고 신성한 장소로 여겼다. 그러므로 헤스티아가 가정의 질서를 담당하며, 가정의 필수품인 화로의 불씨를 꺼트리지 않고 잘 돌보는 것은 매우 중요한 일이었다. 후대에 와서 하는 역할이 미미해지면서 디오니소스에게 올림포스 12신의 자리를 물려주었다.

한때 포세이돈과 태양의 신 아폴론이 그녀에게 구혼하며 서로 다투자, 헤스티아는 그들의 구애를 거부하고 영원한 순결을 맹세했다. 이에 제우스는 헤스티아에게 순결을 지킬 권리를 부여해 주었다. 그뿐만 아니라 신에게 바치는 제물을 가장 먼저 받을 수 있는 영예도 누리게 해주었다. 고대 그리스 각 도시에는 헤스티아에게 바친 공공 화로가 있었는데, 이곳의 불을 꺼트리지 않고 계속 타오르게 했다.

3장

올림포스 12신, 제우스의 자식

헤파이스토스 [Hephaistos]

대장장이의 신이다. 헤파이스토스의 로마식 이름은 불카누스(Vulcanus), 영어식 이름은 벌컨(Vulcan)이다. 헤파이스토스는 헤라와 제우스 사이에서 태어난 아들로 알려져 있지만, 남성의 도움 없이 헤라 혼자서 낳은 아들이라는 설도 있다. 헤파이스토스는 전쟁의 신 아레스, 청춘의 여신 헤베, 출산의 여신 에일레이티이아와 형제지간이다.

헤파이스토스는 미의 여신 아프로디테와 정식으로 혼인한 사이였으나 둘 사이에서 낳은 자식은 없다. 야금술, 금속공예, 수공업, 조각 등을 관장하는 대장장이 신 헤파이스토스는 주로 근육질의 팔뚝으로 모루 위에 망치질하는 모습으로 표현된다. 고대 그리스인들은 화산 활동이 이루어지면 헤파이스토스가 대장일을 하는 것이라 여겼다.

헤파이스토스의 영어식 이름 벌컨(vulcan)은 오늘날 화산을 뜻하는 볼케이노(volcano)의 어원이 되었다.

1

대장장이의 신 헤파이스토스

    헤라는 자신이 낳은 아기가 너무 못생긴 데다 한쪽 다리까지 불편해서 절뚝거리자, 아들로 인정하고 싶지 않았다. 그래서 헤라는 올림포스 정상에서 아들을 바다로 던져버렸다. 아기는 추락하여 바다에 떨어졌는데, 바다의 여신 테티스와 에우리노메에게 구조되어 해저 동굴에서 그녀들의 보살핌을 받으며 자라게 되었다. 이곳에서 그는 대장간 기술과 금속 세공술*을 배워 최고의 기술자로 성장하였다.

    다른 설에 따르면, 제우스와 헤라가 헤라클레스에 대한 박해 문제로 말다툼할 때 헤파이스토스가 어머니 편을 들었다고 한다. 이에 화가 난 제우스가 헤파이스토스를 하늘에서 던져버렸다. 헤파이스토스는 추락

---

* 헤파이스토스가 대장간 기술과 금속 세공술을 테티스로부터, 혹은 테티스의 아버지 바다의 신 네레우스로부터 배웠다는 설이 있고, 스스로 터득했다는 설도 있다.

하여 렘노스섬에 떨어지면서 불구가 되었는데 테티스가 그를 구해 주었다. 그 후 헤파이스토스는 한쪽 다리를 절룩거리게 되었다고 한다.

최고의 기술자로 성장한 헤파이스토스는 야금과 금속 세공술의 능력을 인정받아 올림포스 주요 신의 반열에 올랐다. 신들이 사는 올림포스 궁전, 헬리오스의 태양마차, 아테나의 방패 아이기스, 아폴론과 아르테미스의 활과 화살, 아킬레우스와 멤논의 갑옷 등 모두가 그의 작품들이었다. 또한 헤라클레스, 페르세우스, 아이네이아스 등 영웅들의 무기도 그가 직접 만들어 준 것들이었다. 그뿐만 아니라 제우스가 최초의 여성 판도라를 만들 때도 헤파이스토스에게 그 일을 맡겼으며, 프로메테우스를 카우카소스산에 묶어 놓을 쇠사슬을 만들 때도 헤파이스토스에게 그 일을 시켰다.

어느 날 헤파이스토스는 이때까지 연마한 대장장이 기술을 발휘하여 못난 아들을 올림포스 정상에서 던져버린 어머니에게 복수하기로 마음먹었다.

복수의 황금 의자

헤파이스토스는 손수 황금 의자를 만들어 어머니 헤라에게 주는 선물이라며 올림포스로 올려보냈다. 헤라는 아들이 보내준 화려하고 아름다운 황금 의자를 보자 홀린 듯 다가가 앉았다. 그 순간 헤파이스토스가 설치해 둔 은밀한 장치에 걸려든 헤라는 결박당한 채 꼼짝달싹

할 수 없는 신세가 되고 말았다.

　올림포스의 신들조차 헤라에게 어떤 도움도 줄 수 없었다. 헤라를 묶고 있는 사슬을 그 누구도 풀 수가 없었기 때문이었다. 헤라와 다른 신들의 간곡한 부탁에도 헤파이스토스는 들은 척도 하지 않았다. 이때 포도주의 신 디오니소스가 헤파이스토스에게 포도주를 권하여 잔뜩 취하게 한 뒤 그를 나귀에 태워 올림포스로 데려왔다. 헤라가 먼저 아들에게 지난 일에 대해 사과하자 헤파이스토스는 결박된 어머니를 풀어주고 모자간의 정을 나누었다.

아테나 [Athena]

지혜의 여신이다. 로마식 이름은 미네르바(Minerva)이다. 아테나는 제우스와 티탄 신족 메티스* 사이에서 태어난 딸이다. 그의 어머니 메티스는 신과 인간들 중에서 가장 지혜로운 것으로 알려져 있다.

아테나는 제우스가 가장 총애하는 자식이었다. 아테나는 헤스티아와 아르테미스처럼 순결을 맹세한 처녀 신으로 '처녀 아테나'를 의미하는 '아테나 파르테노스(Parthenos)'라 불리었고, 그녀의 신전은 파르테논(Parthenon)이라 불렸다. 아테나는 헤파이스토스의 아들 에리크토니오스를 양육하였으며, 이 아이는 자라서 아테네의 왕이 되었다.

지혜의 여신 아테나는 주로 갑옷과 투구를 쓰고 창과 방패를 든 여전사의 모습을 하고 있다. 아테나는 아테네의 수호신이며, 아테네 도시명은 그녀의 이름 아테나에서 유래되었다.

---

* 메티스는 티탄 신족인 오케아노스와 티탄 테티스 사이에서 태어난 3000명의 딸들을 일컫는 오케아니데스 중 하나이다.

2

전쟁과 지혜의 여신 아테나

제우스가 크로노스를 몰아내고 자기 형제들을 되찾으려 할 때, 메티스가 만들어 준 구토제 덕분에 크로노스로 하여금 자식들을 다시 토해내게 할 수 있었다. 그 후 제우스는 메티스에게 구애해 그녀는 제우스의 아이를 가지게 되었다. 하지만 대지의 여신 가이아로부터 불길한 예언을 들었다. 크로노스가 그러했듯이 메티스가 낳은 자식이 아버지를 몰아내고 권좌에 오르게 되리라는 것이었다.

가이아의 예언이 두려웠던 제우스는 임신한 메티스를 통째로 삼켜버렸다. 제우스는 신과 인간들 중에서 가장 지혜로웠던 메티스를 삼킨 덕분에 더욱 지혜로워질 수 있었다. 메티스가 임신하고 있던 아기가 제우스의 몸속에서 자라면서 제우스는 참을 수 없는 두통에 시달렸다. 프로메테우스가 제우스의 머리를 도끼로 찍어 가르자, 그 속에서 완전무장을 한 여전사가 튀어나왔다. 그녀가 바로 지혜의 여신 아테나였다.

아테나 폴리아스

아티카의 왕 케크롭스가 다스리는 케크로피아라는 도시의 수호신 자리를 놓고 아테나와 포세이돈이 서로 겨룬 적이 있었다. 두 신이 서로 다투자, 시민들은 자신들에게 더 이로운 선물을 주는 신을 수호신으로 삼기로 했다. 먼저 포세이돈이 삼지창으로 아크로폴리스의 바위를 치자 바위가 갈라지면서 물이 솟구쳐 올랐다. 포세이돈은 바다의 신으로서 자신의 능력은 인정받았지만, 바닷물은 시민들에게 별 쓸모가 없어 보였다.

이번에는 아테나가 작은 씨앗 하나를 땅에 던지자, 씨앗이 뿌리를 내리고 초록빛 열매들이 알알이 맺히는 올리브 나무로 자라났다. 시민들은 올리브 열매가 샘솟는 바닷물보다 더 쓸모 있다고 여겨 아테나를 자신들의 수호신으로 삼기를 원했다. 이에 케크롭스* 왕은 아테나를 도시의 수호신으로 공표하고 케크로피아의 도시 명을 아테나의 이름을 따서 아테네로 바꾸었다.

아테나 폴리아스는 아테나 도시의 수호신이란 뜻으로 아테나에 덧붙여진 이름이었다. 또한 아테나는 여러 도시 국가의 수호신으로 간주되었다. 아테나의 가장 위대한 성역은 아테네의 파르테논 신전이었다.

---

* 케크롭스는 부모 없이 아티카의 대지에서 태어났으며 인간의 몸과 뱀의 꼬리를 지닌 아테네의 전설적인 왕이다. 그는 아테나 여신을 도시의 수호신으로 선택했으며 제우스에게 인간을 제물로 바치는 인신공양 풍습을 없애고 결혼제도를 정착하였다.

그녀의 이름을 딴 아테네 외에 스파르타, 메가라, 아르고스 등의 도시에도 그녀의 신전이 세워졌다. 또한 아테나는 도시뿐만 아니라 영웅들의 수호신이기도 했다. 페르세우스, 헤라클레스, 아킬레우스, 오디세우스 등 수많은 영웅들의 조력자 역할을 수행했다.

지혜의 여신 아테나는 순결을 맹세하고 처녀성을 지킨 여신으로 알려졌는데, 그녀에게 숨겨둔 자식이 하나 있었다.

아테나의 숨겨진 자식

어느 날 아테나는 전쟁에 쓸 무기를 만들기 위해 헤파이스토스의 대장간을 찾아갔다. 마침 아프로디테에게 버림받고 외롭게 지내던 헤파이스토스는 아테나를 보자 그녀를 범하려 하였다. 하지만 아테나는 헤파이스토스를 완강히 거부했다. 욕정을 주체하지 못하고 열이 오른 헤파이스토스는 그만 아테나의 허벅지에 사정하고 말았다.

아테나는 양모 조각으로 헤파이스토스의 정액을 닦아서 땅바닥에 던져버렸다. 이로 인해 대지의 여신 가이아가 임신하게 되어 에리크토니오스가 태어났다. 가이아가 뜻하지 않게 얻은 자식을 탐탁지 않게 여기자, 아테나는 그를 자신의 아들로 삼고 신들 몰래 길렀다.

아테나는 아이를 불사신으로 만들기 위해 상자에 넣어 케크롭스의 세 딸들에게 맡기며 절대로 열어보지 말라고 일렀다. 호기심을 이기지 못한 세 자매는 상자 뚜껑을 열고 아기를 훔쳐보았다. 그녀들은 뱀*이 아기를 휘감고 있는 모습에 놀란 나머지 실성하여 아크로폴리스 언덕에서 모두 투신하였다. 아테나는 에리크토니오스를 다시 데려와 파르테논 신전에서 길렀다. 에리크토니오스는 자라서 후에 아테네의 왕이 되었다. 아버지 헤파이스토스처럼 다리가 불편했던 그는 이동의 편리를 위해 네 마리의 말이 끄는 4두 마차를 발명하기도 했다. 에리크토니오스는 사후에 하늘의 별자리인 마차부자리가 되었다.

---

* 상자 안에는 두 마리의 뱀이 있었는데 아이를 지키게 하려고 아테나가 넣어둔 것이라고 한다.

아르테미스 [Artemis]

달의 여신이며 사냥의 여신이다. 아르테미스의 로마식 이름은 디아나(Diana), 영어식 이름은 다이애나(Diana)이다. 제우스와 레토* 사이에 태어났으며 태양의 신 아폴론과 쌍둥이 남매이다.

아르테미스 여신은 영원히 처녀성을 지켰지만, 여성의 출산을 돕고 어린 아이를 돌보는 여신이기도 하다. 아르테미스는 활과 화살을 메거나 들고 다니며 숲에서 사냥하는 활기찬 처녀 신의 모습으로 등장한다.

2022년 11월에 미국 항공우주국(NASA)의 달 탐사 프로젝트 로켓 '아르테미스 1호'가 미국 플로리다주 케이프커내버럴 케네디우주센터에서 발사됐다. 반세기만의 유인 달 탐사 재개를 위한 '아르테미스 프로젝트'가 본격 가동에 들어가게 되었는데, 달의 여신의 이름을 따서 '아르테미스 1호', '아르테미스 프로젝트'라 명명하였다.

---

* 레토는 티탄 신족 코이오스와 포이베의 딸로 사촌지간인 제우스와 사이에서 쌍둥이 남매 아르테미스와 아폴론을 낳았다.

3

달과 사냥의 여신 아르테미스

    레토와 아스테리아는 자매지간이었다. 아스테리아는 제우스의 끈질긴 구애를 거부하고 메추라기로 변신하여 도망 다니다가 바닷속으로 뛰어들었다. 그녀가 바다로 뛰어든 곳에서 델로스섬이 생겨났다. 반면 레토는 제우스의 사랑을 받아들여 쌍둥이를 임신하게 되었다.

    레토가 제우스의 아이를 갖게 된 것을 알게 된 헤라는 질투심에 사로잡혔다. 헤라는 모든 나라에 명령하여 레토를 받아들이지 말고 출산할 장소도 제공하지 못하게 하였다. 레토가 해산할 장소를 찾지 못한 채 만삭의 몸으로 헤매고 있을 때 델로스섬이 그녀를 받아주었다. 하지만 헤라는 자기 딸인 출산의 여신 에일레이티이아*를 곁에 두고 놓아

---

* 에일레이티이아는 제우스와 헤라 사이에 태어난 딸로 임신한 여성의 분만을 돕는 출산의 여신이다. 헤베, 아레스, 헤파이스토스와 형제지간이다.

주지 않았다.

출산의 여신의 도움을 받지 못한 레토는 9일 동안 진통만 계속될 뿐 아이를 낳을 수가 없었다. 이에 제우스는 신들의 전령인 무지개의 여신 이리스를 보내 에일레이티이아를 매수하게 했다. 보석이 박힌 목걸이를 받은 에일레이티이아는 어머니의 명령을 어기고 레토의 출산을 도와주었다. 레토는 먼저 딸 아르테미스를 낳았고, 갓 태어난 딸 아르테미스의 도움을 받으며 쌍둥이 동생 아폴론을 낳았다.

아르테미스는 태어나자마자 어머니의 출산을 도와 에일레이티이아, 헤라 등과 함께 출산의 여신으로 여겨졌다. 여자들은 출산이 다가오면 누구보다도 아르테미스 여신에게 순산을 기원하였다. 그뿐만 아니라 아르테미스는 달의 여신으로 여자들의 생리 주기에도 영향을 미쳤다. 후대로 가면서 아폴론과 아르테미스는 오누이로 해와 달을 상징하는 신이 되었다.

또한 아르테미스는 순결과 사냥의 여신으로 세 살 때 이미 아버지 제우스에게 영원히 처녀로 남아 있게 해달라고 청했다. 그 후 아르테미스는 평생 남자들을 멀리하고 님페들과 함께 숲에서 사냥하며 지냈다. 아르테미스와 함께 지내는 님페들 역시 영원히 순결을 지켜야 했으며 이를 어기면 가혹한 처벌이 뒤따랐다.

아르테미스는 생명을 베푸는 자애로운 면이 있지만, 단호하고 냉혹했으며 때로는 잔인하기까지 했다. 그녀의 분노를 사게 되면 커다란 화를 입게 되었는데 칼리스토와 악타이온이 그들 중 하나였다.

칼리스토와 악타이온

칼리스토는 아르테미스를 따르는 님페였지만 제우스에게 유혹당해 아들 아르카스를 낳았다. 그러자 화가 난 아르테미스는 칼리스토를 추방했다. 칼리스토가 제우스의 아들을 낳았다는 사실을 뒤늦게 알게 된 헤라는 칼리스토에게 저주를 내려 암곰으로 변하게 만든 뒤 훗날 사냥 나온 자신의 아들과 맞닥뜨리게 했다.

또한 테바이의 사냥꾼 악타이온*이 50마리의 사냥개를 데리고 사냥을 나갔다가 우연히 아르테미스가 목욕하는 장면을 보게 되었다. 무엇보다도 순결을 중요시하는 여신 아르테미스가 낯선 남자에게 자신의 알몸을 보이고 만 것이다. 여신은 수치심과 분노에 사로잡혀 악타이온을 사슴으로 변하게 했다. 사슴이 된 악타이온은 공포에 사로잡혀 도망치기 시작했다. 사슴을 발견한 50마리의 개떼는 주인을 알아보지 못한 채 그를 사방으로 에워싸고 갈기갈기 찢었다. 결국 악타이온은 자신이 기르던 충성스러운 사냥개에게 물어 뜯겨 비참한 죽음을 맞이했다.

---

* 악타이온은 카드모스의 딸 아우토노에와 아리스타이오스 사이에서 태어난 아들이다. 케이론에게 사냥법을 배웠으며 사냥을 열광적으로 좋아했다.

아폴론 [Apollon]

아폴론은 태양과 궁술의 신이자 음악의 신이다. 아폴론의 로마식 이름은 아폴로(Apollo)이다. 종종 밝게 빛나는 자란 뜻을 지닌 '포이보스(Phoibos)'라는 별칭으로도 불린다. 제우스와 레토 사이에 태어났으며 아르테미스와 쌍둥이 남매이다.

아폴론에게는 여러 명의 님페 사이에서뿐만 아니라 인간 여인들 사이에서 태어난 많은 자식들이 있다. 유명한 의술의 신 아스클레피오스와 음악의 명인 오르페우스도 그의 자식들이다.

아폴론은 대개 머리에 월계관을 쓰고 손에는 리라를 든 아름다운 용모의 젊은이로 묘사된다. 델포이에 있는 아폴론 신전은 앞일을 예언하는 신탁으로 가장 유명하다.

4

태양과 궁술의 신 아폴론

 아르테미스를 낳은 레토는 갓 태어난 딸 아르테미스의 도움을 받으며 아폴론을 낳았다. 태어난 지 사흘 만에 델포이에 도착한 아폴론은 파르나소스산 기슭에 자리 잡고 살면서 가이아의 신탁을 전하고 있던 괴물 피톤을 활로 쏘아 죽였다. 가이아의 자식인 피톤은 거대한 왕뱀으로, 헤라의 명령을 받고 자신의 어머니인 레토를 해치려고 했던 것에 대한 복수였다. 아폴론은 피톤을 죽인 뒤 그 자리에 자신의 성소를 세우고 지명을 델포이로 바꾸었다. 델포이는 아폴론의 신탁이 행해지는 곳으로 세상의 중심으로 여겨졌다.
 태양의 빛을 상징하는 아폴론의 이미지는 이성으로 통하며 모든 신들 중에서 가장 그리스다운 신으로 알려졌다. 아폴론은 젊고 준수한 용모를 지녔으며, 자식으로는 칼리오페와 사이에 오르페우스를 낳고 코로니스와 사이에서 아스클레피오스를 낳았다. 그러나 그의 사랑은 대부분 불행하게 끝났다.

아폴론의 연인들

숲의 님페 다프네는 아폴론의 손길을 피해 도망치다 월계수로 변했고, 테살리아 왕 플레기아스의 딸 코로니스는 아폴론의 아들 아스클레피오스를 임신한 채 질투심에 불타는 아폴론의 화살을 맞고 죽어야 했다. 에우에노스 왕의 딸 마르페사를 두고 아폴론과 이다스 사이에 싸움이 벌어졌을 때도 마르페사는 인간 이다스를 선택했다. 아폴론은 불멸의 신으로 영원히 젊은 모습이지만, 마르페사는 자신이 결국 늙게 되어 버림받을 것으로 생각했기 때문이었다.

트로이의 마지막 왕 프리아모스의 딸 카산드라는 아폴론의 구애를 거절했다가 그의 분노를 사는 바람에 아무도 믿어주지 않는 예언자가 되었다. 결국 카산드라는 트로이가 패망한 뒤 아가멤논의 전리품으로 그리스로 끌려가 그곳에서 아가멤논의 아내 클리타임네스트라에게 살해되었다. 아폴론이 사랑한 사람은 여자만이 아니었다. 아폴론은 미소년 히아킨토스를 몹시 사랑했는데, 어느 날 둘이서 원반던지기 시합을 하다가 아폴론이 던진 원반*이 히아킨토스의 얼굴을 강타해 죽고 말았다.

---

* 다른 설에 따르면 서풍의 신 제피로스가 질투하여 히아킨토스를 죽게 하였다고도 한다. p301.

헤르메스 [Hermes]

전령의 신이다. 헤르메스의 로마식 이름은 메르쿠리우스(Mercurius), 영어식 이름은 머큐리(Mercury)이다. 헤르메스는 제우스와 티탄 아틀라스의 딸 마이아 사이에서 태어났다. 헤르메스는 페넬로페 혹은 드리옵스와 사이에서 판을 낳았고, 아프로디테와 사이에서 헤르마프로디토스를 낳았다.

헤르메스는 지상에서부터 지하에 이르기까지 신의 세계와 인간의 세계를 자유자재로 넘나든다. 전령의 신이자 여행의 신, 상업의 신, 도둑의 신인 헤르메스는 주로 날개 달린 모자*(페타소스)를 쓰고, 날개 달린 신발(탈라리아)을 신고, 두 마리 뱀이 감겨 있고 날개가 달린 지팡이(케리케이온)를 들고 있는 모습으로 등장한다. 오늘날 머큐리(Mercury)는 태양계 수성의 명칭으로도 쓰이고 있다.

---

* 네이버 검색창 왼쪽에 날개 달린 모자가 눈에 띄는데, 이는 정보탐색의 의미로 정글 속 탐험가의 모자를 로고로 삼음 것으로 전해지고 있다. 날개 달린 모자는 헤르메스의 페타소스와 비슷하며 네이버가 세상의 소식을 전하는 전령(메신저 messenger)의 역할을 하는 의미와도 비슷하다.

5

전령의 신 헤르메스

아틀라스의 딸 마이아*는 아르카디아에 있는 킬레네산의 동굴에서 살고 있었다. 마이아의 미모에 반한 제우스는 헤라의 눈길을 피해 한밤중에 찾아가 사랑을 나누었다. 이렇게 하여 헤르메스는 동굴에서 태어나게 되었다.

헤르메스는 태어날 때부터 조숙하고 수완이 아주 좋았다. 그는 태어난지 얼마 되지 않아 아폴론 신의 목장에서 소 떼를 훔쳤다. 그러고는 소 떼의 행방을 감추기 위해 소에게 신발을 신겨 몰고 왔다. 헤르메스는 은밀한 곳에 소를 숨기고 아무 일도 없었다는 듯이 다시 요람에 누웠다. 이로 인하여 헤르메스는 도둑을 보호하는 신이 되었다.

---

* 아틀라스와 플레이오네(테티스의 딸) 사이에 태어난 일곱 명을 '플레이아데스'라고 하는데, 마이아 여신은 그중에서 맏언니이다. 마이아(Maia)는 메이(May, 5월)의 어원이 되었다.

한편 소 떼가 없어진 것을 알게 된 아폴론은 흔적을 찾아다니다가 킬레네산 동굴에 이르게 되었다. 아폴론은 천연덕스럽게 누워있는 헤르메스에게 소를 돌려달라고 요구했지만, 자신과는 아무런 상관이 없다고 잡아뗐다. 아무것도 모르는 어머니 마이아는 아기가 어떻게 그 먼 곳에 가서 소를 훔칠 수 있냐며 반문했다. 하지만 숨겨놓은 소의 울음소리가 들리자 자백할 수밖에 없었다. 곤경에 처한 헤르메스는 거북이 등껍질에 소의 내장으로 줄을 만든 리라를 주며 소 떼와 맞바꾸자고 흥정했다. 아름다운 리라 소리에 매료된 음악의 신 아폴론은 리라와 소 떼를 교환하고 헤르메스와 화해를 하였다. 아폴론은 헤르메스에게 날개 달린 지팡이 케리케이온까지 선물했다. 이러한 놀라운 수완으로 이번에는 헤르메스가 상업의 신이 되었다.

무엇보다도 헤르메스는 제우스의 전령의 신이었다. 헤르메스는 신과 인간의 세계를 자유자재로 넘나들며 제우스의 뜻을 신들이나 인간들에게 전달하는 역할을 하였다. 헤르메스는 하데스의 나라에도 자유롭게 드나들었는데, 그 때문에 그는 영혼의 안내자란 뜻의 프시코폼포스라고도 불리었다.

시금석이 된 바토스

헤르메스가 아폴론의 소 떼를 훔칠 때 바토스라는 노인이 현장을 목격했다. 수다쟁이 바토스*의 입이 무서웠던 헤르메스는 마음이 놓이지 않았다. 헤르메스는 바토스에게 암소 한 마리를 주면서 아무에게도 발설하지 말라고 당부했다. 바토스는 가까이 있는 돌 하나를 가리키면서, 저 돌이 고자질하는 일은 있어도 자신이 그럴 일은 절대 없을 것이라고 장담했다.

헤르메스는 그를 시험해 보기 위해 다른 사람으로 변장하고 바토스에게 다가갔다. 혹시 소 떼를 못 보았는지 돌처럼 굳게 약속한 그에게 물어보았다. 소 떼의 행방을 알려주면 소 두 마리를 주겠다고 제의했다. 두 마리 소가 탐이 난 바토스는 헤르메스와의 약속은 저버리고 소 떼가 있는 곳을 알려주었다. 기가 막힌 헤르메스는 거짓 맹세를 한 노인을 단단한 돌로 만들어 버렸다. 이 돌이 오늘날 시금석**이라 불리는 돌이 되었다.

---

*   바토스는 '수다쟁이'라는 뜻이다.
** 시금석은 금이나 은의 순도를 판별하는 데 쓰는 암석이었다. 금이나 은 조각을 돌의 표면에 문지른 흔적의 빛깔과 표본의 금 빛깔을 비교하여 순도를 판단했다. 어떤 가치, 능력, 역량 따위를 평가하는 기준이 될 만한 것을 비유적으로 이르는 말로 쓰이기도 한다.

아레스 [Ares]

전쟁의 신이다. 아레스의 로마식 이름은 마르스(Mars), 영어식 이름은 마스(Mars)이다. 제우스와 헤라 사이에서 난 아들로 헤베, 에일레이티이아, 헤파이스토스와 형제간이다.

아레스는 피와 살상을 즐기며 잔인하고 야만적이다. 아레스도 제우스와 포세이돈에게 못 미치지만 역시 수많은 신과 인간 여성들 사이에서 수많은 자식들을 낳았다. 특히 미의 여신 아프로디테의 연인으로 유명하다.

전쟁과 파괴를 주관하는 신 아레스는 주로 갑옷과 투구를 쓰고 창과 방패로 무장한 모습으로 표현된다. 오늘날 마스(Mars)는 태양계 화성의 명칭으로도 사용되고 있다.

6

전쟁의 신 아레스

아레스는 전쟁의 신으로 거칠고 잔인했지만, 키가 크고 잘생긴 용모로 여신과 인간 여성들에게 많은 관심을 받았다. 아레스는 전쟁터에 나갈 때 전쟁과 파괴의 여신 에니오, 불화의 여신 에리스, 그리고 자신의 쌍둥이 아들인 공포의 신 포보스와 두려움의 신 데이모스 등 네 명의 신들을 거느리고 다녔다. 그들이 움직일 때마다 그 뒤로는 신음소리가 퍼지고 땅은 피로 흥건히 물들었다.

그리스인들도 아레스를 별로 좋아하지 않았으며 오히려 원망과 혐오의 대상이었다. 그를 숭배하는 도시조차도 없었다. 아레스는 전쟁의 신 답지 않게 전쟁터에서 비겁한 모습을 보이기도 했다. 제우스와 헤라도 자신의 아들이지만 다툼과 전쟁을 일삼는 아레스를 늘 못마땅하게 여겼다. 언젠가 한번은 아레스와 포세이돈이 자식들 문제로 법정에서 다투는 일이 발생하게 되었다.

최고 재판소 아레오파고스

아레스에게 알키페라는 딸이 하나 있었다. 어느 날 포세이돈의 아들 할리로티오스가 알키페를 겁탈하려고 했다. 이를 목격한 아레스는 그 자리에서 할리로티오스를 살해하였다. 아들이 죽임을 당하자, 포세이돈은 아레스를 신들의 법정에 고발하고 재판을 요구했다. 재판이 열린 곳은 살인사건이 벌어진 바로 그 언덕이었다. 재판 결과 아레스는 무죄 판결을 받았다. 딸을 위험에서 구하고자 한 행동이 정당방위로 인정받은 것이었다. 이를 기념하기 위해 사건이 벌어진 언덕에 아레오파고스라는 이름이 붙여졌다. 그 이후에도 많은 중요한 재판들이 이곳 아레오파고스에서 열렸다. 아레스의 언덕이라는 뜻을 가진 아레오파고스에서 열린 재판이 아레오파고스회의*의 유래가 되었다.

---

*   아레오파고스(Areopagos)는 아테네의 최고 재판소이며, 아레오파고스회의는 고대 아테네에서 귀족 정치 초기에 있었던 평의회이다.

아프로디테 [Aphrodite]

미와 사랑의 여신이다. 아프로디테의 로마식 이름은 베누스(Venus), 영어식 이름은 비너스(Venus)이다. 아프로디테는 '거품에서 태어난 여인'이라는 뜻으로 크로노스의 낫에 잘려 나간 우라노스의 남근이 바닷물과 어우러져 생겨난 거품에서 태어났다는 설과 제우스와 디오네의 딸이라는 설이 있다.

아프로디테는 여성의 성적 아름다움과 사랑의 욕망을 주관하는 미와 사랑의 여신으로 주로 관능미를 자랑하는 여체의 모습으로 등장한다. 또한 바다에서 솟아난 모습으로도 자주 표현된다.

오늘날 비너스는 태양계의 두 번째 행성인 금성(Venus)의 명칭으로도 사용되고 있으며 샛별이라 부르기도 한다.

7

미와 사랑의 여신 아프로디테

아프로디테는 세상에서 가장 아름다운 여신으로 알려졌다. 이에 걸맞게 계절의 여신 호라이, 우미의 여신 카리테스*등 여러 여신들이 아프로디테를 수행했다. 이들은 아프로디테를 꾸미고 아름답게 치장해 주는 일도 하였다. 그러나 세상에서 가장 아름다운 여신 아프로디테는 신들 중에서도 가장 못생기고 절름발이인 헤파이스토스의 아내가 되었다. 그로 인해 아프로디테는 남편 헤파이스토스를 거들떠보지도 않고 다른 남성들에게 눈길을 돌렸다.

아프로디테는 가슴 주위에 상대를 사랑의 포로로 만드는 '케스토스'라는 마법의 띠를 두르고 다니며, 사랑의 여신답게 자유분방한 애정

---

* 카리테스는 아글라이아(아름다움과 광희), 에우프로시네(유쾌함과 환희), 탈리(풍요로움과 축제) 세 자매를 이르는 말이다. 이들은 늘 함께 다니며 삼미신으로 예술작품에 자주 등장한다.

행각을 벌였다. 헤르메스와 사랑을 나누어 남녀 양성을 지닌 헤르마프로디토스를 낳았으며, 디오니소스와의 사이에서 거대한 남근을 가진 번식력의 신 프리아포스를 낳았다. 또한 인간 다르다니아의 왕자 안키세스와 사이에서 로마의 시조로 알려진 아이네이아스를 낳았다. 아프로디테의 애인으로 특히 유명한 남신은 최고의 미남으로 알려진 전쟁의 신 아레스였다.

아레스와의 사랑과 질투

아프로디테와 아레스는 헤파이스토스가 자리를 비우기만 하면 밤낮 가리지 않고 만나서 사랑을 나누었다. 더군다나 아레스는 헤파이스토스와 친형제 사이였다. 모든 것을 훤히 내려다보는 태양신 헬리오스가 이를 보다 못해 헤파이스토스에게 알려주었다. 헤파이스토스는 몹시 분개했지만, 아내에게는 아무런 내색도 하지 않고 모른 척했다.

어느 날 눈에 보이지 않는 신비의 그물을 만들어 아내의 침대에 몰래 설치한 뒤에 렘노스섬에 다녀오겠다며 집을 나서는 체했다. 남편이 집을 비우자, 아프로디테는 이내 아레스를 불러들여 곧장 침실로 들어갔다. 그들은 헤파이스토스가 쳐 놓은 그물에 꼼짝없이 결박당하게 되었다. 헤파이스토스는 모든 신들을 불러 모아 아레스와 아내 아프로디테의 불륜을 고발했다. 헤파이스토스는 벌거벗은 채로 그물에 잡혀있는 아프로디테와 아레스를 보기 위해 몰려든 신들에게 이 광경을 구경시키며 모욕을 주었다. 모든 신들의 웃음거리가 된 수모를 겪은 뒤로도 아프로디테와 아레스의 관계는 계속되었다. 그들 사이에서 에로스, 하르모니아, 포보스, 데이모스, 안테로스 등 여러 명의 자식이 태어났다.

   아프로디테와 아레스는 서로에 대한 질투심 또한 애욕 못지않았다. 아프로디테가 미소년 아도니스를 사랑하게 되자, 질투심에 불타오른 아레스는 사냥 나온 아도니스에게 거대한 멧돼지*를 보내 그를 죽였다. 반면 아레스가 새벽의 여신 에오스와 애정행각을 벌이자, 아프로디테는 에오스에게 저주를 내려 죽을 운명의 젊은 남자만을 사랑하게 만들었다. 그로 인하여 에오스는 끝없이 계속되는 이별의 아픔을 맛보아야만 했다.

* 아도니스는 사냥을 나갔다가 멧돼지의 송곳니에 찔려 치명적인 상처를 입고 죽게 된다. p297.

4장

지하와 지상에 머문 신

하데스 [Hades]

지하세계를 관장하고 죽은 자들을 다스리는 하계의 신이다. 하데스는 올림포스 주요 신에 속하지만 주로 하계에 머물렀기 때문에 올림포스 12신의 대열에 오르지 못했다. 하데스의 로마식 이름은 플루토(Pluto)이다. 크로노스와 레아 사이에 태어났으며 제우스와 형제사이이다. 하데스는 6남매 중 넷째이며 아들로는 첫째이다.

하데스는 부의 신 플루톤이라 불리기도 하는데, 이는 땅속 지하에 보물이 많이 묻혀있기 때문이다. 하데스는 엄격하고 냉정한 신이며 지상으로 올라가는 일은 극히 드물었다. 하데스는 데메테르의 딸 페르세포네를 지상에서 납치하여 아내로 삼고 하계의 여왕 자리에 앉혔다.

오늘날 플루토(Pluto)는 명왕성의 명칭으로도 쓰이고 있다. 태양계의 아홉 번째인 막내 행성이었으나 직위를 박탈당하여 행성보다 작은 왜소행성으로 분류되었다.

1
하계의 신 하데스

　티탄 신족과의 전쟁에서 승리를 거둔 후 형제들과 제비뽑기를 하여 하데스는 지하세계를 맡게 되었다. 이때부터 하데스는 지하세계를 다스리며 죽은 자들의 지배자가 되었다. 하데스는 눈에 보이지 않는 자란 뜻으로 투명 투구를 쓰고 다녔다.
　하데스가 다스리는 지하세계에 한번 발을 들인 자는 절대 지상으로 다시 나갈 수 없는 엄격한 규율이 있었다. 저승의 문 입구에는 머리가 셋 달린 개의 형상에 용의 꼬리를 하고 있는 괴물 케르베로스가 지키고 있었다. 케르베로스는 죽은 자의 영혼이 지하 세계로 들어가는 것은 허용하지만 나가는 것은 절대 용납하지 않았다. 단 한 번, 죽은 아내를 찾아 지하세계로 내려온 오르페우스에게 감동한 하데스가 에우리디케를 지상으로 데려가도록 허락하였다. 이로써 에우리디케는 케르베로스가 지키는 문을 통과할 수 있었다.

하계에 다녀온 영웅

하데스의 나라에서 죽은 자의 영혼이 지상으로 돌아가는 것은 허용되지 않았지만, 살아 있는 몇몇 영웅들은 저승으로 갔다가 다시 지상으로 돌아올 수 있었다. 아내 에우리디케를 찾으러 갔던 오르페우스, 저승의 문을 지키는 케르베로스를 잡으러 갔던 헤라클레스, 예언자 테이레시아스의 망령을 만나러 갔던 오디세우스, 아버지 안키세스의 망령을 만나러 갔던 아이네이아스 등이 하계에 다녀왔다.

두 명의 영웅 테세우스와 페이리토오스*도 하계로 내려가게 되었는데, 전에 서로에게 제우스의 딸을 아내로 맞아주기로 약속했기 때문이었다. 테세우스는 약속을 지키기 위해 페르세포네를 아내로 선택한 페이리토오스와 함께 하계로 내려가 하데스에게 페르세포네를 내놓으라고 요구했다. 하데스는 두 영웅을 정중하게 맞이하는 척하며 특별한 의자에 앉혔다. 그 의자는 이승의 모든 기억을 빼앗아 가는 망각의 의자였다. 테세우스와 페이리토오스는 망각의 의자에 앉는 순간 모든 기억들을 잊은 채 꽁꽁 묶여 더 이상 일어날 수 없었다. 나중에 테세우스는 케르베로스를 데려가기 위해 지하세계로 내려온 헤라클레스에게 구출되어 다시 지상으로 올라올 수 있었다. 구원받지 못한 페이리토오스는 망각의 의자에 묶인 채 영원히 하계에 남게 되었다.

* 서로의 풍모에 마음을 빼앗긴 두 영웅은 친구가 되어 영원한 우정을 맹세했다. 상처한 두 사람은 서로에게 제우스의 딸을 아내로 맞아주기로 약속했다. p212.

하데스의 연인들

어느 날 하데스는 검은 말이 이끄는 마차를 타고 시칠리아섬으로 시찰을 나가게 되었다. 때마침 꽃이 만발한 평원에서 친구들과 꽃을 꺾으며 놀고 있는 페르세포네가 눈에 띄었다. 그녀의 미모에 반한 하데스는 그녀를 납치하여 지하세계로 데려왔다.

하데스는 페르세포네를 납치해 아내로 삼고 여왕의 자리에 앉혔지만, 여느 신들과 다르게 여자 문제는 거의 없었다. 페르세포네를 만나기 전 한때 대양의 신 오케아노스의 딸 중에서 가장 아름다운 님페 레우케를 사랑한 적이 있었다. 그녀를 지하세계로 데려와 함께 살았지만, 필멸의 존재였던 그녀는 결국 죽게 되었다. 슬픔에 잠긴 하데스는 레우케를 엘리시온* 평원으로 데려가 은백양 나무로 만들어 주었다. 은백양 나뭇잎의 앞면은 짙은 녹색을 띠고 뒷면은 은백색이어서 바람이 불 때면 흔들리는 나뭇잎이 반짝이는 것처럼 보였다. 그래서 고대 그리스 사람들은 앞뒤가 서로 다른 은백양 나뭇잎이 이승과 저승을 상징한다고 여겼다.

또 한번은 강의 님페 민테**가 하데스를 유혹하려 하자 페르세포네가 이를 눈치채고 그녀를 발로 밟아 식물로 만들어 버렸다. 이 식물의 이름이 민트였다.

---

* '엘리시온'은 신들로부터 총애를 받은 인간들이 지상의 삶을 마친 뒤 들어가는 영원한 행복을 누릴 수 있는 낙원으로 '축복받은 사람들의 섬', '행복의 들판'으로 불렸다.
** 민테(Minthe)는 영어 민트(mint)의 어원이 되었으며 우리말의 박하를 이르는 말이다.

디오니소스 [Dionysos, Dionysus]

포도주의 신이자 다산과 풍요의 신이며, 광란과 황홀경의 신이다. 디오니소스의 로마식 이름은 바쿠스(Bacchus), 영어식 이름은 바커스(Bacchus)*이다. 후대에 헤스티아 대신 올림포스 12신의 반열에 오르게 되었다.

제우스와 세멜레 사이에 태어난 디오니소스는 신과 인간 사이에 태어난 유일한 불멸의 신이다. 디오니소스의 어머니 세멜레는 테바이의 왕인 인간 카드모스와 여신 하르모니아 사이에서 태어나 이미 신과 인간의 피가 섞여 흐르고 있었다.

디오니소스는 주로 담쟁이 잎이 끼워진 회양나무 줄기로 된 '티르소스'라는 지팡이를 들고 있는 모습으로 묘사된다. 미술작품에서는 포도나무 잎사귀와 담쟁이덩굴로 된 관을 쓰고 상반신을 드러낸 채, 한 손에 포도주잔을 들고 볼그레한 얼굴로 수염이 없는 젊은이로 묘사되고 있다.

K-POP을 대표하는 7인조 그룹 방탄소년단(BTS)이 'Dionysus(디오니소스)'라는 곡을 발표하기도 했다. 오늘날 우리나라에서는 매년 봄, 가을 두 차례에 걸쳐 와인 마니아들이 모이는 '디오니소스 와인페어'가 열리고 있다.

---

* 피로회복제로 널리 알려진 '박카스'는 술의 신 바커스에서 유래되었다. 동아제약의 창업주 강중희 명예회장이 간장을 보호하는 이미지의 이름을 생각하던 중 술의 신 '바커스'를 떠올리게 됐다고 한다. 그래서 주당들을 지켜주고 풍년이 들도록 도와주는 그리스 로마 신화에 나오는 신의 이름을 붙여 1961년에 '박카스'가 탄생하게 되었다.

2

포도주의 신 디오니소스

　제우스는 갓 태어난 디오니소스를 헤라의 눈에서 벗어날 수 있도록 니사의 님페들에게 맡겼다. 디오니소스는 그곳에서 자라면서 반인반마의 실레노스에게 포도 생산법과 포도주 담그는 법을 배웠다. 하지만 헤라는 디오니소스가 어엿한 청년으로 성장할 때까지 계속해서 그를 괴롭혔다. 이로 인해 디오니소스는 광기에 시달린 채 이리저리 배회하며 세상을 떠돌아다녀야 했다.

　디오니소스는 가는 곳마다 사람들에게 자신이 배운 포도 재배법을 전파하고 포도주 만드는 법을 가르쳐 주었다. 또한 디오니소스는 자신을 숭배하는 신비의 의식을 가르쳐 사람들이 그를 신으로 받아들이게 만들었다. 디오니소스는 우연히 낙소스섬에 들렀다가 아리아드네를 만나게 되었는데, 그 당시 아리아드네는 아테네의 왕자 테세우스와 함께 크레타섬에서 도망쳐 왔다가 그로부터 버림받아 상심하고 있을 때였다. 아리아드네의 아름다운 모습에 반한 디오니소스는 그녀의 딱한 처지를 듣고서 아내로 맞이했다.

오랜 방황 끝에 디오니소스는 모든 역경을 극복하고 마침내 신의 면모를 갖추게 되었다. 디오니소스는 아리아드네와 함께 표범이 끄는 포도 넝쿨로 장식된 수레를 타고, 춤과 노래로 흥을 돋우는 무녀들을 앞세운 채 사티로스들의 호위를 받으며 올림포스로 돌아왔다. 이때까지 디오니소스가 헤라의 눈길을 피해 세계 이곳저곳을 방황할 수밖에 없었던 것에는 출생의 비밀이 있었다.

사랑을 의심한 세멜레

하르모니아* 여신의 딸 세멜레 공주는 눈부시게 아름다웠다. 세멜레는 제우스 신전의 여사제였는데, 바람둥이 제우스가 아리따운 세멜레를 가만둘 리 없었다. 인간의 모습으로 변신한 제우스는 그녀에게 다가가 인간의 모습을 한 제우스라 밝히고 서로 정을 통했다. 이로 인하여 세멜레는 제우스의 자식인 디오니소스를 잉태하게 되었다. 이 사실을 알게 된 헤라는 질투심에 불타올라 무서운 계략을 꾸몄다.

헤라는 세멜레의 유모였던 늙은 베로에로 변장해 세멜레를 찾아갔다.

---

* 하르모니아는 미의 여신 아프로디테와 전쟁의 신 아레스 사이에 태어난 딸이다.

헤라는 지금 만나고 있는 자가 제우스가 아닐지도 모르니 제우스의 진짜 모습을 보여 줄 것을 요구하라고 세멜레를 부추겼다. 만약 청을 거절한다면 그자가 분명 제우스가 아닐 것이라며 의심과 호기심을 사게 만들었다. 번개를 사용하는 제우스 신을 불멸의 인간이 직접 눈으로 보는 순간 열기에 타 죽는다는 사실을 헤라 여신은 누구보다 잘 알고 있었다. 헤라는 세멜레가 사랑하는 이의 손에 죽게 만드는 잔인한 복수의 방법을 택한 것이었다.

제우스가 찾아오자 세멜레는 한 가지 소원을 들어 달라고 부탁했다. 제우스는 사랑스러운 세멜레의 소원이라면 무엇이든지 들어주겠노라고 스틱스 강에 맹세했다. 그녀는 자기를 진심으로 사랑한다면 제우스의 본모습을 보여 달라고 요구했다. 세멜레에게 한 제우스의 약속은 돌이킬 수 없는 말이 되고 말았다. 스틱스 강에 대고 한 맹세는 신들의 제왕인 제우스 자신도 결코 어길 수 없는 강력한 구속력이 따르기 때문이었다.

마침내 제우스가 인간의 몸을 벗고 본연의 모습을 드러내자, 세멜레는 그의 강렬한 후광을 이기지 못하고 불에 타 죽고 말았다. 뒤늦게 세멜레가 자신의 아이를 가진 사실을 알게 된 제우스는 세멜레의 몸에서 태아를 끄집어내어 자신의 넓적다리에 넣은 뒤 꿰맸다. 시간이 흘러 무럭무럭 자라 달을 채운 아이가 아버지의 넓적다리를 가르고 세상 밖으로 나왔다. 그가 바로 '두 번 태어난 자'라는 뜻의 이름을 가진 디오니소스였다. 이렇게 태어난 디오니소스는 헤라의 눈길을 피해 소아시아의 니사산에 있는 님페들에게 맡겨졌다. 그곳에서 그는 님페들과 이모인 이노의 보살핌 속에 자라게 되었다.

미다스의 황금 손

미다스는 프리기아 왕국의 왕이자 선대 고르디아스 왕의 아들이었다. 매우 탐욕스러웠던 미다스는 재산이 엄청나게 많았음에도 불구하고 더 많은 부귀영화를 원했다.

어느 날 포도주를 마시고 거나하게 취해 길을 잃고 헤매던 실레노스를 농부들이 잡아 미다스 왕에게 데려갔다. 미다스 왕은 그를 한눈에 알아보고 정중하게 모시며 열흘 밤낮으로 연회를 베풀어 후하게 대접한 뒤 디오니소스에게 데려갔다. 마침 스승이자 양아버지인 실레노스의 행방을 찾고 있던 디오니소스는 기뻐하며, 그 보답으로 미다스 왕에게 소원을 한 가지 들어주겠노라고 약속했다. 미다스는 자신의 손길이 닿는 것이면 무엇이든 황금으로 변하게 해달라고 간청해 황금 손*을 갖게 되었다. 나뭇가지, 돌멩이, 조각물 할 것 없이 자신의 손길이 닿는 것이면 무엇이든 황금으로 변하자 놀라움을 금치 못했다.

하지만 황금 손은 곧 재앙으로 다가왔다. 미다스는 음식을 먹으려고 손을 대는 순간 모두 황금으로 변하여 아무것도 먹을 수가 없었다. 심지어 자신의 사랑하는 딸을 안는 순간 황금 조각상으로 변해버렸다. 미다스 왕은 세상에서 가장 부유하지만 물 한 모금, 빵 한 조각조차 먹을 수 없게 되어 굶어 죽을 처지에 이르게 되었다. 황금에 진저리가

---

* 오늘날 미다스의 손(Midas touch)이란 돈 버는 재주를 지닌 능력자를 일컫는 말로 널리 쓰인다.

난 그는 황금의 황자만 들어도 몸서리가 쳐졌다.

미다스는 자신의 소원이 어리석었음을 깨닫고 디오니소스에게 원래대로 되돌려달라고 간청했다. 미다스 왕의 간절한 기도를 들은 디오니소스는 그에게 팍톨로스 강*에 몸을 담가 죄를 씻으라고 명했다. 이렇게 해서 미다스는 본연의 모습인 미다스로 돌아올 수 있었다.

---

* 미다스가 몸을 씻은 후 그에게 주어진 권능이 강물에 녹아 팍톨로스 강은 금빛 모래와 사금이 많이 나기로 유명해졌다고 전한다.

디케 [Dike]

정의의 여신이다. 디케는 별칭으로 '별처녀'를 뜻하는 아스트라이아로 불리기도 한다. 로마 신화의 유스티티아(Justitia)와 동일시된다. 유스티티아(Justitia)는 justice(정의)의 어원이 되었다. 디케는 제우스와 티탄 12신에 속하는 테미스 사이에서 태어난 계절의 여신 호라이 가운데 하나이다. 호라이는 정의의 여신 디케, 질서의 여신 에우노미아, 그리고 평화의 여신 에이레네를 이르는 말이다.

정의의 여신상은 한 손에 양팔 저울을 들고, 다른 한 손에는 칼을 쥐고 있다. 양팔 저울은 법 앞에 모두가 평등하고 공정하다는 것을 의미하고, 칼은 법을 어긴 자를 제재할 수 있는 권위와 힘을 의미한다. 또한 정의의 여신상은 두 눈을 가리고 있는데, 이는 정의를 실현하기 위해서 선입관이나 편견이 없는 공평한 판결을 의미한다.

우리나라 대법원에 있는 정의의 여신상은 칼 대신 법전을 들고 있다. 법전은 법에 따라 재판한다는 의미이다. 하지만 눈은 결코 가리지 않았다.

3

정의의 여신 디케

    정의의 여신 디케는 율법의 여신 테미스와 제우스 사이에서 태어났다. 테미스는 신들 사이에서 옳고 그름을 관장하는 여신이었다. 정의의 여신 디케는 필멸의 운명인 인간들의 삶 속에서 정의의 문제를 주관하였다. 디케는 인간 세상에 내려와 그들과 함께 살면서 정의를 실현하고, 정의가 훼손된 곳에 재앙을 내렸다.

    황금 종족, 은의 종족을 거쳐 청동 종족에 이르며, 시간이 지날수록 인간들은 더욱 사악해져 갔다. 마침내 철의 종족이 세상을 지배하면서, 인간들은 극도로 사악해지고 그들의 타락은 극에 달했다. 더 이상 재앙을 물리칠 방도가 없자, 정의의 여신 디케는 인간을 버리고 대지를 떠나버렸다.

5장

인간의 탄생과 인간 종족

1
인간을 창조한 프로메테우스

　티탄 신족과 기간테스를 비롯한 모든 괴물들을 쓸어버리고 평화가 깃든 세상은 이제 인류를 맞이할 만반의 준비가 되었다. 필멸의 인간들이 죽은 다음 선한 사람과 악한 사람으로 구분되어 가게 될 곳도 마련해 두었다.

　제우스는 프로메테우스와 에피메테우스* 형제에게 인간과 동물을 만드는 일을 맡겼다. 티탄 신족의 패배를 미리 예견하고 제우스 편에 서서 벌을 면할 수 있었던 프로메테우스는 예지력이 뛰어나고 손재주가 대단한 장인 신이었다. 반면 동생 에피메테우스는 형 못지않게 손재주는

---

* 프로(pro)는 '앞, 먼저의'라는 뜻이며, 메테우스(metheus)는 '생각하는 자'란 뜻으로 프로메테우스는 '앞을 내다보며 생각하는 자'를 의미한다. 반면 에피(epi)는 '뒤'란 뜻으로 에피메테우스는 '뒤늦게 생각하는 자'란 뜻이다.

좋지만 앞뒤를 생각하지 않고 충동에 따라 행동하는 어리석은 자였다. 에피메테우스는 인간을 만들기에 앞서 먼저 동물을 만들었다. 그는 인간들을 까맣게 잊고 동물들에게 털가죽과 민첩함, 날개와 깃털, 단단한 껍질 등 좋은 선물들을 모두 나눠주었다. 이 때문에 인간에게 줄 만한 것은 아무것도 남지 않았다.

프로메테우스는 동생의 실수를 만회하고 인간을 더 우월하게 만들기 위해 고심을 거듭했다. 인간을 동물보다 더 고귀한 형체로 빚어 신들처럼 똑바로 서서 걷도록 만들었다. 그런 다음 태양에서 횃불에 불을 붙여와 인간에게 불을 전해 주었다. 프로메테우스가 선물한 불은 나약한 인간을 잘 보호해 줄 훌륭한 수단이었다. 프로메테우스는 신의 특권인 불을 훔치는 데 그치지 않고 지나치게 자신이 만든 인간들의 편에 서게 되었다. 그는 신에게 바치는 제물을 교묘히 포장해 신들에게는 오로지 기름 덩어리와 뼈만 바치고, 인간들에게는 육질이 좋은 부분을 나누어 주었다. 고기 대신 기름 덩어리와 뼈를 제물로 받고 분노한 제우스는 프로메테우스와 그가 만든 인간들에게 벌을 내리기로 결단했다.

최초의 여성 판도라

제우스는 먼저 프로메테우스로부터 불을 받고 그를 숭배하는 인간들에게는 엄청난 재앙을 몰고 올 여자를 만들어 내려보내기로 했다. 제우스는 헤파이스토스에게 아름다운 여인의 형상을 흙으로 빚어 만들게 한 다음 모든 신들이 그녀에게 선물을 주었다. 아테나는 예쁜 옷과 허리띠를 둘러주고 머리에는 화환을 꾸며 치장해 주었다. 아프로디테는 인간에게 사랑받을 수 있도록 아름다운 매력을 부여해 주었으며, 헤르메스는 아름다운 목소리와 영악한 마음 그리고 교묘한 말솜씨를 선물하였다. 신들은 재앙을 불러올 아름다운 처녀를 다 만든 후 그녀를 모든 선물을 의미하는 판도라*라고 불렀다. 이전에 프로메테우스가 오직 남자만 만들었기 때문에 판도라는 제우스가 인간 세계에 내려 보낸 최초의 여자였다. 그 후 판도라로부터 여인 종족이 생겨나게 되었고, 여인들은 판도라의 천성을 타고난 존재가 되었다.

  신들은 판도라에게 온갖 해로운 것들을 상자**에 넣어 건네주며 절대 열어보지 말라고 주의를 주었다. 그런 다음 제우스의 명령에 따라 헤르메스는 호기심과 사악함을 숨겨둔 판도라를 에피메테우스에게 데려갔다. 제우스가 주는 선물을 절대 받지 말라는 형 프로메테우스의 경고를 까맣게 잊고 에피메테우스는 예쁘고 사랑스러운 판도라를 덥석 아내로 맞아들였다. 그러던 어느 날 판도라는 호기심을 이기지 못하고 결국 신들에게 받은 상자를 열어보았다. 그러자 상자 안에 있던 근심, 걱정, 고통, 불행, 질병 등 온갖 해악과 재앙이 뛰쳐나와 세상 밖으로 퍼져 나갔다. 판도라는 황급히 상자의 뚜껑을 닫았지만 이미 때늦은 뒤였다.

---

*   판도라(Pandora)의 판(Pan)은 '모든'이란 뜻이고 도라(dora)는 '선물'이란 뜻이다.
** '판도라의 항아리'인지 '판도라의 상자'인지를 두고 여러 설이 있다. 번역할 때 항아리가 상자로 잘못 번역되었다고 하나 보편적으로 상자로 널리 알려져 있다. 흔히 '판도라의 상자가 열렸다'라고 하는 표현은 '금기시되던 사실이나 엄청난 비밀이 세상 밖으로 알려졌을 때' 쓰이는 말이다.

이때 미처 빠져나오지 못한 희망만이 상자 속에 그대로 남아 있었다. 이후 인간들은 비록 삶에 고통과 시련이 따를지라도 아직 희망이 남아 있기에 이를 견디며 살아가게 되었다.

인간을 징벌한 제우스는 이번에는 인간을 감싸고도는 프로메테우스를 벌하였다. 제우스는 힘의 신 크라토스와 폭력의 신 비아를 시켜 프로메테우스를 잡아들이게 했다. 그리고 대장장이 신 헤파이스토스가 만든 견고한 쇠사슬로 카우카소스산 절벽에 그를 묶어 놓았다. 그런 다음 독수리를 날려 보내 프로메테우스의 간을 파먹게 했다. 독수리가 매일같이 날아와 그의 간을 쪼아 먹지만 불멸의 신 프로메테우스의 간은 끊임없이 재생되어 계속되는 고통을 받아야 했다. 그가 겪은 고통은 황금 사과*를 찾기 위해 지나가던 헤라클레스가 구원해 줄 때까지 3천년이나 지속되었다.

제우스가 프로메테우스에게 형벌을 가한 또 다른 이유가 있었다. 제우스는 언젠가 자신을 권좌에서 몰아내고 신들을 천상에서 쫓아낼 아들이 태어나리라는 것을 알고 있었다. 그 아들을 낳을 여인**이 누구인지는 예지력이 뛰어난 프로메테우스만이 알고 있었기 때문에 그 비밀을 털어놓도록 만들기 위해서였다. 하지만 프로메테우스는 어떠한 협박과 회유에도 굴복하지 않았다. 비록 제우스가 프로메테우스의 육신은

---

*   헤라클레스는 열두 과업 중 하나인 황금 사과를 찾기 위해 지나가던 도중에 프로메테우스의 간을 쪼아 먹고 있던 독수리를 죽이고 그를 구해주었다. p184.
** 제우스는 나중에 그녀가 테티스라는 사실을 알게 되었다. 프로메테우스의 예언이 두려웠던 제우스는 서둘러 테티스와 인간 펠레우스를 결혼시켰다. p326.

묶어 놓을 수 있었지만, 그의 정신만은 결코 묶어둘 수 없었다.

신이 만든 인간 종족

인간 창조에 관한 프로메테우스와 에피메테우스 이야기 외에 또 다른 설에 따르면, 신이 직접 인간을 창조하였다고 한다. 신들이 만든 첫 번째 인간은 크로노스 시대의 황금 종족이었다. 그다음으로 은의 종족, 청동 종족, 영웅 종족에 이어 철의 종족이 태어나게 되었다.

황금 종족은 유한한 생명을 지녔지만 마음속에 아무런 고통도 느끼지 않았고, 궁핍함이나 비참함도 겪지 않았다. 슬픈 세월이 그들을 억누르지도 않았고, 다리와 손의 힘은 언제나 한결같았다. 황금 종족에게는 모든 것들이 더할 나위 없이 좋았으며, 곡식을 생산하는 대지도 열매를 풍성하게 맺어 주었다. 들일도 즐겁고 한가롭게 했으며, 제물의 축복을 받아 가축의 무리도 많았다. 황금 종족은 좋은 것들로 넘쳐나는 땅에서 선의에 가득 찬 평화롭고 안락한 삶을 누렸다. 모든 불행에서 벗어나 기쁘고 즐겁게 살았으며, 죽을 때도 잠을 자듯 평온했다. 그들은 죽은 뒤 제우스 신의 뜻대로 지상의 선한 정령이자 유한한 인간의 파수꾼 역할을 하였다.

두 번째 인간은 올림포스 신들이 만든 은의 종족이었다. 은의 종족의 어린아이들은 철이 없고 몸과 마음이 나약하여 100년이 지나도 여전히 어리광을 부리며 어머니의 품을 떠나지 못했다. 이 종족들은 교만하여 제멋대로 행동하고 신들을 숭배하지도 않았으며, 신들의 제단에 마땅히 바쳐야 할 제물도 바치지 않았다. 또한 서로에게 나쁜 짓을 저지르고 범죄 행위도 빈번하게 일어나 비참한 상태에 빠져들었다. 마침내 제우스는 스스로를 파멸시키고 있는 이 종족을 땅에서 거두어들였다.

세 번째 인간은 제우스가 만든 청동 종족이었다. 제우스는 이들을 물푸레나무로 직접 만들었다. 청동 종족은 청동 농기구와 청동 무기를 만들어 사용했다. 이 종족은 먹고살기 위해 힘들게 일해야만 했으며 고단한 삶을 살아야 했다. 또한 잔인하고 폭력적이었으며 자신들의 욕망을 채우기 위해 남의 것을 탈취하고 전쟁을 일삼았다. 탐욕과 폭력이 난무하고 적대감이 팽배하여 서로를 죽이는 잔혹한 이들 역시 죽음을 면치 못했다.

네 번째 인간은 영웅 종족이었다. 이 종족은 반신반인의 존재로 신과 인간 사이에서 태어났다. 올림포스의 남신들은 인간 여인과 몸을 섞어 영웅들을 낳고, 여신들도 인간들과 사랑을 나누어 자식들을 낳았다. 영웅 종족은 청동 종족보다 고상하고 정의로웠다. 하지만 결국 테바이 전쟁과 트로이 전쟁으로 멸종되게 이르렀다. 영웅 종족이 전쟁 속에서 근심과 고통으로 생을 마치자, 제우스는 그들을 세상의 끝에 있는 축복의 섬 엘리시온에서 아무 걱정과 근심 없이 살도록 해주었다.

다섯 번째 인간은 철의 종족이었다. 이 종족은 지금까지의 어떤 인간들보다 훨씬 더 사악하고 고통스러운 삶을 살았으며, 이들 자신이 곧 커다란 재앙이었다. 이들은 완전히 타락하여 낮에도 밤에도 근심과 걱정으로 쉬지 못했다. 부모의 은혜를 모르고 형제간의 우애도 찾아볼 수 없었다. 힘센 자가 폭행을 일삼고, 이웃과 선량한 사람들을 괴롭혔으며, 진실하고 착한 사람이 대접받지 못했다. 잔인한 철의 종족들은 질투와 시기로 남의 불행을 기뻐하면서도 자신의 처지에 늘 불평을 늘어놓았다. 이 종족들은 정의를 무시하고 자신의 배를 채우는 데 급급하여 자기 이익을 위해서는 무슨 짓이든 서슴지 않았다. 죽을 운명인 이들에게 고통만 남아 있을 뿐, 그 누구도 불행에서 벗어날 수 없게 되었다.

인간을 버린 아스트라이아

황금 종족, 은의 종족을 거쳐 청동 종족에 이르면서 세대가 지나갈수록 인간은 더욱 사악해져 갔다. 신들은 인간들이 사는 추악한 지상을 외면하고 모두 올림포스로 떠나버렸다. 오직 정의의 여신 아스트라이아*만 인간에 대한 믿음을 저버리지 않고 마지막까지 지상에 머물며 정의를 호소하였다. 하지만 철의 종족이 세상을 지배하게 되면서 인간은 극도로 사악해져 갔다. 더 이상 재앙을 물리칠 방도가 없자, 정의의 여신 아스트라이아마저도 인간을 버리고 지상을 떠나갔다. 아스트라이아는 하늘에 올라 별자리인 처녀자리가 되었으며, 그녀가 정의의 여신으로서 손에 들고 있던 저울은 천칭자리가 되었다.

---

* 아스트라이아(Astraea)는 '별처녀'라는 뜻으로 정의의 여신 디케의 별칭이다.

2

인간 종족과 대홍수

청동 종족이 땅에 살고 있을 때, 제우스는 인간들이 온갖 몹쓸 짓을 하며 세상을 어지럽힌다는 소문을 들었다. 제우스는 인간들이 어떠한지 직접 확인하기 위해 헤르메스와 함께 사람의 모습을 하고 지상으로 내려왔다.

제우스는 아르카디아의 왕 리카온의 궁전에 머물게 되었다. 리카온 왕은 광포하기로 악명이 높았다. 그는 제우스의 권능을 시험해 보려는 불경스러운 태도로 사람을 죽여 그 인육을 밥상에 올려놓았다. 모든 것을 알아차린 제우스는 벼락을 내려 그의 자식들과 집안을 모조리 불태우고, 리카온을 늑대로 만들어 버렸다.

갈수록 타락하고 사악해지는 인간들을 더 이상 두고 볼 수 없었던 제우스는 모든 인간들을 쓸어 없애 버리기 위해 대홍수를 일으키기로 결심했다.

데우칼리온과 피라

 예지력이 뛰어난 프로메테우스는 제우스의 의중을 간파하고 데우칼리온과 피라 부부에게 배를 만들어 홍수에 대비하게 했다. 데우칼리온은 프로메테우스 자신의 아들이며, 피라는 에피메테우스와 판도라 사이에 태어난 딸이었다. 이들 부부는 선량하고 정의로우며 신들을 성실하게 섬기는 자들이었다.
 제우스는 큰 홍수와 해일을 일으켜 세상을 온통 물에 잠기게 했다. 데우칼리온과 피라가 탄 배는 홍수가 시작된 후 9일 밤낮을 표류한 끝에 파르나소스산 정상에 도착했다. 홍수로 뒤덮인 세상에 신을 독실하게 섬기는 한 부부만 살아있다는 것을 알게 된 제우스가 홍수를 거두자, 땅은 다시 제 모습을 찾아가기 시작했다.
 유일한 생존자였던 데우칼리온과 피라는 테미스 여신의 신전을 찾아가 지상을 다시 인류로 채울 방도를 물었다. 그러자 '베일로 얼굴을 가리고 어머니의 뼈를 어깨너머로 던지라.'라는 알 수 없는 신탁이 내려졌다. 두 사람은 신탁의 의미가 무엇인지 몰라 당황하였으나 곧 어머니는 대지의 여신 가이아를, 그 뼈는 돌을 뜻한다는 걸 알아차렸다.
 데우칼리온과 피라는 한쪽으로 물러나 여신이 시킨 대로 베일로 얼굴을 가리고 돌을 어깨너머로 던졌다. 그러자 기적 같은 일이 일어났다. 데우칼리온이 던진 돌은 남자로 변하고 피라가 던진 돌은 여자로 변하였다. 이로써 데우칼리온과 피라는 새 인류의 조상이 되었다.

그리스인의 시조 헬렌

그 후 데우칼리온과 피라는 로크리스 지방에 정착하여 아들 헬렌과 암픽티온, 딸 프로토게네이아를 비롯하여 여러 명의 자식을 낳았다. 그중 맏아들 헬렌은 모든 그리스인의 조상으로 알려졌다. 테살리아 지방 프티아의 왕이 된 헬렌은 산의 님페 오르세이스와 결혼하여 아들 도로스, 크수토스, 아이올로스* 삼형제를 낳았는데, 이들은 각기 고대 그리스의 주요 부족의 시조가 되었다.

도로스는 도리스인의 시조가 되었고, 아이올로스는 아이올리스인의 시조가 되었다. 크수토스의 두 아들 이온과 아카이오스는 각각 이오니아인과 아카이아인의 시조가 되었다. 이 부족들은 모두 자신들을 헬렌**의 후손이라는 뜻으로 '헬레네스'라고 불렀다. 헬레네스는 나중에 그리스 민족을 통칭하는 말이 되었다.

---

* 아이올로스라는 같은 이름을 가진 자는 그리스인의 시조 헬렌과 오르세이스의 아들 외에도, 포세이돈과 아르네의 아들, 히포테스와 멜라니페의 아들, 에오스의 남편 등이 있다.

** 그리스 문화를 뜻하는 헬레니즘(Hellenism)과 고대 그리스인들이 자기 나라를 이르던 헬라스, 헬라스(Hellas)를 한자로 음차한 희랍 등 모두 헬렌(Hellen)에서 유래하였다.

6장

신탁과 운명 그리고 죽음

1
신의 계시, 신탁

신탁이란 신에게 답변을 부탁하는 행위로, 기도자의 요청에 따라 응답으로 주어지는 신의 의사전달을 의미한다. 고대 그리스에서는 개인사로부터 국가의 중대사에 이르기까지 신의 뜻을 묻는 것이 일반적인 일이었다. 신탁소는 신탁을 묻는 이들에게 궁금해하는 것을 풀어주거나 병을 치료해 주고 미래를 예언하기도 했다.

고대 그리스에는 여러 곳의 신탁소가 존재하였다. 그중 가장 오래된 신탁소는 제우스 신전이 있는 도도나*의 신탁소였으며, 가장 영험하기로 소문난 곳은 아폴론 신전이 있는 델포이의 신탁소였다.

---

* 그리스 북서부 에페이로스 지방의 산중에 있는 도도나는 제우스의 신탁소가 있던 성역으로 알려져 있다. 이 성역에는 큰 떡갈나무가 있는데, 신관들은 그 나무의 나뭇잎이 스치면서 내는 소리를 듣고 신의 뜻을 깨달았다고 한다.

델포이의 신탁소

고대 그리스인들은 델포이가 세상의 중심이라고 생각했다. 신화에 따르면 제우스는 세상의 중심을 찾기 위해 동쪽과 서쪽 끝에서 두 마리의 독수리를 동시에 날려 보냈고, 두 마리 독수리는 같은 속도로 날아올라 그리스의 델포이 상공에서 서로 교차하였다. 이 지점에 옴파로스라 불리는 돌이 놓이게 되었는데, 옴파로스는 배꼽이란 뜻으로 '세상의 중심'을 의미했다.

옴파로스 주변에 세워진 아폴론 신전 입구에는 '너 자신을 알라'는 문구가 적혀 있었다. 이 문구는 그리스의 철학자 소크라테스에 의해 더욱 유명해졌다. 아폴론은 델포이 신탁을 통해 대표적인 예언의 신으로 알려졌다. 델포이의 신탁소는 그리스 각지에서 행해지던 신탁 중에서 가장 유명했다. 이로 인해 외국에서도 수많은 순례자들이 몰려들었다. 이곳은 고대 그리스인들이 어떤 중요한 결정을 내려야 할 때 반드시 참배하고 신탁을 물어야 하는 곳이 되었다.

델포이 신탁소의 무녀는 신의 숨결이 나오는 대지의 갈라진 틈 위에 놓인 삼각대에 앉아있었다. 이곳에서 신의 숨결을 받은 무녀는 신들린 상태가 되어 소리를 지르거나 알 수 없는 말들을 내뱉었다. 신관은 그 소리를 듣고 문장으로 만들어 신탁을 구한 사람에게 전해 주었다. 이렇게 내려진 신탁은 고대인에게는 결정적인 신의 소리였다. 이곳에서 신탁을 전하는 무녀들은 피티아라는 이름으로 불렸다. 피티아는 델포이의 원래 이름인 피토에서 유래되었다.

피할 수 없는 신탁

아르고스의 아크리시오스* 왕은 언젠가 딸이 낳은 자식에 의해 자신이 살해될 것이라는 신탁을 받았다. 아크리시오스는 딸을 청동으로 만든 감옥에 가두고 철저히 감시했지만, 황금 소나기로 변신해 스며든 제우스와 결합하여 아들을 낳았다. 아크리시오스는 손자와 딸을 나무 궤짝에 넣어 바다에 내다 버렸지만 그들은 살아남았다. 어느 날 성인이 된 손자가 돌아온다는 소식을 들은 그는 다른 나라도 피신해 갔다. 그러나 아크리시오스는 결국 그곳에서 손자가 던진 원반에 머리를 맞고 즉사했다.

이올코스의 펠리아스* 왕은 한쪽 신발만 신고 있는 아이올로스의 자손에게 살해당할 것이라는 신탁을 받았다. 어느 날 도시에 실제로 그런 젊은이가 나타났다는 소식에 두려웠던 펠리아스는 갖은 방법으로 그를 제거하려 했지만 결국 한쪽 신발만 신고 나타난 이아손과 그의 아내가 된 메데이아에 의해 비참한 최후를 맞이했다.

테바이의 라이오스* 왕은 그가 얻게 될 아들이 장차 아비를 죽이고 어미를 범하게 될 것이라는 신탁을 받았다. 신탁이 두려웠던 그는 아들 오이디푸스가 이 세상에 나오자마자 산속에 버렸다. 하지만 목동에게 발견되어 살아남은 오이디푸스는 자라서 이웃 나라의 왕자가 되

---

* 아크리시오스, p39, 펠리아스, p193, 라이오스, p137.

었다. 결국 라이오스는 신탁의 예언대로 아무것도 모른 채 아들 오이디푸스에게 죽임을 당하고 왕비 이오카스테는 아들과 결혼하였다.

트로이의 왕비 헤카베가 둘째 파리스를 임신했을 때 꿈속에서 불타는 나무토막을 낳았는데, 그 나무토막이 트로이를 불바다로 만드는 꿈을 꾸었다. 헤카베와 프리아모스 왕은 파리스가 트로이를 망하게 할 운명이라는 신탁을 받았다. 파리스가 태어났을 때 그를 이다산에 내다 버렸지만 결국 그는 살아남아 트로이 전쟁을 일으키는 장본인이 되어 트로이를 불바다로 만들고 멸망에 이르게 했다.

이처럼 모두가 필사적으로 신탁에서 벗어나려 했지만, 결국 신탁은 피할 수 없는 운명이 되었다.

2

운명의 여신 모이라이

　모이라이*는 운명의 여신 세 자매를 이르는 말이다. 모이라이는 인간이 태어나는 순간부터 운명의 실타래를 통해 그들의 삶을 지배하고 수명을 재단하는 여신들이었다. 세 자매 중 첫째 클로토는 인간의 운명의 실을 잣고, 둘째 라케시스는 운명의 실을 분배하고, 셋째 아트로포스는 결정적인 순간에 운명의 실을 잘라 삶을 거두는 역할을 했다.
　필멸의 인간은 그 누구도 모이라이 세 자매의 실타래 재단에서 벗어날 수 없는 운명이었다. 모이라이가 결정짓는 운명은 절대적이어서 신들조차도 그들의 영역을 침범할 수 없었다. 이는 세상의 질서를 어지럽히고 무너뜨리는 일이기 때문이었다.

---

* 　모이라이는 제우스와 테미스 사이에 태어난 딸들이다. 하지만 모이라이를 밤의 여신 닉스가 홀로 낳았다는 설과 닉스와 어둠의 신 에레보스 사이에 태어난 자매라는 설도 있다.

멜레아그로스의 장작개비

칼리돈의 왕 오이네우스와 알타이아*가 결혼하여 아들 멜레아그로스를 낳았다. 멜레아그로스가 태어난 지 7일째 되던 날에 운명의 여신 모이라이 자매가 그의 어머니 알타이아를 찾아왔다. 모이라이는 아들 멜레아그로스의 운명이 아궁이에 타고 있는 장작개비에 연결되어 있어 장작이 다 타버리면 아들도 죽게 될 것이라고 했다. 이 말을 들은 알타이아는 얼른 불을 끄고 타다 남은 장작개비를 항아리에 담아 소중하게 보관하였다. 그 후 아들 멜레아그로스는 아무 탈 없이 잘 자라 건장한 청년이 되었다.

그러던 어느 해 오이네우스 왕이 신들에게 제사를 올리게 되었는데, 깜박하고 아르테미스 여신에게 제사드리는 것을 빠트리고 말았다. 분노한 아르테미스가 황소보다 덩치가 더 큰 무시무시한 멧돼지 한 마리를 내려보내 칼리돈의 농사를 온통 망쳐 놓았다. 멧돼지는 닥치는 대로 논밭을 짓밟아 쑥대밭을 만들고 가축들을 무자비하게 공격하였다.

이때 오이네우스 왕의 아들 멜레아그로스가 멧돼지 사냥을 하기 위해 그리스 전역에서 유명한 영웅들을 초대했다. 테세우스와 그의 친구 페이리토오스를 비롯하여 이아손, 펠레우스, 델라몬, 네스토르 등 수많은 영웅들과 여걸 아탈란테까지 이에 응했다. 사냥이 시작되면서 여러

---

* 알타이아는 아이톨리아 지방 플레우론의 왕 테스티오스와 에우리테미스 사이에 태어난 딸이다.

명이 멧돼지에게 희생되었다. 마침내 처녀 사냥꾼 아탈란테가 쏜 화살을 맞고 멧돼지가 상처를 입자 멜레아그로스가 창을 던져 쓰러뜨렸다. 덩치가 얼마나 컸던지 쓰러진 멧돼지가 차지하고 누운 자리가 엄청나 모두가 놀라움을 금치 못했다.

사냥이 끝난 뒤 멜레아그로스는 마음을 빼앗긴 여걸 아탈란테에게 멧돼지의 가죽을 바치며 그녀에게 영광을 돌렸다. 이를 못마땅하게 여긴 외삼촌 형제가 시비를 걸며 아탈란테와 멜레아그로스를 모욕했다. 이에 격분한 멜레아그로스는 외삼촌들과 다투다 둘을 모두 살해하고 말았다.

두 동생을 잃은 알타이아는 분을 참지 못하고 아들의 운명과 연결된 장작개비를 꺼내 불길 속으로 집어던져 버렸다. 그러자 모이라이의 예언대로 멜레아그로스는 온몸에 보이지 않는 불길의 고통을 느끼며 죽어갔다. 그제야 제정신이 든 알타이아는 자신이 무슨 짓을 저질렀는지 깨닫고는 스스로 목을 매고 죽었다. 어머니와 오라비를 동시에 잃은 멜레아그로스의 누이들은 슬피 울다가 멜레아그리스라는 뿔닭으로 변했다.

3

저승의 강 스틱스

　스틱스는 티탄 신족인 오케아노스와 티탄 여신 테티스 사이에서 태어난 3000명의 딸들 중 맏딸이었다. 스틱스는 티탄 신족 팔라스와 결혼하여 열의와 질투의 신 젤로스, 승리의 여신 니케*, 권력의 신 크라토스, 폭력의 여신 비아 등 네 자녀를 낳았다. 스틱스는 이승과 저승의 경계를 이루는 강을 지배하는 여신으로, 지류로 나뉘어 하데스의 나라를 아홉 물굽이로 감싸고 흘렀다.

　망자는 모두 저승의 뱃사공인 카론의 배를 타고 스틱스 강을 건너야 했다. 이때 반드시 뱃삯을 지불해야만 저승으로 갈 수 있었다. 먼 길 떠나는 망자의 두 눈 위에 동전을 올려놓거나 입에 동전 한 닢을

---

* 미국의 스포츠용품 제조회사 나이키(Nike)의 브랜드 로고는 승리의 여신인 '니케의 날개'에서 영감을 받아 고안된 것이다. '니케(Nike)'의 영어식 발음이 '나이키'이다.

물려주는 것은 이 때문이었다. 노잣돈이 없는 망자는 저승에 들어가지 못한 채 스틱스 강가를 영원히 떠돌게 되었다. 그러므로 망지에게 뱃삯을 챙겨주는 일은 장례에서 매우 중요한 의식이었다. 또한 카론은 정당하게 매장되지 못한 사람들의 영혼도 배에 태워주지 않았다. 그 영혼들은 편히 쉴 곳을 찾지 못한 채 100년 동안 떠돌아다녀야 할 운명이었다.

스틱스 강을 걸고 한 맹세

제우스가 티탄 신족과 전쟁을 치를 때 스틱스는 네 자녀와 함께 제우스 편에 서서 도와주었다. 제우스는 이들의 공적을 높이사 신들에게 중요한 약속을 할 때 스틱스의 이름을 걸고 맹세하도록 명했다. 그 후 신들은 스틱스 강에 대고 하는 위대한 맹세가 가장 구속력 있는 약속으로 여겼다. 또한 제우스는 스틱스의 네 자녀 젤로스, 니케, 크라토스, 비아를 곁에 두고 자신을 지키게 했다.

모든 신들은 물론이고 제우스 자신도 스틱스 강에 대고 맹세한 약속은 결코 어길 수 없었다. 이로 인하여 제우스는 사랑하는 세멜레를 잃었고, 태양신 헬리오스는 아들 파에톤을 잃어야 했다. 이 모두 스틱스 강에 걸고 한 맹세를 어길 수 없어 일어난 일들이었다. 어떤 신이든 이를 어기면 1년 동안 숨을 쉬지 못하고 목소리도 낼 수 없었으며, 암브로시아나 넥타르를 입에 댈 수도 없었다. 그 후에도 9년 동안 올림포스에서 추방되어 신들의 모임에 참석하는 것이 금지되었다. 이렇게 10년간 영어의 몸이 되고 나서야 비로소 신들의 일상으로 돌아갈 수 있었다.

또한 스틱스 강물에 몸을 담근 사람은 몸이 강철과 같이 단단해져 어떤 무기로도 뚫을 수 없었다. 바다의 여신 테티스는 아들 아킬레우스를 낳았을 때 그를 스틱스* 강물에 담가 무적의 전사로 만들기를 원했다. 하지만 이때 발목을 손으로 잡고 담그면서 신비의 물에 젖지 않은 발뒤꿈치** 부위가 아킬레우스의 유일한 약점으로 남게 되었다. 트로이 전쟁 때 아킬레우스는 결국 이 발뒤꿈치에 파리스의 화살을 맞고 죽음을 맞이했다.

---

*   오늘 날 스틱스는 명왕성(Pluto)의 다섯 번째 위성 이름으로도 쓰이고 있다. 명왕성은 2006년에 왜소행성으로 분류되어 태양계 행성의 지위를 잃고 퇴출당하였다. 소행성 목록에 포함된 명왕성에는 모두 다섯 개의 위성이 있는데, 그중 2012년에 발견된 다섯 번째 위성에 인터넷 공모를 통해 '스틱스'라는 이름이 붙여졌다. 명왕성의 나머지 위성은 '카론', '닉스', '히드라', '케르베로스'로 이루어져 있다.

**   이 신체 부위가 발목의 힘줄인 '아킬레스건'으로 치명적인 약점을 비유적으로 이르는 말이다.

4

의술의 신 아스클레피오스

　테살리아의 라리사에 코로니스라는 아름다운 공주가 살고 있었다. 아폴론은 코로니스 공주를 보는 순간 그녀와 사랑에 빠지게 되었다. 코로니스 공주 또한 아폴론을 사랑했다. 하지만 인간이기 때문에 나이를 먹고 늙게 되면 언젠가 그로부터 버림받게 될 것이라 생각하니 두려웠다. 그러던 중 코로니스 공주는 아르카디아의 왕자 이스키스를 만나면서 그와 사랑에 빠졌다.

　어느 날 두 사람의 애정행각을 염탐한 아폴론의 전령인 큰 까마귀가 자기 주인에게 코로니스의 부정을 고발하였다. 분노한 아폴론은 곧장 현장으로 달려가 그들에게 은빛 화살을 쏘았다. 코로니스는 죽어가면서 자신의 몸속에 당신의 아이가 자라고 있다고 아폴론에게 고백했다. 아폴론은 자신의 경솔한 행동을 후회했지만 손을 쓰기에는 너무 늦어버렸다. 다행히 아폴론은 코로니스의 몸에서 자신의 아이는 구해

낼 수 있었다. 아폴론은 코로니스의 부정을 고자질한 입 싼 큰 까마귀에게 저주를 내려 깃털을 까맣게 만들어 버렸다. 큰 까마귀는 원래 백조만큼이나 희고 눈부신 아름다운 깃털을 가진 새였는데 이때부터 검게 변하게 되었다.

아폴론은 코로니스와 사이에서 난 아들 아스클레피오스를 켄타우로스 족의 현자인 케이론에 맡겨 길렀다. 케이론은 자신이 아폴론 신으로부터 배운 의술을 아스클레피오스에게 가르쳐주며 최고의 의사로 키워냈다. 또한 아테나 여신은 아스클레피오스에게 메두사의 혈관에서 나온 피를 받아 주었다. 메두사의 왼쪽 혈관에서 흐르는 피는 치명적인 독성이 있지만, 오른쪽 혈관으로 흐르는 피는 사람을 살리는 신비한 효력이 있었다. 아스클레피오스는 고통을 덜어주는 간호의 여신 에피오네와 결혼하여 세 아들과 히기에이아, 파나케이아를 비롯한 여섯 명의 딸을 낳았다. 여섯 딸들은 모두 치료와 의약에 관계하였으며 건강과 치료의 여신으로 여겨졌다.

뛰어난 의술과 신비로운 약을 가진 아스클레피오스는 죽은 사람을 되살릴 정도로 놀라운 의술을 펼쳐나갔다. 어느 날 아스클레피오스가 이미 죽은 히폴리토스*를 되살려내자 자신의 신민이 줄어드는 것을 불안하게 여긴 저승의 신 하데스가 제우스에게 탄원하였다. 제우스는 세

---

* 히폴리토스는 아테네의 왕 테세우스의 아들로, 어느 날 전차를 타고 해변을 달리는데 갑자기 소 한 마리가 나타나 말들을 놀라게 하는 바람에 전차에서 떨어져 죽게 되었다. 아스클레피오스가 메두사의 피로 만든 약을 사용하여 히폴리토스를 다시 살려주었다. p212.

상의 질서가 어지럽혀지는 것을 염려하여 아스클레피오스에게 벼락을 내려 죽게 했다. 아들이 벼락을 맞아 죽었다는 소식을 들은 아폴론은 제우스에게 벼락을 만들어 준 키클로페스를 모두 죽여 분풀이했다. 분개한 제우스는 아폴론에게 1년간 인간 밑에서 종살이를 시켰는데, 테살리아의 왕 아드메토스의 종이 되어 그의 양 떼를 먹이는 일을 했다. 그 후 제우스는 아폴론을 달래고 아스클레피오스의 훌륭한 의술을 기리고자 그를 뱀주인자리로 만들어 하늘에서 영원히 빛나는 별자리가 되게 하였다.

아스클레피오스의 지팡이

어느 날 아스클레피오스는 실수로 뱀을 죽이게 되었다. 그때 다른 뱀 한 마리가 약초를 물고 와 죽은 뱀의 입에 올려놓자 죽은 뱀이 기적처럼 다시 살아났다. 뱀 덕분에 신비한 약초를 알게 된 아스클레피오스는 감사의 마음으로 뱀이 휘감고 있는 지팡이를 자신의 상징으로 삼았다. 아스클레피오스가 지니고 있던 뱀 한 마리가 감긴 지팡이는 오늘날에도 의학의 상징으로 쓰이고 있다. 세계보건기구, 세계의사회를 비롯한 세계 각국의 의료와 건강에 관계된 수많은 곳에서 아스클레피오스 지팡이의 이미지를 볼 수 있다.

의학의 아버지로 칭송받는 히포크라테스도 아스클레피오스의 후손으로 알려져 있다. 의사의 윤리 등에 대한 선서문으로, 희생·봉사·

장인 정신이 담겨 있는 히포크라테스 선서의 원문에서도 아스클레피오스와 그의 자녀들의 이름을 찾아볼 수 있다. 고전적인 '히포크라테스 선서'의 원문은 다음과 같이 시작된다.

히포크라테스 선서

나는 의술의 신 아폴론과 아스클레피오스와 히기에이아와 파나케이아를 비롯한 모든 남신들과 여신들을 증언자들로 삼으며 이 신들께 맹세코 나는 나의 능력과 판단에 따라 다음 선서와 서약을 이행할 것이다.

…(이하생략)

현대에 이르러 의과대학을 졸업할 때 졸업생들이 하는 히포크라테스 선서는 1948년 세계 의학협회 총회에서 '제네바 선언'으로 제정된 이후 2017년까지 몇 차례에 걸쳐 다음과 같이 개정되었다.

제네바 선언

이제 의업에 종사할 허락을 받음에,
나의 생애를 인류 봉사에 바칠 것을 엄숙히 서약하노라.
나의 은사에 대하여 존경과 감사를 드리겠노라.
나의 양심과 품위를 가지고 의술을 베풀겠노라.
나의 환자의 건강과 생명을 첫째로 생각하겠노라.
나는 환자가 알려준 모든 것에 대하여 비밀을 지키겠노라.
…(중략)…
이상의 서약을 나의 자유의사로 나의 명예를 걸고 위의 서약을 하노라.

7장

테바이 왕가와 오이디푸스

1

납치당한 에우로페

온갖 꽃들이 흐드러지게 피어난 어느 봄날이었다. 페니키아의 에우로페* 공주는 시돈 해변에서 친구들과 꽃을 꺾으며 놀고 있었다. 에우로페에게 한눈에 반한 제우스는 근사하게 생긴 황소로 변신하여 그녀에게 접근했다. 잘생긴 황소 한 마리가 풀을 뜯으며 다가오자, 에우로페는 황소의 등을 쓰다듬으며 관심을 보였다. 온순해 보이는 황소는 마치 자신의 등에 타라는 듯 그녀 발밑에 엎드렸다. 에우로페는 경계를 풀고 황소의 등에 올라탔다. 황소는 자리에서 일어나 해변으로 성큼성큼 다가가더니 갑자기 바다로 뛰어들어 헤엄쳐 가기 시작했다. 겁에 질린 에우로페는 황소의 뿔을 잡고 비명을 질러댔다. 그녀의 하인들은 바다 건

---

* '에우로페'에서 '유럽'이란 지명의 이름이 유래되었다. 그리스어 '에우로페(Europe)'의 영어식 발음이 '유럽(Europe)'이다.

너편으로 점점 멀어져 가는 황소와 에우로페를 지켜볼 수밖에 없었다.
    에우로페가 황소에게 납치되어 종적을 감추자, 페니키아의 아게노르 왕은 세 아들을 불러 모아 딸의 행방을 찾도록 지시했다. 누이를 찾지 못하면 아예 집으로 돌아올 생각조차 하지 말라고 엄명을 내렸다. 세 아들 카드모스, 포이닉스, 킬릭스는 누이를 찾아 길을 떠났다. 아게노르 왕의 아내 텔레파사도 딸을 찾기 위해 아들을 따라나섰다.

2

테바이의 왕 카드모스

카드모스는 어머니와 함께 에우로페를 찾아 전국 방방곡곡을 헤매고 다녔지만, 누이동생을 찾을 길이 없었다. 아버지의 엄명으로 고향에 돌아갈 수 없는 신세가 된 카드모스는 델포이에 있는 아폴론 신전으로 찾아갔다. 태양의 신 아폴론에게 신탁을 청해 이제부터 어느 나라에 살아야 할지를 물었다. 카드모스는 "누이동생은 결코 찾을 수 없으니, 네가 살 새로운 도시를 세워라. 그리고 이곳을 나가면 암소 한 마리를 만나게 될 것인데, 그 뒤를 따라가 암소가 누워 쉬는 곳에 성벽을 쌓고 도시의 이름을 보이오티아*라 부르라."라는 신탁을 받았다.

카드모스가 신탁을 받고 나올 때 암소 한 마리가 느릿느릿 걸어오는

---

* 보이오티아(Boeotia)'는 '암소의 나라'라는 뜻이다.

것이 보였다. 암소를 뒤따르자 넓고 기름진 들판에 이르러 암소는 자리에 누웠다. 카드모스는 그곳에서 암소를 신에게 제물로 바치기 위해 부하들에게 아레스의 샘에서 성수를 길러오게 했다. 그러나 아레스 샘으로 간 부하들은 샘을 지키고 있는 뱀에게 모두 죽임을 당하고 말았다. 부하들이 돌아오지 않아 샘으로 찾아간 카드모스는 부하를 해친 거대한 뱀을 발견하고 그 뱀을 처치했다. 이때 아테나 여신이 나타나 앞으로 뱀의 이빨이 네 민족의 후손이 될 것이니 뱀의 이빨을 뽑아 땅을 갈고 그곳에 뿌리라고 명령했다.

카드모스가 아테나 여신의 명령에 따르자, 이빨이 뿌려진 땅에서 수많은 무장한 전사들이 솟아났다. 카드모스가 전사들을 향해 무기를 겨누려 할 때, 아테나는 그들에게 돌을 던지라고 명했다. 카드모스의 돌을 맞은 한 전사가 옆의 전사를 공격하며 싸움은 순식간에 전체에게 번졌다. 오랫동안 끔찍한 살육전이 벌어진 후 결국에는 5명의 전사 에키온, 우다이오스, 크토니오스, 히페레노르, 펠로로스만 살아남았다. 그들은 서로 평화롭게 지내길 원하는 카드모스의 제안을 받아들여 싸움을 멈추게 되었다.

이 전사들은 '뿌려진 씨에서 태어난 자'라는 뜻으로 '스파르토이'라고 불리었다. 스파르토이는 카드모스가 도시의 성채를 건설하는 것을 도와주었으며, 성채는 카드모스의 이름을 따서 카드메이아*라 불렸다.

---

*   카드메이아는 나중에 테바이(테베)라 불리게 된다.

다섯 명의 스파르토이 중에서 가장 지혜롭고 용감했던 에키온은 카드모스의 딸 아가우에와 결혼하여 두 사람 사이에서 펜테우스가 태어났다.

누이 에우로페를 찾아 함께 떠났던 다른 형제들도 모두 고국으로 돌아가지 못하고 자신들이 도착한 곳에 정착하여 새로운 도시를 건설하였다. 킬릭스는 소아시아 동남부로 가서 자신의 이름을 딴 킬리키아 왕국을 건설하였고, 포이닉스는 아프리카 쪽으로 가서 그곳에 자신의 이름을 따 페니키아라는 나라를 세웠다. 아들 카드모스와 함께 딸을 찾아 나섰던 아게노르의 아내 텔레파사는 끝내 딸을 보지 못하고 죽음을 맞았다. 결국에는 아게노르 왕도 딸 에우로페를 찾지 못하고 아들과 아내도 보지 못한 채 홀로 생을 마감하였다.

하르모니아의 목걸이

카드모스는 아레스의 뱀을 죽인 벌로 8년간 아레스 신의 노예로 일해야만 했다. 그 후 8년간의 임무가 끝나고 카드모스는 테바이의 왕이 되었다. 그리고 아레스 신은 카드모스에게 자신의 딸 하르모니아를 아내로 맞이하게 해주었다.

테바이의 성채 카드메이아에서 열린 여신과 인간의 결혼식에 하늘에 있는 모든 신들이 참석해 축하를 해주었다. 또한 무사이 여신들도 축복의 노래를 불러주었다. 헤파이스토스는 영원한 젊음과 아름다움을 지켜주는 목걸이를 직접 만들어 신부 하르모니아에게 결혼 선물로 주었다. 하지만 자신의 부인 아프로디테가 아레스*와 바람피워 낳은 딸에게 헤파이스토스가 선물해 준 목걸이는 후대에 엄청난 재앙을 몰고 왔다. 결국 헤파이스토스의 저주가 서린 하르모니아의 목걸이는 테바이 가문의 비극의 원천이 되었다.

　카드모스와 하르모니아 사이에서 아들 폴리도로스와 4명의 딸 아우토노에, 이노, 세멜레, 아가우에가 태어났다. 카드모스의 자식들과 자손들은 대부분 비참한 운명을 맞이했다. 제우스의 연인이 된 세멜레는 제우스에게 진짜 모습을 보여 달라고 간청하다 불에 타 죽었다. 이노는 세멜레의 아들 디오니소스를 키우다가 헤라의 노여움을 사게 되었다. 헤라는 이노와 이노의 남편을 미치광이로 만들었다. 이노의 남편 아타마스는 미쳐서 자기 아들 레아르코스를 죽였고, 이노는 막내아들 멜리케르테스를 죽이고 자신도 바다에 몸을 던져 죽었다. 아우토노에의 아들 악타이온은 아르테미스의 목욕하는 광경을 엿본 죄로 저주받고 수사슴으로 변해 자신의 애견들에게 갈가리 찢겨 죽임을 당했다.

　자식들의 기구한 운명에 괴로워하던 카드모스와 하르모니아는 첫째 딸 아가우에의 아들인 외손자 펜테우스에게 왕위를 물려주고 일리리아 지역으로 떠나갔다. 테바이의 두 번째 왕이 된 펜테우스는 이모인 세멜레의 아들 디오니소스가 사람들에게 추앙받는 것이 몹시 거슬렸다. 자신의 어머니 아가우에 조차 디오니소스의 열렬한 신도가 되었다. 펜

---

* 헤파이스토스의 아내 아프로디테는 아레스와 연인 사이로 둘 사이에서 하르모니아를 비롯한 에로스, 포보스, 데이모스, 안테로스 등 여러 명의 자식이 태어났다. p83.

테우스는 디오니소스를 제거하려 했지만, 오히려 자신이 디오니소스에 의해 광기에 휩싸인 어머니와 이모 아우토노에게 사지가 찢겨 죽임을 당했다. 이로써 디오니소스는 자신의 어머니 세멜레를 음해한 자매들*에게 잔인한 복수를 했다.

왕위에서 물러난 카드모스와 하르모니아는 일리리아에서도 괴로움에서 벗어나지 못했다. 무엇보다 자식들의 불행이 두 사람을 견디기 힘들게 만들었기 때문이었다. 어느 날 카드모스는 자식들에게 닥치는 모든 불운이 테바이를 세울 때 죽였던 뱀 때문이라 생각했다. 저주의 사슬을 끊을 수만 있다면 차라리 자신도 뱀이 되는 것이 좋겠다고 말했다. 카드모스의 말이 떨어지기 무섭게 그의 몸은 뱀으로 변하기 시작했다. 이를 지켜보던 하르모니아는 자신도 남편과 같이 뱀이 되게 해달라고 기도했다. 이렇게 해서 두 사람은 모두 뱀이 되었다.

---

* 세멜레 자매들은 세멜레가 제우스와 만나는 것을 믿지 않았고, 세멜레가 죽은 것도 제우스에게 거짓말 하여 벼락을 맞고 죽은 것이라 모함하였다. p92.

3

오이디푸스 가문

　하르모니아는 헤파이스토스에게 선물 받은 자신의 목걸이를 소중한 가보로 여기며 며느리에게 대대로 물려주었는데, 무서운 저주도 함께 따라다녔다. 테바이 왕가에 내려진 저주는 카드모스의 고손자인 오이디푸스에게까지 대물림되었다.

　카드모스와 하르모니아는 첫째 딸 아가우에의 아들인 외손자 펜테우스에게 왕위를 물려주었다. 카드모스와 하르모니아의 아들 폴리도로스는 누나의 아들이자 테바이의 두 번째 왕인 펜테우스가 죽은 뒤 세 번째 왕이 되고 아들 라브다코스를 낳았다. 테바이의 네 번째 왕이 된 라브다코스는 아테네 판디온 왕과의 전쟁에서 패하고 죽었다. 라브다코스 왕이 죽고 아들 라이오스는 너무 어려서 그의 외할아버지 리코스가 20년간 섭정을 하게 되었다. 그 이후 리코스의 조카인 암피온과 제토스 쌍둥이 형제가 리코스를 제거하고 왕권을 차지하였다. 암피온과 제토스 형제는 성을 쌓은 뒤 나라 이름을 카드메이아에서 테바이로 바꾸고 함께 나라를 다스렸다. 테바이* 나라명은 제토스가 자기 아내인 테베의 이름을 따서 지은 것이었다.

의지할 곳이 없던 라이오스는 테바이에서 도망쳐 피사의 왕 펠롭스 궁전으로 피신하였다. 그곳에 머물 때 라이오스는 펠롭스의 아들인 미소년 크리시포스에게 사두마차 모는 법을 가르치다 그를 겁탈하기에 이르렀다. 이를 수치스럽게 여긴 크리시포스는 스스로 목숨을 끊고 말았다. 아들을 잃은 펠롭스는 라이오스에게 "자식을 낳지 못할 것이며, 행여 자식을 얻더라고 자신이 낳은 자식의 손에 목숨을 잃게 될 것"이라며 저주를 퍼부었다.

한편 테바이에서는 나라를 다스리던 암피온과 제토스**가 스스로 목숨을 끊는 일이 발생했다. 이때 라이오스는 테바이로 다시 돌아와 왕권을 잡고 메노이케우스의 딸 이오카스테와 결혼하였다. 이로써 대대로 내려오던 하르모니아의 목걸이는 테바이 가문의 며느리가 된 이오카스테 손에 들어가게 되었다. 라이오스 왕은 오랜 세월 동안 부부 사이에서 자식이 생기지 않자 델포이의 신탁소를 찾아가 그 연유를 물었다. 신탁은 그가 얻게 될 아들이 장차 아비를 죽이고 어미를 범하게 될 것이라 예언하였다.

---

* 테바이를 통칭으로 테베라 부르기도 한다.
** 암피온은 일곱 아들과 일곱 딸을 낳았는데, 자식이 많음을 자랑하다가 아폴론과 아르테미스의 손에 자식을 모두 잃게 되자 스스로 목숨을 끊었고, 제토스도 아내가 실수로 외아들을 죽이자 스스로 목숨을 끊었다.

얼마 뒤 아내 이오카스테가 아이를 갖게 되자 라이오스 왕은 신탁의 끔찍한 예언이 이루어질까 봐 두려웠다. 라이오스는 아들이 태어나자마자 발을 한데 묶은 뒤 부하를 시켜 인적이 없는 산에 내다 버리게 하였다. 폴리보스의 목동이 버려진 아이를 발견하고, 그를 폴리보스 왕에게 데려다주었다. 코린토스의 폴리보스 왕과 메로페 부부는 아이의 발이 심하게 부어 있는 것을 보고 오이디푸스*라 이름 지어주고 자신들의 아들로 삼았다.

코린토스를 떠난 오이디푸스

오이디푸스는 폴리보스 왕의 궁전에서 둘 부부의 보살핌 속에서 성장하였다. 오이디푸스가 청년이 되었을 때 술에 취한 코린토스 사람과 시비 끝에 그로부터 자신이 왕의 친자식이 아니라 주워 온 자식이라는 말을 듣게 되었다. 오이디푸스는 부모에게 사실 여부를 물어보았다. 폴리보스와 메로페는 오이디푸스의 의심을 풀어줄 분명한 대답을 하지 못했다. 오이디푸스는 의심이 걷히지 않자 진실을 알기 위해 아폴론 신전을 찾아갔다. 신탁은 그가 원하는 대답 대신 충격적인 예언을 했다. 그가 아버지를 죽이고 어머니와 결혼하게 될 운명

---

*   오이디푸스란 '부어오른 발'이라는 뜻이다.

이라는 것이었다. 여전히 폴리보스와 메로페를 친부모로 믿고 있던 오이디푸스는 끔찍한 신탁을 피하기 위해 집으로 돌아가지 않고 코린토스를 떠나기로 결심하였다.

오이디푸스는 델포이로 가는 도중에 세 갈래 길이 만나는 삼거리에서 라이오스 일행과 우연히 마주쳤다. 라이오스의 마부가 오이디푸스에게 마차가 지나갈 수 있도록 비켜서라며 난폭하게 몰아세웠다. 시비 끝에 화가 난 오이디푸스는 일행 한 명을 제외하고 모두 죽여 버렸다. 달아난 하인 한 명만이 유일하게 살아남은 자였다. 이로써 오이디푸스는 라이오스가 자신의 친아버지라는 사실도 알지 못 채 신탁의 예언대로 친부를 죽이는 죄를 범하게 되었다. 라이오스 왕 또한 오이디푸스가 자신의 아들이라는 사실을 모른 채 죽임을 당했다.

라이오스 왕의 갑작스러운 사망 소식에 테바이의 민심은 더욱 흉흉해졌다. 그 당시 테바이인들은 사람을 헤치는 스핑크스라는 괴물 때문에 공포에 휩싸여 있던 때였다. 라이오스 왕이 죽은 후 그를 대신해 왕비 이오카스테의 오라비인 크레온이 통치권을 맡게 되었다. 섭정을 하게 된 크레온은 민심을 안정시키기 위해 스핑크스를 퇴치하는 사람에게 테바이의 왕위와 이오카스테 왕비를 아내로 주겠다고 공표하였다.

스핑크스는 여인의 얼굴과 가슴을 지녔지만 날개 달린 사자 형상을 한 끔찍한 괴물이었다. 스핑크스는 도시로 들어가는 길목을 지키고 있다가 행인에게 수수께끼를 내고 문제를 풀지 못하면 잡아먹고 있었다. 여행을 계속하던 오이디푸스는 테바이로 들어가는 길목에서 높은 바위에 앉아 있는 스핑크스와 마주치게 되었다. 스핑크스는 오이디푸스에게 수수께끼를 냈다. "아침에는 네 발로 걷다가, 낮에는 두 발로 걷고, 저녁에는 세 발로 걷는 동물이 무엇이냐?"라고 물었다. 오이디푸스는 인간이라고 답하였다. 인간은 아기일 때는 네 발로 기고, 자라서 두 발로 걷다가 늙어서는 지팡이에 의지하여 세 발로 걷기 때문이었다. 지금까지 아무도 풀지 못한 수수께끼를 오이디푸스가 알아맞히자, 스핑크스는 분을 참지 못하고 앉아 있던 바위에서 몸을 던져 목숨을 끊었다.

테바이의 왕이 된 오이디푸스

테바이인들은 스핑크스를 물리치고 자신들을 구해준 오이디푸스를 왕으로 맞이했다. 그리고 오이디푸스는 미망인이었던 아름다운 이오카스테 왕비와 결혼하였다. 두 사람은 같이 살면서 아폴론의 신탁은 거짓에 불과한 것처럼 보였다. 오이디푸스의 두 아들과 두 딸이 태어나 장성할 무렵 테바이에 역병이 창궐했다. 오이디푸스는 처남 크레온을 보내 델포이의 신탁을 묻게 하였다. 신탁은 라이오스 왕을 살해한 자를 찾아내어 처단해야 재앙에서 벗어날 수 있다고 했다. 오이디푸스는 도탄에 빠진 백성을 구하기 위해 이 사건을 직접 처리해 나갔다.

먼저 테바이인들에게 존경받고 있는 눈먼 예언자 테이레시아스를 불러오도록 했다. 오이디푸스는 그에게 라이오스 왕을 죽인 죄인을 찾아낼 방도를 물었다. 침묵을 지키던 테이레시아스는 오이디푸스의 강압에 못 이겨 하지 말아야 할 말을 내뱉고 말았다. 테이레시아스는 오이디푸스에게 당신이 찾고 있는 살인범은 바로 당신 자신이라고 말했다. 오이디푸스가 혼란스러워하자 이오카스테 왕비는 지난 일들을 설명하며 테이레시아스의 말을 조목조목 반박하였다.

이오카스테 왕비의 말에 따르면, 라이오스 왕이 아들의 손에 죽게 된다는 신탁이 있었지만 아들은 산중에 버려져 낳은 지 사흘도 못 되어 죽었으며, 라이오스 왕은 델포이로 가는 삼거리에서 누군가에게 맞아 죽었다는 것이었다. 예전에 같은 길목에서 사람을 해친 적이 있던 오이디푸스는 이오카스테 왕비의 말을 듣고 두려움에 휩싸였다. 게다가 라이오스 왕이 죽었을 때 도망쳐 온 시종에 대해서도 알게 되었다. 오이디푸스는 그 시종을 불러오게 하였다.

때마침 코린토스에서 전령이 찾아와 오이디푸스에게 아버지인 폴리보스 왕의 죽음을 알렸다. 코린토스의 전령은 오이디푸스에게 부왕이 죽었으니, 코린토스로 돌아와 왕위를 계승해 달라고 요청했다. 오이디푸스는 신탁이 두려워 코린토스로 돌아갈 수 없다며 완강하게 거절하였다. 그러자 코린토스의 전령은 오이디푸스에 관한 지난 일들을 소상히 알렸다. 그 전령은 다름 아닌 오이디푸스를 산속에서 주워 폴리보스의 궁으로 데려갔던 목동이었다. 마침내 라이오스의 옛 시종과 코린토스의 전령을 통해 모든 진실이 낱낱이 밝혀졌다. 결국 신탁의 예언대로 오이디푸스는 아버지를 죽이고 어머니를 아내로 삼게 된 것이었다.

오이디푸스는 아내이자 어머니인 이오카스테가 보이지 않자, 그녀를 미친듯이 찾아다녔다. 이오카스테는 자신의 방에서 머리를 풀어헤친 채 목을 매고 죽어 있었다. 모든 사실을 알게 된 이오카스테가 스스로 목숨을 끊은 것이었다. 오이디푸스는 그녀의 옷에서 황금 옷핀을 떼어내어 자신의 두 눈을 찔러 스스로를 응징했다. 그토록 밝았던 세상을 수치스러운 눈으로 보느니 차라리 아무것도 보이지 않는 암흑세계가 그에게는 오히려 피난처가 되리라 생각했기 때문이었다.

테바이의 마지막 왕가

아버지를 죽이고 어머니를 범한 죄가 만천하에 드러나자 오이디푸스*는 테바이에서 추방되었다. 오이디푸스에게 두 아들과 두 딸이 있었는데, 두 딸 안티고네와 이스메네는 아버지를 잘 보살펴 주었다. 큰딸 안티고네는 눈먼 아버지를 돌보기 위해 함께 따라나섰다. 방랑하던 두 부녀는 아테네 근처의 마을 콜로노스로 가게 되었다. 아테네 왕 테세우스는 모든 사람들이 저버린 오이디푸스를 따뜻하게 맞이해 주었다.

한편 오이디푸스가 테바이에서 추방당하자 두 아들 폴리네이케스와 에테오클레스 사이에 테바이의 왕권을 두고 다툼이 벌어졌다. 이 소식을 들은 오이디푸스는 그렇게 한 치의 양보 없이 싸우다가 서로에게 겨눈 칼에 죽게 될 것이라는 울분 섞인 저주를 내렸다. 섭정을 맡고

---

* 오이디푸스 콤플렉스(Oedipus complex)란 아들이 무의식적으로 동성의 아버지를 적대시하고 이성의 어머니에게 애착을 갖는 잠재의식을 뜻하는 심리학 용어이다. 이는 지그문트 프로이트의 심리학 이론으로 자신도 모르게 아버지를 죽이고 어머니와 결혼하게 되는 오이디푸스의 이름에서 따온 것이다.

있던 외숙부 크레온의 중재로 두 형제는 1년씩 번갈아 가며 왕권을 행사하기로 약속하였다. 그러나 동생 에테오클레스는 백성들을 부추겨 형 폴리네이케스를 국외로 추방했다. 테바이에서 추방된 폴리네이케스는 아르고스의 아드라스토스 왕을 찾아갔다. 아드라스토스 왕은 폴리네이케스를 자신의 딸 아르게이아와 결혼시키고 그의 나라도 되찾아 주겠다고 약속했다.

아드라스토스 왕은 폴리네이케스를 도와 테바이를 공격하기 위해 군대를 소집하였다. 하지만 아드라스토스 왕의 매제인 예언자 암피아라오스는 전쟁에 참전하면 장군들 중 아드라스토스 한 명만 빼고 모두 죽게 되리라는 것을 내다보고 참전을 거부했다. 그뿐만 아니라 그는 아드라스토스와 다른 장군들에게도 참전을 만류하였다. 그러자 폴리네이케스는 암피아라오스를 전쟁에 참전시킬 방법을 모색했다

이때 폴리네이케스는 암피아라오스가 아내 에리필레*의 말을 절대로 거역하지 못한다는 사실을 알게 되었다. 폴리네이케스는 테바이에서 가져온 하르모니아의 목걸이를 선물로 주면서 에리필레를 매수하였다. 에리필레는 남편을 설득해 암피아라오스가 참전하게 되면서 테바이 원정은 성사되었다. 아르고스 군을 포함해 테바이 원정에 참가한 7장군은 아르고스의 왕 아드라스토스, 오이디푸스의 아들 폴리네이케스, 칼리

---

* 암피아라오스가 아드라스토스의 아버지를 죽이는 일이 발생했는데, 아드라스토스는 암피아라오스와 화해하기 위해 자신의 누이 에리필레를 아내로 내주며 앞으로 두 사람 사이에 분쟁이 생기면 에리필레에게 중재를 맡기고 그 결정을 따르도록 약속했기 때문이었다.

돈의 오이네우스 왕의 아들 티데우스, 여전사 아탈란테의 아들 파르테노파이오스, 예언자 멜람포스의 후손인 암피아라오스, 영웅 카파네우스와 히포메돈 등이었다.

아드라스토스와 폴리네이케스가 이끄는 아르고스 군의 테바이 공략은 결국 실패로 돌아갔다. 암피아라오스의 예언대로 자신을 포함한 6명이 전사하고 아드라스토스만 살아남았다. 이 전투에서 폴리네이케스와 에테오클레스 형제는 아버지 오이디푸스의 저주대로 정면 대결을 벌이다 서로를 찔러 죽이고 말았다. 오이디푸스의 두 아들은 테바이 왕국을 서로 차지하기 위해 싸웠지만 결국 죽어 자신이 누울 만큼의 땅만 얻게 되었다.

두 형제가 죽은 뒤 다시 테바이의 섭정이 된 외숙부 크레온은 테바이를 지키던 동생 에테오클레스를 위해 성대한 장례식을 치러주었다. 반면 형 폴리네이케스는 다른 나라의 군대를 이끌고 조국을 공격한 반역자로 규정하여 매장을 불허하였다. 안티고네가 테바이로 돌아온 때가 이 시점이었다. 연로한 아버지는 콜로노스에서 편안하게 눈을 감았다. 안티고네는 아버지의 장례를 치르고 달려와 오빠들의 다툼을 말리고 싶었지만 이미 싸늘한 주검이 되어있었다. 안티고네는 장례를 치르지 못한 오라비 폴리네이케스의 시체가 들판에 버려진 채 들짐승과 새들의 먹이가 되는 것을 지켜보고만 있을 수 없었다. 그녀는 죽은 가족의 매장은 신들이 부과한 신성한 의무라고 주장하며 크레온의 명령에 굴하지 않고 오빠의 시체를 수습하여 장례를 치러주었다.

이에 분노한 크레온은 안티고네를 붙잡아 국법을 어긴 죄로 사형을 선고하고 동굴 감옥에 가두었다. 안티고네의 약혼자이자 크레온의 아들인 하이몬은 아버지에게 항변하며 그녀의 목숨을 구해보려 애썼지만 아무 소용이 없었다. 감옥에 갇혀있던 안티고네는 결국 목을 매고 자살하였다. 하이몬은 약혼녀를 죽음으로 몰아넣은 아버지를 원망하며 안티고네 앞에서 스스로 목숨을 끊었다. 이미 두 아들을 잃은 크레온의 아내 에우리디케*는 막내아들 하이몬마저 죽자, 절망하여 목을 매고 죽었다. 이로써 크레온도 파멸을 맞았다. 그 후 테바이의 마지막 왕가였던 오이디푸스 가문에 관해서 더 이상 알려진 바가 없었다.

하르모니아 목걸이의 행방

암피아라오스의 아들 알크마이온은 하르모니아의 목걸이를 선물 받고 아버지를 배신한 어머니 에리필레를 죽였다. 이로써 하르모니아 목걸이는 알크마이온의 손에 들어갔다. 알크마이온은 페게우스 왕의 딸 아르시노에와 결혼하였다. 그 후 알크마이온은 전처를 떠나 강의 신 아켈로오스의 아름다운 딸 칼리로에와 결혼했다. 칼리로에가 하르모니

---

* 에우리디케의 세 아들 중 장남 하이몬은 스핑크스의 수수께끼를 풀지 못해 잡아먹혔고, 둘째 메노이케우스(메가레우스)는 테바이를 공략하는 7장군으로부터 나라를 구하기 위해 자신을 제물로 바쳐야 한다는 신탁을 듣고 성벽에 올라가 스스로 몸을 던져 죽었다. 안티고네의 약혼녀인 막내 하이몬은 큰형과 이름이 같다. 에우리디케란 이름은 크레온의 아내(왕비) 외에도 오르페우스의 아내(님페), 일로스의 아내(왕비), 라케다이몬의 딸(왕비) 등 여러 명이 있다.

아의 목걸이에 관하여 알고 남편 알크마이온에게 목걸이의 행방을 물었다. 알크마이온은 그녀에게 하르모니아의 목걸이를 찾아주겠다고 약속했다.

　알크마이온은 전처 아르시노에를 찾아가 그녀를 속이고 목걸이를 넘겨받았다. 아르시노에의 오빠들이 알크마이온에게 다른 여자가 있으며 그녀에게 선물하기 위해 목걸이를 가져간 것을 알게 되었다. 아르시노에의 두 오빠 프로노오스와 아게노르는 알크마이온을 따라가 그를 죽이고 목걸이를 되찾아왔다. 이를 알게 된 알크마이온과 칼리로에 사이에서 태어난 두 아들 아르카난과 암포테로스는 아르시노에의 오빠들을 죽이고 목걸이를 다시 찾아왔다. 그런 다음 그들은 델포이로 가서 아폴론 신전에 하르모니아의 목걸이를 바쳤다. 그 후 하르모니아 목걸이의 저주는 사라지게 되었다.

8장

괴물과 마녀

1
괴물과 마녀의 출현

괴물과 마녀는 악의 근원이자 악의 상징이었지만 한편으로는 영웅을 탄생시키고 모험과 호기심을 자극하는 대상이었다. 그리스 로마 신화에 등장하는 괴물로는 머리와 몸이 각각 세 개인 게리온, 메두사의 세 자매 고르고네스, 하나뿐인 눈과 이를 셋이 함께 번갈아 가며 사용하는 그라이아이 세 자매, 사자의 몸통에 독수리의 날개와 부리를 지닌 그리핀 혹은 그리페스, 네메아의 사자, 헤라의 황금 사과를 지키는 머리가 여러 개 달린 용 라돈, 어린아이를 잡아먹는 라미아, 얼굴을 보기만 해도 돌로 변해버리는 메두사, 나쁜 아이들을 잡아먹는 정령 모르모, 미노스의 황소 미노타우로스, 수탉 머리에 뱀의 몸을 한 바실리스크, 상체는 처녀이고 하체는 여섯 마리의 사나운 개가 뱀처럼 솟아난 스킬라, 상반신은 아름다운 여인의 모습이고 하반신은 뱀인 에키드나, 젊은 남자들을 유혹하여 정을 통한 뒤 피를 빨아먹는 엠푸사,

머리가 두 개 달린 개 오르트로스, 거대한 아가리로 바닷물을 들이마셨다가 내뿜는 카립디스, 상체는 여인이고 하체는 비늘로 덮인 뱀의 형상에 전갈의 꼬리를 하고 있는 캄페, 지하세계의 저승의 문을 지키는 개 케르베로스, 천마 페가수스와 함께 태어난 용사 크리사오르, 머리가 셋 달린 앞은 사자 가운데는 염소 뒤는 뱀의 모습에 입으로 불을 내뿜는 키마이라, 청동거인 탈로스, 발에 물갈퀴가 있어 물과 뭍에서 모두 살 수 있는 텔키네스, 반인반수의 거대하고 엄청난 힘을 지닌 티폰, 암퇘지 형상을 한 파이아, 거대한 뱀 피톤, 날개 달린 새의 몸에 여자의 얼굴을 한 하르피이아이 네 자매, 아홉 개의 머리를 가진 물속에 사는 뱀 히드라 등이 있다. 또한 마녀로는 키르케와 메데이아, 그리고 매우 아름답지만 치명적인 마력을 지닌 세이레네스 세 자매 등이 있다.

2

유명한 마녀와 괴물

키르케

 키르케는 태양신 헬리오스와 바다의 님페 페르세이스 사이에서 태어난 딸로 마법에 능한 마녀이다. 키르케는 눈부실 정도로 아름다웠으며 약물과 주문을 사용해 마법을 부리는 마녀로 유명했다. 이 능력으로 글라우코스가 사랑하던 님페 스킬라를 바다 괴물로 만들고, 자신의 사랑을 거절한 정원의 신 피쿠스를 딱따구리로 만들어 버리기도 했다.
 그녀는 지중해의 외딴섬인 아이아이에섬에 홀로 살면서 그 섬에 오는 사람들에게 마법을 걸어 동물로 변하게 하였다. 트로이 전쟁이 끝나고 배를 타고 귀향하던 오디세우스는 부하와 함께 키르케가 살고 있는 섬에 도착하게 되었다. 키르케는 섬을 살펴보기 위해 찾아온 오디세우스의 부하들을 환대하는 척하면서 음식을 제공해 주었다. 그 음식에는 마법의 약초가 들어있어 오디세우스의 부하들은 모두 돼지로 변하고 말았다. 키르케의 저택에 들어가지 않고 이 정황을 살펴보고 있던 에우릴로코스는 화를 면하고 도망쳐 나올 수 있었다.

이 소식을 전해 들은 오디세우스는 부하들을 구하기 위해 키르케가 사는 곳으로 향했다. 오디세우스는 도중에 젊은이의 모습을 한 헤르메스 신을 만나 모리라는 약초를 얻게 되었다. 이 약초의 도움으로 오디세우스는 키르케의 마법에 걸리지 않고 부하들도 모두 인간의 모습으로 되돌려 놓을 수 있었다. 하지만 키르케*는 오디세우스를 사랑하게 되어 그와 부하들을 섬에 붙들어 두고 놓아주지 않았다. 오디세우스가 떠난 뒤 키르케는 그의 아들 텔레고노스를 낳았다.

메데이아

메데이아는 콜키스 왕 아이에테스와 오케아노스의 딸인 이디이아 사이에서 태어났다. 콜키스의 왕 아이에테스는 키르케와 남매지간이다. 키르케와 메데이아는 고모와 조카딸 사이로 이들 둘은 마녀의 대명사로 널리 알려져 있었다. 특히 메데이아는 약을 잘 다루는 마법의 능력을 가지고 있었다.

---

*　남자가 여자의 육체에 정신을 빼앗겼을 때 '키르케에게 홀렸다'라는 표현을 쓰기도 한다.

메데이아는 아르고호 원정대를 이끌고 도착한 이아손에게 반해서 자신의 아버지 아이에데스를 배신하고, 남동생 압시르토스까지 제 손으로 죽였다. 그리고 이아손이 황금 양털을 손에 넣을 수 있도록 도와준 뒤에 그와 결혼하였다. 나중에 이아손이 자신을 배신하고 코린토스의 크레온 왕의 딸 글라우케와 결혼하려 하자 글라우케와 크레온 왕을 모두 살해하였다. 이아손과 사이에서 낳은 자신의 두 아들마저 제 손으로 죽여 이아손에게 복수하고 떠났다.

아테네로 도망쳐 간 메데이아는 연로한 아이게우스 왕을 유혹하여 아들 메도스를 낳았다. 그 후 성인이 된 아이게우스의 아들 테세우스가 찾아왔다. 메데이아는 테세우스를 죽이려는 음모를 꾸몄지만 실패하고 아테네에서 추방되었다. 메데이아는 아이게우스와 사이에서 난 아들 메도스를 데리고 아버지의 나라 콜키스로 다시 돌아갔다. 그 당시 메데이아의 아버지 아이에테스 왕은 동생 페르세스에게 왕위를 빼앗기고 궁에서 쫓겨나 있었다. 메데이아는 아버지의 형제 페르세스를 죽이고 아버지 아이에테스에게 왕권을 되찾아 주었다. 아이에테스 왕이 죽은 뒤에 메데이아의 아들 메도스가 콜키스의 왕위를 물려받았다.

세이렌의 자매 세이레네스

세이레네스는 반은 여자이고 반은 새인 바다의 마녀들이다. 전승에 따르면 세이레네스는 해신 포르키스 딸들 또는 강의 신 아켈로우스의 딸들이라는 설이 있다. 세이레네스*는 처음에는 두 명으로 언급되다가 후대 전승에서는 세 명 또는 네 명으로 나타났다. 처음에 세이레네스는 몸과 얼굴은 여인의 모습에 새의 다리와 날카로운 발톱을 가진 모습이었다. 그러나 중세 후기 이후 세이레네스는 상반신은 여인의 모습이고 하반신은 물고기 꼬리를 가진 인어와 같은 모습으로 그려졌다.

세이레네스**는 절벽과 암초로 둘러싸인 외딴섬에 살고 있었다. 그녀들은 매혹적인 노래를 불러 근처를 지나가는 뱃사람들을 유혹하였다. 신비로운 노랫소리에 선원들은 홀린 듯 뱃머리를 섬 쪽으로 돌려 다가가면, 배가 난파되어 목숨을 잃거나 스스로 물에 뛰어들어 죽음에 이르게 하는 치명적인 여인이었다. 누구든 세이레네스 자매의 노랫소리를 들으면 목숨을 부지할 수 없었다. 세이레네스의 섬을 무사히 통과한 배는 이아손이 이끄는 아르고호와 오디세우스 일행이 탄 배 밖에 없었다.

아르고호 원정대는 오르페우스가 리라를 연주하며 노래를 불러 세이레네스의 노래를 압도해 무사히 지날 수 있었다. 오디세우스도 트로이 전쟁이 끝나고 고향 이타카로 돌아가는 길에 세이레네스의 섬을 지나가게 되었다. 그는 부하들에게 밀랍으로 귀를 틀어막게 한 뒤 노를

---

* 세이레네스는 복수형으로 단수는 세이렌으로 쓰인다. 세이렌(Siren)은 신호나 경보를 알리기 위해 소리를 내는 '경보장치' 뜻을 가진 영어단어 '사이렌(siren)'의 어원이 되었다.

** 세계 최대 다국적 커피 전문점 스타벅스 로고에 '세이렌'의 얼굴 모습이 있다. 또한 매장에 직접 갈 필요 없이 미리 스마트폰으로 주문한 후 기다리지 않고 찾아올 수 있는 시스템을 '사이렌 오더'라고 한다. 스타벅스 창업주인 하워드 슐츠는 그리스 신화에 나오는 '세이렌'이 뱃사람을 홀린 것 처럼 사람들을 홀려서 커피를 마시게 하겠다는 의미를 담아 심벌마크로 '세이렌'을 선택했다고 한다.

젓게 하였다. 세이레네스의 노랫소리를 듣고 싶었던 오디세우스는 부하를 시켜 자신을 돛대에 꽁꽁 묶게 한 다음 이곳을 지나갔다. 귀를 막아 아무것도 들을 수 없던 부하들은 세이레네스의 유혹에서 벗어날 수 있었다. 세이레네스는 오디세우스 일행이 노래에 유혹되지 않고 지나쳐 가자, 치욕을 이기지 못하고 바다에 뛰어들어 목숨을 끊었다.

메두사의 자매 고르고네스

고르고네스는 헤스페리데스의 정원이 있는 머나먼 서쪽 지방에 사는 괴물 자매들이다. 이들 자매는 바다의 신 포르키스와 케토 사이에서 태어난 자식으로 스테노, 에우리알레, 메두사 등 세 명으로 알려져 있다. 대개 고르고 또는 고르곤이라고 하면 메두사를 이르는 말이다.

고르고네스는 할머니의 모습을 한 그라이아이, 상반신은 여인의 모습이고 하반신은 뱀인 에키드나 등과 자매 사이이다. 고르고네스 세 자매는 머리카락은 뱀이고, 멧돼지의 어금니를 지녔으며, 몸은 용의 비늘로 덮여있고, 등에는 황금 날개가 돋아나 있었다. 고르고네스의 시선은 너무나 강렬하여 이들의 눈과 마주치면 모두 그 자리에서 돌로 굳어버렸다.

메두사는 원래 아테나 신전의 여사제였는데, 아름답기로 소문난 그녀는 수많은 남자들의 가슴을 설레게 했다. 특히 그녀의 금빛 머리카락은 유난히 매력적이었다. 어느 날 포세이돈과 메두사는 아테나 신전에서 사랑을 나누다가 아테나에게 발각되었다. 아테나는 자신의 신전을 더럽힌 메두사에게 저주를 내려 머리카락을 뱀으로 만들어 버리고 흉측한 괴물로 변하게 했다. 그 후 메두사는 아무도 모르는 곳에서 언니들과 은둔생활을 하며 지냈다.

결국에는 영웅 페르세우스에 의해 목이 잘려 죽임을 당하게 되었다. 이때 메두사의 목에서 날개 달린 말 페가수스와 황금 칼을 가진 거인 크리사오르가 솟구쳐 나왔다. 이들은 메두사가 아테나 신전에서 포세이돈과 사랑을 나누어 잉태하고 있던 자식들이었다. 잘려 나간 메두사의 머리는 아테나 여신의 방패인 아이기스의 한복판을 장식하게 되었다.

스킬라

스킬라는 여신 크라타이이스의 딸로 아버지는 해신 트리톤 혹은 포르키스로 여겨진다. 마녀 헤카테와 포르바스의 딸, 티폰과 에키드나의 딸이라는 설도 있다. 본래 스킬라는 아름다운 님페였는데, 마녀 키르케가 그녀를 시기해 흉측한 바다 괴물로 만들어 버렸다.

어느 날 해신 글라우코스는 바닷가에서 물놀이하는 님페 스킬라를 보고 한눈에 반하였다. 글라우코스는 사랑을 고백했지만, 스킬라는 그의 마음을 받아 주지 않았다. 애가 타던 글라우코스는 마녀 키르케를 찾아갔다. 그는 키르케에게 스킬라의 마음을 자신에게 돌려놓을 수 있는 사랑의 묘약을 만들어 달라고 부탁했다. 키르케는 사랑으로 애태우는 글라우코스에게 연정을 품었지만, 스킬라를 향한 글라우코스의 마음은 변함이 없었다. 자존심이 상한 키르케는 스킬라에게 그 분풀이를 하여 위로받으려 했다.

키르케는 스킬라가 물놀이하는 곳에 독초를 넣고 주문을 외었다. 여느 때처럼 물놀이를 즐기고 있던 스킬라는 자신의 하체가 흉측한 모습으로 변한 것을 보고 소스라치게 놀랐다. 하반신에 개의 형상을 한 머리 여섯 개가 솟아나 각각 세 줄의 날카로운 이빨을 드러낸 채 짖어 대고 있었다. 스킬라는 그러한 모습으로 바위에 뿌리를 내린 듯 꼼짝도 할 수 없었다. 괴물로 변한 스킬라는 나날이 포악해져 손에 닿는 것이면 무엇이든 닥치는 대로 잡아먹었다.

카립디스

카립디스는 가이아와 포세이돈 사이에서 태어난 딸로 여신이었다. 카립디스는 식욕이 왕성한 대식가여서 신들의 음식인 암브로시아와 넥타르를 닥치는 대로 먹어 치웠다. 이에 분노한 제우스는 그녀를 시칠리아 인근 바다로 던져 괴물로 만들었다. 바다 괴물로 변한 카립디스가 머문 곳은 바다의 물길이 좁아지는 해협이었다. 카립디스 맞은편에는 스킬라는 괴물이 자리 잡고 있었다.

제우스는 식욕이 왕성한 카립디스의 허기를 달래기 위해 바닷물을 들이마시게 하였다. 그녀가 거대한 아가리로 하루에 세 번 바닷물을 들이마시고 토해 낼 때마다 주변에 엄청난 소용돌이가 일어났다. 그 힘이 너무 강력해 근처를 지나는 배는 어김없이 난파당했다.

이미 키르케에게 이곳의 위험에 대해서 들었던 오디세우스는 카립디스를 피해 스킬라 쪽으로 바짝 붙어서 지나갔다. 카립디스에게 부하를 모두 잃을 것보다 차라리 스킬라에게 여섯 명을 희생당하는 쪽을 선택했던 것이었다. 오디세우스 일행은 스킬라의 여섯 개의 괴물 주둥이가 각각 선원을 한 명씩 낚아채서 먹어 치우는 동안 재빨리 그곳을 빠져나갔다. 이아손이 이끄는 아르고호 원정대도 이곳을 지나가야 했는데, 바다의 늪페 네레이데스의 도움으로 무사히 통과할 수 있었다. 트로이에서 탈출한 아이네이아스 일행은 아예 스킬라와 카립디스*를 피해 멀리 시칠리아를 우회하는 길을 택했다.

하르피이아이

하르피이아이 자매는 가이아의 아들 타우마스와 오케아노스 딸 엘렉트라 사이에서 태어났다. 이들은 신들의 전령인 무지개의 여신 이리스와 자매지간이다. 하르피이아이 자매는 네 명으로, 아엘로는 '질풍', 오키페테는 '빠른 날개', 켈라이노는 '어둠', 포다르게는 '빠른 발'

---

* '스킬라와 카리브디스 사이(Between Scylla and Charybdis)'라는 영어 관용구가 있는데, 이는 진 퇴양난의 의미이다. 즉, 이러지도 저러지도 못하는 딜레마에 빠진 상황을 이르는 표현이다.

을 뜻했다. 이들 자매 중 포다르게는 서풍의 신 제피로스와 사이에서 트로이 전쟁 때 아킬레우스의 전차를 끌던 신마 크산토스와 발리오스를 낳았다. 하르피이아이는 거대한 새의 몸에 긴 머리 처녀의 얼굴로 창백한 몰골을 하고 있는 괴조였다. 하르피이아이*는 쏜살같이 날아와 순식간에 날카로운 발톱으로 낚아채 가며 약탈을 일삼았다. 그래서 고대 그리스인들은 사람이나 물건이 갑자기 사라지면 하르피이아이의 짓이라고 여겼다.

　아르고호 원정대가 콜키스로 향하는 길에 트라키아 지방의 피네우스 왕의 나라에 들린 적이 있었다. 장님이 된 피네우스 왕은 하르피이아이 때문에 굶어 죽기 직전의 비참한 상태였다. 피골이 상접한 그의 모습은 마치 유령과도 같았다. 피네우스는 전처소생인 두 아들을 장님으로 만든 죄로 제우스의 분노를 사서 자신도 장님이 된 것이었다. 그뿐만 아니라 그는 제우스가 보낸 괴조 하르피이아이 자매들에게 박해를 당하게 되었다. 피네우스가 음식을 입으로 가져가려 하면 하르피이아이가 어디선가 쏜살같이 날아와 순식간에 음식을 낚아채 갔다. 남은 음식은 배설물로 모조리 더럽혀 놓아 고약한 냄새 때문에 먹을 수 없게 만들었다. 아르고호 원정대의 일원이었던 칼라이스와 제테스** 형제가 하르피이아이를 쫓아내고 피네우스를 구해주었다.

---

*　잔인하고 탐욕스러운 여인을 뜻하는 '하피(harpy)'는 하르피이아이(Harpies)에서 유래된 말이다.
**　칼라이스와 제테스는 북풍의 신 보레아스의 아들들이라는 뜻으로 '보레아다이'라 불린다.

3

미궁 속 미노타우로스

    제우스는 황소로 변신해 페니키아의 에우로페 공주를 크레타섬으로 납치해 온 후에 세 명의 아들 미노스, 사르페돈, 라다만티스를 낳았다. 제우스가 떠난 후 에우로페는 크레타의 왕 아스테리오스와 결혼했다. 아스테리오스는 에우로페의 아들 셋을 양자로 삼고 그의 슬하에서 자라게 했다. 에우로페와 아스테리오스 사이에 딸 크레테가 태어났으나 아들은 얻지 못했다. 아스테리오스 왕이 죽은 후에 에우로페의 아들 삼형제 사이에서 크레타의 왕위 계승 문제를 놓고 다툼이 벌어졌다.

    미노스, 사르페돈, 라다만티스 삼형제는 왕위 계승 문제를 백성들의 선택에 따르기로 합의했다. 미노스는 백성들에게 자신이 신들로부터 왕권을 부여받았다고 주장했다. 그 증거로 자기가 기원하는 것은 무엇이든 이루어진다고 장담했다. 미노스는 이를 입증하기 위해 아버지의 형제인 포세이돈에게 바다에서 황소 한 마리를 보내달라고 간청했다. 미노스가 원하는 대로 포세이돈이 멋진 황소를 보내주었다. 바다에서 신비로운 황소가 나타나자, 백성들은 미노스를 왕으로 선택하였고 형제들은 승복할 수밖에 없었다. 이렇게 하여 미노스는 형제들을 물리치고 왕이 되었다.

미노스는 왕이 된 후 황소가 탐이 나자, 황소를 다시 포세이돈에게 제물로 바치겠다는 약속을 지키지 않았다. 미노스는 이 황소를 종자로 삼아 훌륭한 새끼 소를 얻을 계획이었다. 그래서 그는 포세이돈이 보내준 황소를 빼돌리고 대신 다른 황소를 제물로 바쳤다. 이에 화가 난 포세이돈은 미노스의 아내 파시파에에게 저주를 내렸다. 그녀가 제물로 바치기로 한 황소에게 감당할 수 없는 욕정을 느끼게 만들었다.

포세이돈의 저주로 기이한 욕정을 느끼게 된 파시파에는 전설적인 장인 다이달로스에게 속이 비어있는 목조 암소를 만들게 했다. 그녀는 목조 암소 안으로 들어가 황소와 관계를 맺고 반인반수의 미노타우로스를 낳았다. 크레타의 왕 미노스에게 미노타우로스*는 애물단지 같은 존재였다. 미노스는 다이달로스에게 미노타우로스를 가두어 둘 곳을 만들라고 명령했다. 다이달로스는 입구는 하나지만 그 안에 수많은 통로가 거미줄처럼 얽히게 만들어 한 번 들어가면 다시는 밖으로 빠져나올 수 없는 미궁 라비린토스**를 만들었다. 미노스는 신탁에 따라 미노타우로스를 미궁에 가두고, 그의 먹이를 위해 처녀와 총각들을 제물로 바쳤다.

---

*   반은 인간 반은 소인 괴물 미노타우로스를 낳은 파시파에는 태양신 헬리오스의 딸이다. 미노타우로스는 '미노스의 황소'란 뜻으로 나중에 테세우스에 의해 죽임을 당하게 된다. p.229.
**   미로를 뜻하는 영어 라비린스(labyrinth)는 라비린토스(Labyrinthos)에서 유래되었다.

8장 괴물과 마녀

9장

영웅들의 탄생과 활약

1

페르세우스

메두사의 목을 벤 페르세우스

아르고스의 아크리시오스 왕은 언젠가 딸이 낳은 자식에 의해 자신이 살해될 것이라는 신탁을 받게 되었다. 신탁이 두려웠던 아크리시오스 왕은 딸 다나에를 청동으로 만든 감옥에 가두어 아무도 접근하지 못하게 막았다. 하지만 다나에 공주의 미모에 반한 제우스가 황금 소나기로 변신해 청동 감옥의 지붕 틈새로 스며들었다. 그 후 사내아이가 태어나자, 아크리시오스는 딸 다나에와 갓 태어난 손자를 나무 궤짝에 넣어 먼바다에 내다 버렸.* 파도에 휩쓸려 표류하던 다나에와 그녀의

---

* 자신의 운명에서 벗어날 수 있는 길은 아기를 죽이는 방법밖에 없었다. 그러나 신들은 친족의 피를 뿌린 자에게 끔찍한 징벌을 내렸기 때문에 어쩔 수 없이 내다 버리게 되었다. p39.

아들을 세리포스섬의 딕티스 부부가 발견하고 이들을 보살펴 주었다.

그 당시 딕티스의 형인 폴리덱테스 왕이 세리포스섬을 통치하고 있었다. 폴리덱테스 왕은 잔인하고 무자비한 사람으로 알려져 있었다. 어느 날 동생 집에 들렀다가 다나에를 본 폴리덱테스는 그녀의 미모에 반하게 되었다. 폴리덱테스는 다나에를 원했지만, 이미 장성한 페르세우스가 어머니 곁을 지키고 있어 방해가 되었다. 폴리덱테스는 눈엣가시 같은 페르세우스를 없애기 위해 계략을 꾸몄다.

폴리덱테스는 거짓으로 자신이 이웃 나라 공주와 결혼한다고 발표하며 축하연을 열었다. 손님들은 관습에 따라 신부에게 줄 선물을 가져왔지만, 페르세우스는 아무것도 바칠 것이 없었다. 페르세우스는 모든 사람 앞에 나서서 왕이 원하시면 메두사의 머리라도 갖다 바치겠다고 공언했다. 그것은 폴리덱테스 왕이 바라던 바였다. 폴리덱테스 왕은 곧장 페르세우스에게 고르고*의 목을 베어 오라는 임무를 내렸다. 페르세우스는 그제야 자신의 실수를 깨달았지만 이미 때늦은 뒤였다.

고르고의 목을 베기 위해 모험을 떠난 제우스의 아들 페르세우스에게 신들이 함께했다. 메두사를 흉측하게 만들고도 앙금이 가시지 않았던 아테나**는 거울처럼 빛나는 청동 방패를 페르세우스에게 선물했다. 아테나는 페르세우스에게 메두사의 얼굴을 직접 보지 말고 방패에

---

* '고르고' 혹은 '고르곤'은 대개 메두사를 지칭하는 말이다. 고르고(고르곤)는 단수형이며, 복수형은 '고르고네스'라 칭하는데, 괴물 세 자매 모두를 이르는 말이다.
** 아테나 여신은 메두사에게 자신의 신전을 더럽힌 죄를 물어 그녀를 흉측한 괴물로 만들었다. p52.

비친 모습만 보라고 일러주었다. 헤르메스는 메두사를 공격할 수 있는 칼을 주면서 북쪽 님페들이 메두사와 싸울 때 필요한 무기를 가지고 있다고 알려주었다. 용의 비늘로 덮여있고 황금 날개를 가진 고르고네스는 상대를 쉽사리 따라잡기 때문에 이들이 가지고 있는 무기 없이는 그들과 대적할 수 없었다.

그라이아이만이 북쪽 님페들이 살고 있는 곳을 알고 있었다. 노파의 모습을 한 그라이아이 세 자매는 하나밖에 없는 눈과 이빨을 셋이 번갈아 가며 사용하고 있었다. 페르세우스는 그라이아이가 살고 있는 동굴로 찾아가 이마에서 눈을 빼내 서로 주고받는 찰나에 재빨리 낚아챈 후 이들을 위협하였다. 그라이아이*는 어쩔 수 없이 님페들이 살고 있는 곳을 알려줄 수밖에 없었다. 페르세우스는 님페들을 찾아가 날 수 있는 날개 달린 신발과 무엇이든 내용물에 꼭 들어맞는 마법의 자루 그리고 착용한 사람을 보이지 않게 하는 마법의 투구를 손에 넣었다.

완전무장을 한 페르세우스는 고르고네스가 살고 있는 섬으로 곧장 날아갔다. 고르고네스 세 자매 중 메두사만 죽을 운명의 존재이고 나머지 둘은 불사신이었다. 페르세우스가 고르고네스를 발견했을 때 그들은 모두 잠들어 있었다. 메두사의 모습을 직접 보게 되면 돌로 변하기 때문에 페르세우스는 메두사로부터 시선을 돌린 채 접근했다. 청동 방패에 비친 메두사의 모습을 보면서 조심조심 다가가 단칼에 그녀의 목

---

*   그라이아이는 포르키스와 케토 사이에 태어난 딸로 고르고네스의 친언니들이다.

을 베었다. 이때 메두사의 목에서 날개 달린 말 페가수스와 황금 칼을 가진 거인 크리사오르가 솟구쳐 나왔다. 이들은 메두사가 아테나 신전에서 포세이돈과 사랑을 나누어 잉태하고 있던 자식들이었다.

안드로메다 공주의 구출

메두사의 목을 베어 세리포스섬으로 돌아가던 페르세우스는 에티오피아를 지나가게 되었다. 그때 바닷가 절벽에 묶여있는 안드로메다 공주를 보게 되었는데, 안드로메다가 이처럼 위험에 처하게 된 것에는 안타까운 사연이 있었다.

에티오피아의 케페우스 왕의 아내인 카시오페이아는 자신과 딸의 미모에 대단한 자부심을 가지고 있었다. 자신의 딸 안드로메다가 네레이데스* 모두를 합친 것보다 더 아름답다고 자랑하고 다녔다. 카시오페이아의 오만함에 분노한 네레이데스는 포세이돈에게 케페우스 왕을 벌해 달라고 간청했다. 암피트리테의 남편 포세이돈은 해일을 일으키고 괴물을 보내 에티오피아를 쑥대밭으로 만들었다. 많은 사람들이 바다 괴물에 잡아먹히자, 케페우스 왕은 신전으로 사람을 보내 무슨 연유인지 알아보게 하였다. 재앙을 막기 위해서는 딸 안드로메다 공주

---

* 네레이데스는 해신 네레우스와 오케아노스의 딸 도리스 사이에 태어난 딸들로 50여 명에 이른다. 네레이데스 모두가 아름답기로 유명한데, 암피트리테도 이들 네레이데스 중 한 명이다.

를 괴물의 제물로 바쳐야 한다는 신탁이 내려졌다. 신탁을 따를 수밖에 없었던 카페우스는 비통한 마음으로 해변의 절벽에 딸 안드로메다를 묶어 놓았다. 안드로메다는 어머니 카시오페이아의 죗값을 치를 운명에 놓인 채 바다 괴물의 먹이가 되는 순간만을 기다리고 있었다.

때마침 현장을 목격한 페르세우스가 첫눈에 그녀의 아름다움에 반하게 되었다. 페르세우스는 안드로메다의 부모에게 딸을 구해주는 조건으로 결혼을 허락받고 괴물을 퇴치했다. 마침내 안드로메다와 페르세우스는 결혼식을 올리게 되었는데, 그때 안드로메다의 약혼자였던 작은 아버지 피네우스가 부하들을 이끌고 나타났다. 케페우스 왕은 안드로메다가 위험에 처했을 때 모른 척하던 비겁한 동생 피네우스에게 신랑이 될 자격이 없다며 꾸짖었다. 피네우스는 물러서지 않고 호위무사들과 함께 페르세우스를 죽이려 했다. 페르세우스가 피네우스와 그 일당들에게 메두사의 머리를 내밀자 그들은 모두 돌로 변했다. 비로소 부부가 된 페르세우스와 안드로메다는 에티오피아를 떠나 어머니가 기다리고 있는 세리포스섬으로 향했다.

신탁, 피할 수 없는 운명

페르세우스가 없는 동안 어머니 다나에는 폴리덱테스의 협박과 박해를 피해 신전에 숨어 지내고 있었다. 어머니로부터 폴리덱테스 왕에게 당한 수모를 전해 듣고 격분한 페르세우스는 폴리덱테스 왕의 궁전으로 찾아갔다. 폴리덱테스는 신하들과 함께 연회를 열고 있었다. 페르페우스는 고개를 한쪽으로 돌린 채 메두사의 목을 베어왔노라고 소리치며 메두사의 머리를 꺼내 들어 올렸다. 그 순간 메두사의 얼굴은 쳐다본 폴리덱테스 왕과 신하들은 모두 돌로 변해버렸다. 어머니의 복수를 한 페르페우스는 아테나 여신에게 감사의 표시로 메두사의 머리를 바쳤다. 메두사의 머리는 그녀를 증오하던 아테나 여신의 방패 속에 장식으로 들어가 아테나 여신의 권위와 용맹의 상징물이 되었다.

이후 페르세우스는 자신과 어머니를 보살펴준 딕티스를 세리포스섬의 왕으로 즉위시키고 어머니 다나에와 함께 그리스로 돌아가기로 했다. 신탁으로 인해 어쩔 수 없이 어머니와 자기를 버린 외할아버지 아크리시오스와 화해하고 싶었다. 아내 안드로메다와 어머니를 데리고 그리스 아르고스에 도착했지만, 아크리시오스 왕의 행방을 찾을 길이 없었다. 아크리시오스는 손자가 돌아온다는 소식을 전해 듣고 이미 이웃 나라 라리사로 피신해 있었기 때문이었다.

마침 이웃 나라 라리사의 왕 테우타미데스가 돌아가신 아버지를 기리기 위해 운동경기를 연다는 소식을 들었다. 페르세우스는 라리사로 가서 원반던지기 종목에 출전하였다. 시합에서 페르세우스가 던진 원반이 빗나가 궤도를 이탈하고 관중석으로 날아갔다. 공교롭게도 손자를 피해 왔다가 관중석에 앉아 경기를 구경하던 아크리시오스는 갑자기 날아든 육중한 원반에 머리를 맞고 그 자리에서 즉사했다. 아크리시오스는 필사적으로 신탁에서 벗어나려 했지만 결국 자신의 딸이 낳은 자식에게 죽임을 당하는 운명을 피하지 못했다.

그 후 페르세우스는 외할아버지의 나라 아르고스의 왕위를 물려받았지만, 죄책감으로 나라를 다스릴 수 없었다. 그는 이웃 나라인 티린스의 메가펜테스 왕에게 티린스와 아르고스 왕국을 서로 교환하자고 제안했다. 부왕이 죽고 3분의 1로 줄어든 영토*를 물려받은 티린스의 왕 메가펜테스는 페르세우스의 제안을 기꺼이 받아들였다. 이렇게 해서 메가펜테스는 아르고스의 왕이 되고 페르세우스는 티린스의 왕이 되었다. 페르세우스는 새로 차지한 영토에 미케네 왕국을 건설하였다.

별이 된 안드로메다와 카시오페이아

안드로메다와 결혼했을 당시 페르세우스는 에티오피아에 1년 정도 머물렀다. 페르세우스가 떠날 때 맏아들인 페르세스가 태어나자, 그를 장인의 후계자로 남기고 떠났다. 후에 페르세스는 페르시아 왕가의 조상이 되었다. 페르세우스는 안드로메다와의 사이에서 페르세스 외에도 아들 알카이오스와 엘렉트리온을 비롯한 여러 명의 아들과 딸을 낳았다. 알카이오스의 아들 암피트리온과 엘렉트리온의 딸 알크메네가 결혼하여 쌍둥이 아들인 이피클레스와 헤라클레스를 낳았다.

---

* 예언자 멜람푸스가 프로이토스 왕의 딸들의 광기를 해결해 주는 조건으로 티린스 왕국을 3등분 하여 자신과 동생 비아스에게 각각 3분의 1씩 떼어달라고 요구했다. 프로이토스는 그의 요구에 따를 수밖에 없었다. 그 후 프로이토스 왕이 죽고 아들 메가펜테스가 티린스의 3분의 1을 물려받았다.

포세이돈은 안드로메다의 어머니 카시오페이아가 죽은 후 남편인 케페우스와 함께 하늘에 별자리로 만들어 주었다. 그러나 카시오페이아의 별자리는 오만함과 허영심에 대한 벌로 의자에 앉은 채 묶여 거꾸로 매달려 있게 하고 계속해서 천구의 북극을 돌게 하였다. 그리고 아테나 여신은 페르세우스와 안드로메다가 죽은 후 그들을 안드로메다의 부모인 카시오페이아와 케페우스자리 옆에 별자리로 만들어 주었다. 가장 아름다운 여인의 별자리인 안드로메다자리는 남편 페르세우스와 부모님 곁에서 밤하늘에 영원히 빛나는 영광을 얻게 되었다.

2
헤라클레스

헤라클레스의 탄생

알크메네는 필멸의 남녀가 몸을 섞어 낳은 여인들 중 미모와 지혜 면에서 견줄 이가 없는 아름다운 여인이었다. 알크메네*는 암피트리온과 결혼하기 전에 억울하게 죽은 오라비들의 원수를 갚기 전까지는 남편과 잠자리를 하지 않겠고 맹세했다. 알크메네의 아버지 엘렉트리온이 미케네를 다스리고 있을 때였다. 프테렐라오스의 아들들이 타보스인들을 이끌고 쳐들어와 알크메네의 오라비 여섯 명을 모두 죽였다.

알크메네의 남편 암피트리온은 아내의 한을 풀어 주기 위해 원정대

---

* 알크메네와 암피트리온은 사촌지간으로 미케네 왕가에 속하는 페르세우스의 손자 손녀들이다.

를 이끌고 타보스섬으로 쳐들어갔다. 타보스섬의 프테렐라오스 왕은 그의 아버지 포세이돈이 심어 준 황금빛 머리카락 덕분에 죽지 않는 몸을 지니고 있었다. 그러나 암피트리온에게 마음을 빼앗긴 그의 딸 코마이토가 아버지의 황금빛 머리카락을 모두 뽑아 죽게 만들었다. 암피트리온은 타보스섬을 점령한 후 아버지를 배반한 코마이토를 처형하였다.

한편 알크메네의 미모에 반한 제우스는 그녀의 남편 암피트리온이 원정을 나간 사이에 그의 모습으로 변신하여 알크메네의 침실에 들었다. 제우스는 원정에 다녀온 것처럼 그녀에게 전리품을 선물하고 전쟁터에서 싸운 이야기도 들려주었다. 그리고 훌륭한 영웅을 잉태시키기 위해 하룻밤을 세 배로 늘려 기나긴 밤을 동침하였다. 알크메네는 아무것도 모른 채 다음 날 전쟁에서 돌아온 남편 암피트리온과 또 잠자리를 가진 뒤 쌍둥이를 임신했다. 이 쌍둥이 아들이 헤라클레스와 이피클레스였다.

제우스는 헤라클레스가 태어날 때가 되자 신들에게 널리 알렸다. 앞으로 페르세우스의 일가*에서 태어날 아이가 미케네의 통치자가 될 것이라고 했다. 같은 시기에 페르세우스의 아들인 미케네의 스테넬로스 왕의 아내도 에우리스테우스를 임신하고 있었다. 헤라는 자신의 딸이자 출산의 여신인 에일레이티아에게 지시하여 알크메네의 해산을 늦추고 에우리스테우스를 일곱 달 만에 세상에 먼저 나오게 만들었다.

---

* 페르세우스가 알카이오스, 엘렉트리온, 스테넬로스 등 6명의 자식을 낳고, 알카이오스의 아들 암피트리온과 엘렉트리온의 딸 알크메네가 결혼하여 헤라클레스와 이피클레스를 낳았다.

제우스가 공언한 미케네의 통치권이 에우리스테우스에게 돌아가도록 하기 위해서였다.

에우리스테우스가 태어난 후에도 알크메네는 여전히 해산할 기미를 보이지 않고 진통만 계속되었다. 출산의 여신 에일레이티이아가 알크메네의 방 앞에서 그녀의 해산을 막고 있었기 때문이었다. 알크메네의 몸종이었던 갈린티아스가 꾀를 냈다. 그녀는 갑자기 방을 뛰쳐나오면서 아이가 태어났다고 소리쳤다. 깜짝 놀란 출산의 여신 에일레이티이아는 자신도 모르게 마법의 자세를 풀고 말았다. 이 틈을 타 알크메네는 헤라클레스를 무사히 낳을 수 있었다.

제우스는 아들 헤라클레스를 신들과 같은 불사의 몸으로 만들기 위해 헤라의 젖을 먹이려고 했다. 제우스는 헤라가 깊이 잠든 사이에 어린 헤라클레스를 헤라의 가슴으로 데려가 몰래 젖을 물렸다. 아기의 젖 빠는 힘이 얼마나 세었던지 헤라가 그만 잠에서 깨고 말았다. 깜짝 놀란 헤라가 아이를 밀쳐내자, 가슴에서 하얀 젖 줄기가 솟구쳐 하늘에 뿜어졌다. 이렇게 해서 은하수*가 생겨나게 되었다.

헤라는 어린 헤라클레스를 죽이려고 요람에 누워 있는 쌍둥이 방에 독사 두 마리를 풀어놓았다. 까무러칠 듯이 우는 어린 아들의 울음소리에 알크메네는 남편을 부르며 방으로 급히 뛰어 들어갔다. 이피클레스는 겁에 질려 울고 있고, 헤라클레스는 양손에 뱀을 한 마리씩 움켜쥐고 있었다. 뱀들은 이미 목이 졸려 축 늘어진 채로 죽어있었다. 이때

---

*   하늘에 흩뿌려 놓은 듯이 하얗게 펼쳐진 아름다운 은하수를 영어로 milky way라고 한다.

9장 영웅들의 탄생과 활약   175

가 헤라클레스가 태어난 지 겨우 열 달이 되는 해였다.

양부인 암피트리온 왕과 현자 케이론은 헤라클레스에게 여러 가지 교육을 시켰다. 암피트리온은 손수 전차 모는 법을 가르쳤고, 궁술의 명인 에우리토스 왕은 활 쏘는 법을, 디오스쿠로이*의 한 명인 카스토르는 무기 다루는 법과 전술을 가르쳤다. 그리고 아폴론의 아들 리노스는 음악을 담당하여 리라 연주법을 가르쳐주었다.

헤라클레스는 음악에 소질이 별로 없어 늘 리노스에게 꾸중을 들어야만 했다. 그러던 어느 날 리노스가 매질하자 헤라클레스는 분을 참지 못하고 리라를 던져버렸다. 머리에 리라를 맞은 리노스는 그만 죽고 말았다. 이 살인 사건으로 헤라클레스는 법정에 서게 되었다. 헤라클레스는 정당방위는 처벌받지 않는다는 라다만티스**의 판결문을 인용하여 자신을 변론하고 무죄 판결을 받았다.

암피트리온은 헤라클레스가 또다시 이런 짓을 저지르지나 않을까 두려웠다. 암피트리온은 헤라클레스를 시골에 있는 소치는 목장으로 보냈다. 헤라클레스는 그곳에서 체격과 힘에 있어서 모든 사람을 능가할 정도로 자라났다. 외모만 보아도 그가 제우스의 아들이라는 것을 한눈에 알 수 있었다. 키가 4완척***이나 되고 눈에는 불이 번득였으며 활을 쏘거나 창을 던질 때 빗나가는 법이 없었다.

---

* 디오스쿠로이는 제우스의 아들들이라는 뜻으로 카스토르와 폴리데우케스 쌍둥이 형제를 일컫는다.
** 라다만티스는 제우스와 에우로페 사이에 태어난 아들로 현명한 왕이었다. 크레타를 공정하고 정의롭게 다스리고 훌륭한 법전을 만들었다.
*** 1완척은 팔꿈치에서 가운뎃손가락 끝까지의 길이로 약 46에서 50센티미터이다.

헤라클레스의 업적

헤라클레스가 열여덟 살이 되었을 때 테스피오스 왕의 소 떼를 해치는 키타이론산의 사자를 퇴치하는 업적을 쌓았다. 헤라클레스는 사자를 잡기 위해 테스피오스의 왕국을 찾아갔었다. 헤라클레스는 50일간 그의 왕궁에 머물며 날마다 사냥했다. 헤라클레스의 풍모와 용감함에 반한 테스피오스는 자신의 딸 테스피아데스 50명을 밤마다 한 명씩 헤라클레스의 침실에 들여보내 동침시켰다. 테스피오스는 그의 혈통을 이어받을 훌륭한 손자를 얻을 속셈이었다. 사냥에 지쳐 곯아떨어진 헤라클레스는 매일 밤 같은 여자와 자는 줄만 알고 있었다. 그 후 테스피오스 왕의 딸들은 모두 헤라클레스의 아들을 잉태하여 50명의 그를 닮은 테스피아다이*를 낳았다.

키타이론산의 사자 사냥을 마친 헤라클레스는 돌아오는 길에 테바이를 지나가게 되었다. 그곳에서 헤라클레스는 테바이를 괴롭히던 이웃 나라 오르코메노스를 정복하고 테바이에 조공을 바치게 하였다. 크레온 왕은 공로에 감사하며 딸 메가라를 헤라클레스에게 주어 결혼시켰다. 헤라클레스와 메가라 공주 사이에서 세 명의 아들이 태어났다. 헤라클레스는 처자식들과 함께 한동안 행복하게 살았다. 이를 지켜보던 헤라가 다시 질투심에 사로잡혀 헤라클레스를 미치게 만들었다. 광

---

* 테스피아다이는 50명의 테스피아데스가 헤라클레스와 관계하여 낳은 50명의 아들을 일컫는 말이다.

기에 사로잡힌 헤라클레스는 세 아들을 적으로 오인하고 모두 활을 쏘아 죽였다. 어린 자식을 보호하려던 아내 메가라마저 죽이고 말았다. 제정신을 찾은 헤라클레스는 자신이 무슨 짓을 저질렀는지 알아차리고 스스로 목숨을 끊으려 하자 테세우스가 이를 저지하며 만류하였다.

헤라클레스의 열두 과업

헤라클레스는 처자식을 죽인 죄를 씻기 위해 델포이 신전에서 신탁을 물었다. 여사제는 미케네로 가서 에우리스테우스 왕*이 시키는 일을 하라는 신탁을 전해주었다. 에우리스테우스에게 봉사하며 그가 부과하는 과업을 수행하면 불멸의 존재가 될 것이라고 하였다. 자신의 왕위를 차지한 에우리스테우스의 명령을 따르는 것은 그에게 굴욕적인 일이었다. 하지만 헤라클레스는 신탁에 따라 미케네와 티린스를 다스리던 에우리스테우스를 찾아갔다. 에우리스테우는 때마침 자신을 찾아온 헤라클레스를 제거할 생각으로 도저히 불가능해 보이는 열 가지 과업은 부과했다.

첫 번째 과업은, 네메아의 사자를 잡아 오는 일이었다. 티폰과 괴물 에키드나 사이에 태어난 네메아 지방의 사자는 인간의 무기로는 잡을 수가 없었다. 어떤 무기로도 사자의 가죽을 뚫을 수 없자 헤라클레스는

---

* 출산의 여신 에일레이티이아가 헤라의 지시로 헤라클레스의 탄생을 늦추고 에우리스테우스를 일곱 달 만에 세상에 먼저 나오게 만들어 에우리스테우스가 미케네의 통치권을 갖게 되었다.

사자의 목을 졸라 질식시켜 죽였다. 에우리스테우스는 헤라클레스가 거대한 사자의 시체를 어깨에 메고 나타나자 그의 용기와 힘에 간담이 서늘해졌다. 에우리스테우스는 너무나 두려운 나머지 궁전 마당에 청동 항아리를 묻고 그 속에 숨어들었다. 에우리스테우스는 헤라클레스를 직접 대면하지 않고 전령 코프레우스를 통해서 다음 과업을 전달하였다. 헤라클레스는 이때 잡은 사자의 가죽을 벗겨 갑옷처럼 몸에 걸치고 다녔다.

두 번째 과업은, 레르나 습지에 살고 있는 머리가 아홉 개 달린 괴물 뱀 히드라를 처치하는 일이었다. 히드라도 네메아의 사자와 마찬가지로 티폰과 에키드나의 자식이었다. 거대한 히드라의 아홉 개의 머리 중 하나는 불멸이었다. 나머지 머리도 하나를 칼로 베기가 무섭게 다시 두 개의 머리가 자라났다. 헤라클레스가 머리를 자를 때마다 마부로 데려간 조카 이올라오스*가 불이 붙은 나무토막을 던져주었다. 헤라클레스는 머리를 자른 부위를 불로 지져 머리가 더 이상 나오지 못하게 만들었다. 히드라의 아홉 개의 머리를 모두 벤 뒤에 그중 불멸의 머리 하나는 커다란 바위 밑에 파묻었다. 헤라클레스는 죽은 히드라의 몸통을 갈라 그의 피에 자신의 모든 화살촉을 적셔 보관하였다. 두 번째 과업을 완수했지만, 에우리스테우스 왕은 헤라클레스가 조카 이올라오스의 도움을 받았다는 이유로 이때의 성과를 인정하지 않았다.

세 번째 과업은, 아르테미스 여신에게 바쳐진 케리네이아의 황금뿔

---

* 이올라오스는 헤라클레스의 쌍둥이 형제 이피클레스의 아들이다. 이올라오스는 헤라클레스를 따라다니며 여러 가지 모험을 함께 하였다.

이 달린 암사슴을 생포해 오는 일이었다. 이 사슴은 케리네이아의 숲속에 살고 있었는데 무척 빠르고 뿔이 나 있어 마치 수사슴처럼 보였다. 헤라클레스는 황금뿔 사슴을 쫓아 돌아다니며 산채로 사로잡는 데 꼬박 1년이나 걸렸다. 아르테미스 여신의 노여움을 피하기 위해 여신에게 사슴을 다치지 않게 다시 데려오겠다고 약속한 후에 잡아 와야만 했다. 나중에 헤라클레스가 사슴을 다시 풀어 주었다는 이유로 에우리스테우스는 이 성과를 또한 인정하지 않았다.

네 번째 과업은, 에리만토스산의 멧돼지를 생포해 오는 일이었다. 이 멧돼지는 덩치가 어마어마하게 컸는데, 산 주변의 농지를 온통 황폐화시키고 있었다. 헤라클레스는 멧돼지가 지칠 때까지 쉬지 않고 추격하여 깊은 눈 속으로 몰아넣어 덫으로 잡았다. 헤라클레스가 잡은 멧돼지를 어깨에 둘러메고 왕궁으로 돌아오자 에우리스테우스는 네메아의 사자를 잡아 왔을 때처럼 겁을 집어먹고 또다시 청동 항아리 속으로 숨어들었다. 마침 헤라클레스는 이아손이 황금 양털을 찾아 모험을 떠나기 위해 영웅을 모은다는 소식을 듣고 잠시 합류하였다가 도중에 돌아왔다.

다섯 번째 과업은, 아우게이아스 왕의 축사를 단 하루 만에 청소하는 일이었다. 에우리스테우스는 영웅 헤라클레스를 지저분한 몰골로 만들어 모욕을 줄 속셈이었다. 엘리스 왕국의 아우게이아스 왕은 가축을 수천 마리나 키우면서 30년간 단 한 번도 외양간을 치운 적이 없었다. 이로 인해 악취가 진동하여 올림포스 궁전까지 괴롭힐 정도였다. 헤라클레스는 거대한 삽으로 한 시간 동안 오물을 치웠지만 오물의 높이는 전혀 달라지지 않았다. 이렇게 해서는 하루는커녕 평생을 치워도 불가능해 보였다. 헤라클레스는 축사 근처에 있던 알페이오스 강과 페네이오스 강의 물줄기를 돌려 축사의 한가운데를 지나가도록 했다. 축사 사이로 통과한 강물이 단번에 모든 오물을 깨끗이 치워 버렸다.

여섯 번째 과업은, 스팀팔로스 호숫가의 괴조들을 퇴치하는 일이었다. 이 괴조들은 울창한 나무에 무리를 지어 살며 숲을 황폐화하고, 사람들에게 깃털을 화살처럼 쏘기도 했다. 심지어 사람들을 죽이기까지 하여 공포의 대상이었다. 그뿐만 아니라 어마어마한 수 때문에도 스팀팔로스 사람들에게 커다란 골칫거리였다. 헤라클레스는 이 괴조들을 처치하기 위해 아침 일찍부터 나뭇가지에 앉아 있는 새들을 향해 활을 쏘아대기 시작했다. 하지만 새들의 수가 워낙 많아서 죽이는 속도보다 더 빠르게 번식해 나갔다.

해 질 무렵이 되자 헤라클레스의 화살 통은 텅 비어 버렸고 새의 수는 아침보다 더 많아져 있었다. 헤라클레스는 아테나 여신의 도움으로 헤파이스토스가 만든 커다란 청동 징을 얻게 되었다. 헤라클레스는 새들이 나무 위에 앉으려고 할 때마다 징을 크게 울려댔다. 놀란 괴조들은 나뭇가지에 내려앉지 못하고 하늘 위만 빙빙 돌다 마침내 녹초가 되어 하나둘씩 물에 빠져 죽었다. 호수에 빠지지 않고 끝끝내 버티는 괴조들은 활을 쏘아 모두 죽였다.

일곱 번째 과업은, 크레타의 황소를 잡아 오는 일이었다. 이 황소는 포세이돈에게 제물로 바치기로 했던 소였는데, 멋진 황소가 탐이 난 미노스 왕이 다른 소를 제물로 바치고 자신이 차지했었다. 포세이돈이 그 벌로 소를 미치게 만들어 크레타섬을 휘젓고 다니게 했다. 헤라클레스는 미친 황소를 단숨에 잡아 에우리스테우스에게 데리고 왔다. 에우리스테우는 이 황소를 헤라 여신에게 바쳤지만 헤라 여신이 다시 풀어 주는 바람에 아테네 근교의 마라톤 들판을 황폐화시키며 돌아다녔다.

여덟 번째 과업은, 트라키아 지방의 디오메데스 왕의 암말들을 사로잡아 오는 일이었다. 아레스의 아들 디오메데스는 호전적인 비스토네스 족의 왕으로 인육을 먹는 암말들을 기르고 있었다. 암말들은 덩치가 크고 사나웠기 때문에 청동으로 만든 구유에 쇠사슬로 매여 있었다. 이 말들의 먹이는 왕의 마을에 찾아온 여행객들이었다.

헤라클레스는 마을에 도착하자마자 잔인한 왕을 잡아 암말들의 먹이로 던져주었다. 먹이를 먹은 암말들이 얌전해지자 헤라클레스는 말들을 바닷가로 몰고 갔다. 그때 비스토니아 사람들이 뒤쫓아 와 헤라클레스는 그들과 맞서 싸워야만 했다. 동행한 헤르메스의 아들 압데로스에게 잠시 말을 지키도록 한 뒤에 헤라클레스가 다시 돌아왔을 때 압데로스는 암말들에 의해 갈기갈기 찢겨 있었다. 헤라클레스는 압데로스의 죽음을 슬퍼하며 그곳에 압데라라는 도시를 세워주었다. 그리고 암말들을 에우리스테우스에게 데리고 와 여덟 번째 과업을 완수했다.

아홉 번째 과업은, 아마조네스*의 여왕 히폴리테의 허리띠를 가져오는 일이었다. 에우리스테우스는 딸 아드메테가 히폴리테의 허리띠를

---

* 아마조네스는 아마존의 복수형이며 그리스어로 '가슴이 없는'이란 뜻이다. 아마조네스(아마존) 족은 여전사로만 이루어진 전설적인 부족으로 아레스와 하르모니아의 후손으로 알려져 있었다. 이들은 이웃 부족 남자를 이용해 자식을 낳았는데, 그중에 사내아이가 태어나면 죽이거나 노예로 삼았다.

갖고 싶어 하자 그 일을 헤라클레스에게 시켰다. 아마조네스 족은 폰토스의 테르모돈 강가에 살고 있었다. 이들은 활을 쏘거나 창을 던질 때 방해가 된다며 한쪽 유방을 제거했는데, 이 때문에 아마조네스라는 이름이 붙여졌다. 히폴리테 여왕은 통치자의 권한을 상징하는 허리띠를 하고 있었다. 이것은 아버지인 전쟁의 신 아레스에게 받은 마법의 허리띠였다. 헤라클레스가 온 이유를 알게 된 여왕은 허리띠를 기꺼이 주겠다고 약속했다. 그러나 헤라클레스가 여왕을 납치하려는 것으로 착각한 아마조네스의 여인들이 헤라클레스의 배를 공격했다. 헤라클레스는 여전사들을 물리친 다음 약속한 대로 히폴리테 여왕으로부터 허리띠를 넘겨받아 에우리스테우에게 바쳤다.

열 번째 과업은, 게리온의 소들을 데려오는 일이었다. 게리온은 세상의 서쪽 끝자락에 있는 에리테이아섬에 살고 있는 괴물이었다. 이 괴물은 세 사람이 함께 붙은 몸채를 가지고 있었다. 에리테이아섬으로 가기 위해 리비아 사막을 지나던 헤라클레스는 더위로 지치자 화살을 겨누며 태양신 헬리오스를 위협했다. 그의 용기에 감탄한 헬리오스는 자신이 바다를 건널 때 배처럼 사용하던 황금 잔을 헤라클레스에게 빌려줘 마침내 에리테이아섬에 도착하게 되었다.

에리테이아에 도착한 헤라클레스는 눈치를 채고 달려온 머리가 둘 달린 개 오르트로스를 몽둥이로 때려죽였다. 이어 소 떼를 먹이다 달려온 거인 에우리티온도 몽둥이로 내리쳐 죽였다. 근처에서 하데스의 소들을 먹이고 있던 메노이티우스가 이 장면을 목격하고는 게리온에게 알려주었다. 소식을 들은 게리온은 소 떼를 몰고 가던 헤라클레스를 추격해 왔다. 안테무스 강가에서 헤라클레스와 게리온은 접전을 벌이다 게리온은 헤라클레스의 화살을 맞고 죽었다. 세 괴물을 물리친 헤라클레스는 소 떼를 몰고 미케네로 돌아왔다. 헤라클레스는 지금까지 주어진 열 가지 과업을 8년하고도 한 달에 걸쳐 모두 수행하였다. 하지만 에우리스테우스는 그중 두 개의 성과를 인정하지 않으며 두 가지 과업을 다시 부과하였다. 이렇게 해서 결국 헤라클레스의 과업은 열두 가지로 늘어나게 되었다.

열한 번째 과업은, 헤스페리데스*의 정원에서 황금 사과를 가져오는 일이었다. 헤라클레스는 헤스페리데스의 정원이 어디에 있는지 알 수 없었다. 그래서 헤스페리데스의 아버지인 아틀라스를 찾아 나섰다. 그는 도중에 가이아의 아들인 거인 안타이오스 왕을 만나게 되었다. 안타이오스는 지나가는 이방인에게 레슬링 시합을 강요하여 상대가 녹초가 되게 만들어 죽였다. 헤라클레스는 그를 몇 번이고 땅에 메다쳤지만, 그는 전혀 지치는 기색이 없었다. 헤라클레스는 그가 어머니의 땅에 발아 딛고 있는 한 계속 힘이 솟아 절대 이길 수 없다는 사실을 간파했다. 헤라클레스는 그를 공중으로 들어 올린 다음 두 팔로 으깨어 죽였다.

아틀라스를 찾아갔을 때 그는 제우스의 형벌로 무거운 하늘을 짊어지고 있었다. 헤라클레스는 자신이 대신 하늘을 떠받치고 있을 동안

---

* 헤스페리데스는 세상의 서쪽 끝 정원에서 용 라돈과 함께 황금 사과나무를 지키는 석양의 님페들이다. 헤스페리데스는 아틀라스 딸이라는 설과 닉스와 에레보스 사이에 낳은 딸, 혹은 닉스 혼자 낳은 딸, 제우스와 테미스 또는 포르키스와 케토 사이에 낳은 딸이라는 설 등 다양한 설이 있다.

딸들에게 가서 황금 사과를 가져다 달라고 부탁했다. 헤라클레스의 부탁을 흔쾌히 받아들였던 아틀라스는 사과를 가지고 돌아오면서 생각이 바뀌었다. 아틀라스는 자신이 직접 에우리스테우스에게 사과를 가져다주겠다며 계속 하늘을 떠받치고 있으라고 했다. 헤라클레스는 아틀라스의 말에 동의하는 척하며 어깨가 너무 무거워 자세를 고쳐 맬 동안 잠시만 하늘을 받아 달라고 부탁했다. 아틀라스가 하늘을 건네받았을 때 헤라클레스는 황금 사과를 집어 들고 유유히 사라졌다. 헤라클레스는 곧장 에우리스테우스에게 가서 황금 사과를 건네주었다.

열두 번째 과업은, 저승의 입구를 지키는 머리 셋 달린 개 케르베로스를 잡아 오는 일이었다. 저승의 왕 하데스는 무구를 사용하지 않고 케르베로스를 제압할 수 있다면 잡아가도 좋다고 허락하였다. 케르베로스는 저승의 강인 아케론*의 문 입구에 웅크리고 앉아 있었다. 세 개의 머리로 짖어대는 소리는 마치 천둥소리처럼 어마어마하게 울렸다. 헤라클레스는 팔로 케르베로스의 목을 조르고 제압하여 에우리스테우스 왕에게 데려갔다. 에우리스테우스는 케르베로스를 보고 기겁을 하며 하데스에게 당장 되돌려주라고 명령했다.

마침내 헤라클레스는 자신에게 주어진 모든 과업을 완수하고 처자식을 죽인 죄를 씻을 수 있었다. 에우리스테우스는 자신의 왕권을 위협하

---

* 이승과 저승의 경계를 이루는 강에는 슬픔과 고통의 강(아케론), 불의 강(플레게톤), 탄식의 강(코키투스), 망각의 강(레테), 증오의 강(스틱스) 등이 있다. 이들은 함께 하데스를 아홉 물굽이로 감싸고 흐른다.

던 헤라클레스를 제거하기 위해 열두 가지의 과업을 부과하였지만, 오히려 그를 최고의 영웅으로 만들어 신의 반열에 오르게 했다.

또 다른 모험

헤라클레스는 처자식을 죽인 죄를 씻기 위해 열두 가지 과업을 모두 완수하고 테바이로 돌아왔다. 홀몸이 된 헤라클레스는 오이칼리아를 다스리는 에우리토스의 딸 이올레에게 마음이 끌렸다. 때마침 에우리토스 왕은 활쏘기 시합에서 자신과 자신의 아들들을 이기는 자에게 딸 이올레를 주겠다고 선언했다. 헤라클레스는 활쏘기 시합에 참가하여 에우리토스와 그의 자식들을 모두 물리치고 승리하였다. 하지만 에우리토스는 헤라클레스가 자기 처자식을 죽인 적이 있어 그에게 딸을 내주기가 두려웠다. 그가 언제 또 광기를 부려 자신의 딸을 죽일지도 모른다는 핑계를 대며 약속을 지키지 않았다. 헤라클레스는 약속을 어긴 에우리토스에게 반드시 복수를 하겠다고 다짐했다.

헤라클레스가 떠난 후 누군가 에우리토스의 말 몇 마리를 훔쳐간 사건이 발생했다. 에우리토스는 헤라클레스의 짓이라고 여겼지만 그의 아들 이피토스는 헤라클레스를 의심하지 않았다. 에우리토스의 말을 훔친 자는 도둑질의 명수로 알려진 아우톨리코스였다. 그러나 아무도 그 사실을 모르고 있었다. 헤라클레스에게 호감을 가지고 있던 이피토스는 그의 무죄를 밝힐 겸 사라진 말들을 찾아 나섰다. 이피토스는 헤라클레스를 만나 말을 함께 찾아보자며 도움을 요청했다. 하지만 다시 광기에 사로잡힌 헤라클레스*는 이피토스를 성벽 높은 곳에서 떨어뜨려 죽였다.

그 후 헤라클레스는 신탁에 따라 살인죄를 씻기 위해 리디아의 여왕 옴팔레에게 노예로 팔려가 3년간 종살이를 하였다. 헤라클레스는 옴팔레의 왕국에 머물며 강도와 괴물들을 물리치고 적들의 침략을 막아주었다. 헤라클레스는 여왕의 마음을 기쁘게 하는 일이라면 무엇이든 했다. 여인의 옷을 입고 물레질 같은 여자의 일도 하며 지냈다. 옴팔레의 매력에 푹 빠진 헤라클레스는 그녀와 사이에서 라모스, 아겔라오스, 티르세노스 등의 아들을 낳았다. 헤라클레스는 3년간의 종살이 기간이 끝나고 자유의 몸이 되어 다시 그리스로 돌아왔다.

에우리스테우스 왕이 부과한 열두 과업과 옴팔레 여왕 밑에서 3년간의 종살이를 모두 끝내고 다시 자유의 몸이 된 헤라클레스는 자신을 모욕한 자들에게 복수하기로 마음먹었다. 가장 먼저 트로이의 라오메돈** 왕을 처단하기 위해 부하들을 이끌고 트로이로 쳐들어갔다. 라오메돈은 딸을 구해준 보답으로 자신의 신마를 주기로 약속했지만 이를 지키지 않았기 때문에 오랫동안 벼르고 있던 차였다. 헤라클레스는 트로이를 약탈하고 라오메돈과 그의 아들들을 죽였지만, 딸 헤시오네와 막내아들 포다르케스는 살려주었다.

---

*   다른 설에 따르면 이피토스가 자신을 의심한다고 여겨 그를 죽였다고도 한다.
** 라오메돈이 약속을 어기자, 헤라클레스는 다음에 원수를 꼭 갚겠다고 다짐한 적이 있었다. p324.

데이아네이라와의 결혼

헤라클레스가 열두 과업 중 하나인 저승의 개 케르베로스를 잡아 오기 위해 하계로 내려갔을 때였다. 그곳에서 외숙부를 죽인 뒤 어머니의 저주를 받고 죽은 멜레아그로스*를 만나게 되었다. 그는 이승에 두고 온 아름다운 누이 데이아네이라를 걱정하며 헤라클레스에게 돌봐달라고 부탁하였다.

지상으로 돌아온 어느 날, 헤라클레스는 멜레아그로스의 청을 들어주기 위해 아이톨리아 지역에 있는 칼리돈으로 갔다. 그 당시 칼리돈은 오이네우스 왕이 다스리고 있었는데, 아름답기로 소문난 그의 딸 데이아네이라 공주는 많은 구혼자들에게 시달리고 있었다. 강의 신 아켈로오스도 데이아네이라의 구혼자들 중 한 명이었다. 헤라클레스와 아켈로오스는 결투하여 승리하는 자가 아름다운 데이아네이라를 차지하기로 했다. 변신술에 능한 아켈로오스는 육중한 황소로 변신하며 거세게 달려들었지만, 헤라클레스는 그의 뿔을 부러뜨리며 승리를 거두고 데이아네이라를 아내로 맞이했다.

헤라클레스는 칼리돈에서 데이아네이라와 함께 살면서 아들 힐로스도 낳고 한동안 행복하게 지냈다. 그러던 어느 날 헤라클레스가 실수로

---

* 멜레아그로스는 외삼촌들과 다투다 두 분 모두를 살해했다. 두 동생을 잃은 멜레아그로스의 어머니 알타이아는 분을 참지 못하고 보관하고 있던 아들의 운명과 연결된 장작개비를 불길 속으로 집어던져 버렸다. 그러자 모이라이의 예언대로 멜레아그로스는 불길의 고통을 느끼며 죽었다. p118.

장인 오이네우스 왕의 시종인 에우노모스를 죽이고 말았다. 오이네우스는 헤라클레스를 용서해 주었지만, 살인을 저지른 자에 대한 관습법에 따라 칼리돈에서 추방되었다. 헤라클레스는 아내 데이아네이라와 아들 힐로스를 데리고 친구 케익스*가 있는 트라키스로 향했다.

헤라클레스 일행이 에우에노스 강에 이르렀을 때 반인반마의 켄타우로스 족인 네소스가 눈에 띄었다. 네소스는 돈을 받고 행인들을 등에 태워 강을 건네주는 일을 하고 있었다. 네소스는 물살이 거세니 자신이 데이아네이라를 등에 태워 건네주겠다고 했다. 강을 건넌 네소스는 데이아네이라의 미모에 반해 그녀를 겁탈하려고 했다. 뒤 따라 강을 건너다가 이를 목격한 헤라클레스는 네소스를 향해 활을 쏘았다. 히드라의 독이 묻어 있는 헤라클레스의 활을 맞은 자는 그 누구도 죽음을 피할 수 없었다.

네소스는 죽으면서 복수하기 위해 데이아네이라에게 치명적인 거짓말을 했다. 그는 용서를 비는 척하며 자신의 피에는 식어버린 사랑을 되돌릴 수 있는 묘약의 힘이 있으니, 남편이 변심했을 때 자신의 피를 남편의 옷에 발라서 입히라는 말을 남기고 죽었다. 데이아네이라는 네소스의 피에 남편이 화살촉에 발라두었던 히드라의 맹독이 스며들어 있다는 것을 알 리 만무했다. 데이아네이라는 네소스의 음흉한 말을 그대로 믿고 그의 피를 받아 한동안 보관하였다.

---

* 케익스는 헤라클레스의 의붓아버지 암피트리온의 조카로 헤라클레스와 친척이며 절친한 친구이다.

헤라클레스의 죽음

헤라클레스 가족은 트라키스에 도착해 행복하게 살고 있었다. 그러던 어느 날 헤라클레스는 약속을 어긴 에우리토스 왕*에게 복수하기 위해 오이칼리아로 쳐들어갔다. 헤라클레스는 에우리토스 왕과 그의 세 아들을 모두 죽이고 아름다운 딸 이올레는 포로로 잡았다.

데이아네이라가 전쟁에 나간 남편을 몹시 걱정하고 있을 때 전령이 달려와 헤라클레스의 승리 소식을 전해주었다. 이윽고 헤라클레스의 전령 리카스도 포로들을 데리고 도착했다. 포로들 중에 헤라클레스가 전리품으로 챙긴 이올레 공주도 함께 있었다. 그때 미리 도착했던 전령이 데이아네이라에게 이올레 공주에 관한 소문을 귀띔해 주었다. 헤라클레스가 아름다운 이올레 공주를 얻기 위해 오이칼리아로 쳐들어갔다는 것이었다. 그리고 이올레는 헤라클레스가 데이아네이라를 만나기 전부터 이미 사랑했던 여자였다고 말했다.

전령의 말을 들은 데이아네이라는 질투심에 휩싸였다. 남편의 사랑이 식었다고 생각한 데이아네이라는 어떻게 해서든 헤라클레스의 마음을 돌려놓으려 했다. 마침 전령 리카스가 제우스 신에게 감사의 제물을 바칠 때 입을 헤라클레스의 새 옷을 챙겨갈 참이었다. 데이아네이라는 예전에 네소스가 일러준 사랑을 되돌릴 수 있는 묘약이 번뜩 떠올랐다.

---

* 에우리토스 왕은 활쏘기 시합에서 그와 자신의 아들들을 이기면 딸 이올레를 신부로 주겠다고 약속한 후 이를 지키지 않았다. 심지어 암말 몇 마리가 사라지자 헤라클레스를 의심했다. p186.

데이아네이라는 보관해 두었던 네소스의 피로 만든 연고를 남편의 옷에 몰래 발라 헤라클레스에게 보냈다. 묘약으로만 알고 있던 네소스의 피에는 헤라클레스의 화살을 맞고 죽을 때 화살촉에 묻어 있던 히드라의 맹독이 스며들어 있었다. 헤라클레스는 아내가 보내준 옷을 아무런 의심 없이 받아 입었다. 옷이 살갗에 닿자, 히드라의 맹독은 순식간에 헤라클레스의 온몸으로 퍼져나갔다. 헤라클레스는 급히 옷을 벗으려 했지만 옷은 이미 그의 살 속으로 파고들었다. 옷을 몸에서 강제로 떼어내자, 살점이 함께 뜯겨 나갔다. 부하들은 고통에 신음하고 있는 헤라클레스를 급히 집으로 데려갔다. 자신의 질투심으로 남편을 이 지경으로 만든 것을 알게 된 데이아네이라는 스스로 목숨을 끊었다.

극심한 고통을 견딜 수가 없었던 헤라클레스는 부하들에게 오이타산으로 올라가 화장대를 세우라고 명령했다. 헤라클레스는 오이타산 정상에 쌓은 장작더미 위에 누운 뒤 부하들에게 불을 붙이라고 했다. 아무도 불을 붙이려 하지 않자 필록테테스*가 나서서 그의 지시를 따랐다. 헤라클레스는 필록테테스에게 자신이 가지고 있던 무적의 활과 화살을 내주고 불길에 휩싸였다. 인간의 몸을 벗어난 헤라클레스는 올림포스로 승천하여 신의 반열에 오르게 되었다. 신이 된 헤라클레스는 헤라 여신과도 화해하고 헤라의 딸인 청춘의 여신 헤베와 결혼하였다. 비로소 헤라클레스는 축복의 안식처에서 영원한 평화를 누리게 되었다.

---

* 필록테테스는 소년 시절에 양 떼를 찾아 오이타산을 지나다 헤라클레스의 죽음을 도와주었다는 설, 헤라클레스의 부하라는 설, 또는 친구라는 설 등이 있다.

3
이아손

왕권을 요구한 이아손

아이손은 테살리아 이올코스 왕국의 크레테우스 왕과 티로 사이에 태어난 아들로 차기 왕위 계승자였다. 하지만 크레테우스 왕이 죽은 뒤 아이손은 이부형제인 펠리아스*에게 왕권을 빼앗기고 유배당하는 신세가 되었다. 아이손은 유배 생활 중에 필라코스 왕의 딸 알키메데와 결혼하여 아들 이아손을 낳았다. 아이손은 아내 알키메데가 사산하였다고 속이고 아무도 모르게 아들 이아손을 케이론에게 보내 교육시켰다. 케이론은 헤라클레스와 아킬레우스 등 수많은 영웅들을 길러낸 훌

---

* 쌍둥이 형제 펠리아스와 넬레우스는 티로가 크레테우스 왕과 결혼하기 전에 포세이돈과 정을 통하여 낳은 아들이다. 펠리아스와 아이손은 엄마는 같지만 아버지가 다른 이부형제 지간이다.

훌한 스승이었다.

건장한 청년으로 자란 이아손은 삼촌 펠리아스에게 왕위의 반환을 요구하기로 결심하고 아버지의 나라 이올코스로 갔다. 이올코스로 가는 길에 강가에 이르렀을 때 한 노파를 만나게 되었다. 노파로 변신한 헤라는 이아손을 시험해 보기 위해* 자신을 업고 강을 건네 달라고 부탁했다. 노파의 부탁을 들어주면서 이아손은 헤라 여신의 신임을 얻게 되었다. 이아손은 이때 강을 건너다가 급류에 한쪽 신발을 잃어버렸다.

펠리아스는 도시에 한쪽 신발만 신은 젊은이가 나타났다는 소식을 듣고 몹시 두려웠다. 외짝 신발을 신고 있는 아이올로스의 자손**에게 자신이 살해당할 것이라는 신탁이 있었기 때문이었다. 이아손을 궁궐로 들어가 삼촌 펠리아스에게 자신이 찾아온 목적을 당당하게 말하며 왕권을 요구했다. 하지만 펠리아스는 이아손이 왕위를 계승할 자격이 있는지 시험해 보겠다며 한 가지 조건을 제시하였다. 콜키스의 황금 양털을 가져오면 왕위를 기꺼이 돌려주겠다고 약속했다. 펠리아스는 이아손이 황금 양털을 찾으러 간다면 결코 살아서 돌아오지 못하리라 생각했기 때문이었다.

황금 양털은 흑해 동쪽에 있는 콜키스 왕국을 지키는 수호 성물로 절대로 잠들지 않는 용이 지키고 있었다. 그 당시 수많은 용사들이 황

---

* 펠리아스가 어머니 티로를 박해한 어머니의 계모 시데를 찾아가 헤라 여신의 신전에서 살해하여 헤라 여신의 분노를 샀다. 헤라는 펠리아스를 찾아가는 이아손이 어떤 자인지 알아보려고 했다.

** 이아손은 아이올로스의 증손자이다. 아이올로스가 크레테우스를 낳고, 크레테우스는 아이손을, 아이손은 이아손을 낳았다.

9장 영웅들의 탄생과 활약

금 양털을 손에 넣으려 했지만 모두 무시무시한 용에 의해 죽임을 당하였다. 하지만 이아손은 이러한 위험을 무릅쓰고 펠리아스의 제안을 받아들였다.

아르고호 원정대

황금 양털을 찾아 모험을 떠나기 위해 이아손은 배를 만드는 장인 아르고스*에게 부탁하여 50개의 노를 가진 커다란 배를 만들게 했다. 배를 만든 목수 아르고스의 이름을 따서 배의 이름을 아르고호라 명명하였다. 아르고호의 뱃머리는 아테나 여신이 도도나 숲에서 가져온 성스러운 떡갈나무로 만들어졌다. 아테나 여신이 직접 뱃머리를 다듬은 뒤 목재에 말을 하고 예언하는 능력까지 부여해 주었다.

이아손은 모험에 동참할 영웅들을 그리스 전역에서 불러 모았다. 헤라클레스를 비롯해 리라의 명인 오르페우스, 테세우스와 그의 친구 페이리토오스, 디오스쿠로이**로 불리는 쌍둥이 카스토르와 폴리데우케스, 포세이돈의 아들 에우페모스, 아킬레우스의 아버지 펠레우스, 아

---

* 아르고스란 이름은 아르고호를 만든 목수 외에도 이오를 감시하던 백 개의 눈을 가진 거인, 오디세우스의 집에서 기르던 개, 아르고스 왕국을 세운 아르고스 등 같은 이름이 여럿 있다.
** 디오스쿠로이는 제우스의 아들들이란 뜻으로 스파르타 왕 틴다레오스의 아내 레다가 백조로 변신한 제우스와 정을 통해서 낳은 두 개의 알 중 한 알에서 태어났다. 다른 한 알에서는 헬레네가 태어났다.

이아스의 아버지 텔라몬, 칼리아스와 제테스 형제, 예지력이 뛰어난 예언자 이드몬 등 50명이 넘는 영웅들이 아르고호 원정대에 동참했다. 이아손은 펠리아스의 아들 아카스토스도 몰래 아르고호에 승선시켰다. 아들이 함께 있는 것을 알면 펠리아스도 아르고호의 무사 귀환을 도울 수밖에 없을 것으로 여겼기 때문이었다. 이아손은 영웅들로 결성된 원정대를 이끌고 황금 양털을 찾아 흑해 연안의 콜키스로 향했다. 신비스러운 황금 양털이 콜키스의 보물이 된 것에는 특별한 사연이 있었다.

이아손의 할아버지 형제 중 한 명이었던 보이오티아의 아타마스 왕은 싫증 난 아내 네펠레를 버리고 테바이의 이노 공주와 재혼했다. 아타마스 왕의 아내가 된 이노는 자신의 아들이 왕국을 물려받도록 하기 위해 전처가 낳은 자식을 죽이려는 계략을 꾸몄다. 이노는 시종들을 시켜 이듬해에 뿌릴 밀알 종자를 모두 거둬들여 볶게 했다. 농부들은 봄에 부지런히 파종을 했지만, 볶은 밀알이 싹을 틔울 리 만무했다. 추수 때가 되어도 수확할 것이 전혀 없어 모두가 기근에 시달리게 되었다. 아타마스 왕은 이 재앙에서 벗어나기 위해 신탁을 물으러 사람을 보냈다. 이노는 그를 매수하여 기근을 피하고 나라를 구하려면 전처의 소생을 제우스에게 제물로 바치라는 신탁을 받았다고 거짓을 고하게 했다.

아타마스 왕은 어쩔 수 없이 전처의 아들 프릭소스를 제물로 제단에 바칠 수밖에 없었다. 그때 어디선가 갑자기 황금빛 양털을 가진 숫양 한 마리가 나타나 프릭소스 남매를 등에 태워 하늘로 날아갔다. 크리소말로스라는 이 숫양은 두 남매의 어머니인 네펠로의 간청으로 아이들을 구하기 제우스가 보낸 것이었다. 숫양을 타고 콜키스로 날아가는 도중에 여동생 헬레가 바다에 떨어져 빠져 죽고 말았다. 이때부터 이 해협은 헬레가 빠진 바다라는 뜻으로 헬레스폰투스라 불리게 되었다.

프릭소스는 동생을 잃은 슬픔을 뒤로한 채 콜키스에 무사히 도착했다. 콜키스의 왕 아이에테스는 황금빛 양을 타고 하늘에서 내려온 프릭소스를 예사롭지 않은 인물로 여기고 딸 칼키오페*를 아내로 맞게 해주었다. 프릭소스는 황금 양을 제우스에게 제물로 바치고 황금 양털은 감사의 표시로 아이에테스 왕에게 선물했다. 아이에테스는 신비로운 황금 양털을 전쟁의 신 아레스에게 봉헌하고 신성한 숲에 있는 떡갈나무에 걸어두었다. 그리고 아무도 접근하지 못하도록 영원히 잠들지 않는 무시무시한 용에게 황금 양털을 지키게 했다. 이렇게 해서 황금 양털은 콜키스 왕국을 지켜주는 신비스러운 수호성물이 된 것이었다.

아르고호의 모험

아르고호 원정대가 처음 정박한 곳은 여인들만 살고 있는 렘노스섬이었다. 이곳 여인들은 아프로디테 여신을 섬기는 일을 게을리하였다. 여신은 그 벌로 여인네들에게 몸에서 지독한 악취가 풍기게 만들었다.

---

* 칼리오페와 프릭소스 사이에 여러 명의 자식이 태어났는데, 아버지 프릭소스가 죽은 후 막내아들 프레스본이 형제들을 모아 할아버지 아타마스의 왕국을 찾아가 왕위를 물려받았다. 시시포스(아마타스의 형제)의 손자들은 프레스본이 돌아오자 그에게 왕국을 돌려주었던 것이다.

남편들은 냄새나는 아내를 거들떠보지 않고 이웃 나라 트라키아 여인들을 납치해 와 사랑을 나누었다. 눈이 뒤집힌 렘노스섬의 여인들은 반란을 일으켜 늙은 왕을 제외한 모든 남자들을 죽였다. 그리고 트라키아 여인들과 그녀들이 낳은 자식도 남김없이 제거했다. 그로 인해 렘노스섬에는 자식들이 태어나지 않고 주민은 자꾸 줄어들고 있었다. 힙시필레 여왕은 때마침 도착한 영웅들을 환영해 주었다. 렘노스섬의 여인들은 이들 영웅들과 잠자리를 같이하여 이곳에 새로운 아이들이 태어나게 되었다.

그 후 아르고호 원정대는 사모트라케섬을 거쳐 돌리오네스 족이 사는 나라에 잠시 들렸다가 다시 미시아 해안에 잠깐 정박했다. 이때 헤라클레스가 부러진 노를 새로 만들기 위해 나무를 구하는 동안 그의 시종 힐라스는 물을 기르기 위해 샘으로 갔다. 청년 힐라스의 모습에 반한 샘의 님페들이 그를 납치해 갔다. 헤라클레스는 사라진 힐라스의 이름을 부르며 밤새껏 온 숲을 헤집고 다녔다. 아르고호 일행은 헤라클레스와 그의 시종이 돌아오지 않자 결국 그들을 남겨둔 채로 떠나야만 했다.

아르고호 원정대는 보스포루스 해협에서 그리 멀지 않은 피네우스 왕의 나라에 이르렀다. 장님이 된 트라키아의 피네우스 왕은 하르피이아이 때문에 굶어 죽기 직전의 비참한 상태였다. 피골이 상접한 그의 모습은 마치 유령과도 같았다. 피네우스는 전처소생의 두 아들을 장님으로 만든 죄로 제우스의 분노를 사서 자신도 장님이 된 것이었다. 그뿐만 아니라 피네우스는 괴조 하르피이아이 자매들에게 박해당하는 신세가 되었다. 피네우스가 음식을 입으로 가져가려 하면 하르피이아이가 쏜살같이 날아와 순식간에 음식을 낚아채 갔다. 남은 음식은 배설물로 모조리 더럽혀 놓아 고약한 냄새 때문에 먹을 수 없게 만들었다. 아르고호 원정대의 일원이었던 칼라이스와 제테스 형제가 하르피이아이를 쫓아내고 피네우스를 구해주었다. 예언력을 지닌 피네우스 왕은 그 답례로 아르고호 일행에 닥칠 난관들과 그것을 해결할 방법을 알려주었다.

그중에서도 가장 큰 난관은 두 개의 바위로 이루어진 심플레가데스를 통과하는 일이었다. 심플레가데스는 흑해와 에게해를 통과하는 관문인 깎아지른 듯한 보스포루스 해협 끝에 있었다. 바위 주위를 에워싼 바다가 파도쳐 오를 때 두 개의 바위가 서로 부딪히는 바람에 그 누구도 이곳을 빠져나가지 못했다. 아르고호 일행은 피네우스가 알려준 대로 미리 비둘기 한 마리를 바위 사이로 날려 보냈다. 두 개의 바위가 비둘기 꽁지 깃털 부위를 으깨고 튕겨 벌어질 때 잽싸게 노를 저어 간발의 차로 이곳을 통과할 수 있었다.

황금 양털과 메데이아

이아손이 이끄는 원정대는 온갖 역경과 위기를 극복하고 마침내 황금 양털의 나라 콜키스 왕국에 도착했다. 이아손은 아이에테스 왕에게 황금 양털을 돌려준다면 왕이 원하는 것을 무엇이든 하겠다고 맹세했다. 순순히 황금 양털을 내줄 생각이 없었던 아이에테스는 황금 양털을 주는 조건으로 이아손에게 한 가지 과업을 던져주었다. 황소 두 마리에게 멍에를 씌운 뒤, 용의 이빨을 밭고랑에 뿌려 밭을 갈고, 그로부터 태어나는 무장한 전사들을 모조리 제압하는 일이었다.

　이 과업은 이아손 혼자의 힘으로는 도저히 불가능해 보였다. 두 마리의 황소는 엄청난 덩치에 거칠고 사나웠으며, 청동 발굽을 하고 입으로는 불을 뿜어 내는 괴물이었다. 이때 아이에테스 왕의 딸 메데이아가 도움의 손길을 내밀었다. 이아손에게 첫눈에 반한 메데이아는 황금 양털을 얻도록 도와주는 조건으로 이올코스로 돌아갈 때 자신도 데려가 결혼해 주길 원했다. 누군가의 도움이 절실했던 이아손은 메데이아의 제안을 기꺼이 받아들였다. 메데이아는 아름다웠을 뿐만 아니라 약을 잘 다루는 능력을 가진 마녀로서 프릭소스와 결혼한 칼키오페의 언니이며 키르케의 조카딸이기도 했다. 그녀가 만들어 준 마법의 연고를 온몸에 바르고 황소의 불길을 견뎌내며, 용의 이빨에서 태어난 전사들을 모두 물리칠 수 있었다.

　이아손은 메데이아 덕분에 아이에테스 왕의 과제를 해결하였다. 그러나 아이에테스 왕은 약속을 지키지 않고 이아손을 죽이려는 계책을 꾸몄다. 이를 눈치챈 메데이아는 이아손과 함께 신성한 숲으로 가 마법으로 용을 잠재운 뒤 황금 양털을 훔쳤다. 아이에테스 왕 몰래 황금 양털을 손에 넣은 이아손은 메데이아를 데리고 일행과 함께 아르고호에 올라 콜키스를 빠져나갔다.

　뒤늦게 이 사실을 알게 된 아이에테스 왕은 군사를 이끌고 이아손 일행을 추격해 왔다. 메데이아는 궁전을 떠날 때 추격을 대비해서 이복동생 압시르토스를 납치해 아르고호에 태워두었다. 아버지가 자신들을 뒤쫓아 오자 남동생을 죽여 토막 낸 뒤 사지를 하나씩 바다에 던졌다.

아이에테스 왕이 아들의 흩어진 사지를 수습하는 틈을 타 이아손 일행은 그들의 추격을 벗어날 수 있었다. 수많은 죽을 고비를 넘기고 이아손 일행은 마침내 이올코스에 도착했다.

그 사이 이올코스에서는 펠리아스가 이아손의 아버지 아이손을 죽이려 하자 아이손은 스스로 목숨을 끊었다. 어머니 알키메데도 함께 따라 죽었다. 이아손이 황금 양털을 가지고 돌아왔지만, 펠리아스는 약속한 왕위를 넘겨주지 않았다. 펠리아스가 어린 동생 프로마코스 마저 죽이자, 절망에 빠져있던 이아손은 메데이아와 함께 펠리아스를 죽일 계략을 꾸몄다. 메데이아는 펠리아스의 딸들에게 늙고 쇠약해진 아버지 펠리아스를 회춘시켜 주겠다고 유혹했다. 메데이아는 자신의 말을 증명하기 위해 펠리아스의 딸들 앞에서 직접 시연해 보였다. 그녀가 늙은 숫양을 토막 내 마법의 약초들과 함께 끓는 물에 넣고 주문을 외자 솥에서 어린양이 뛰쳐나왔다. 이를 지켜보던 펠리아스의 딸들이 아버지를 토막 내어 가져왔지만, 이번에는 마법의 약초를 넣지 않고 그를 비명횡사하게 했다.

메데이아의 사랑과 복수

이아손은 메데이아의 도움으로 부모의 원수를 갚았지만, 왕위에 오를 수 없었다. 펠리아스 왕에게 저지른 끔찍한 범죄로 이아손과 메데이아는 이올코스의 시민들에 의해 추방되었기 때문이었다. 이아손과 메데이아는 이리저리 떠돌다가 코린토스에 이르게 되었다. 그곳에서 그들은 두 아들 메르메로스와 페레스를 낳고 한동안 행복하게 살았다.

그러던 어느 날 코린토스의 크레온 왕은 메데이아를 내쫓고 딸 글라우케 공주와 이아손을 결혼시켜 사위로 삼으려 했다. 이아손은 권력을 탐한 나머지 글라우케 공주와 결혼하기 위해 메데이아에게 구차한 변명을 늘어놓았다. 이아손에 대한 배신감과 분노에 휩싸인 메데이아는 무서운 복수를 계획했다. 메데이아는 글라우케 공주에게 마법의 약으로 물들인 아름다운 금빛 드레스를 선물하였다. 글라우케가 옷을 입는 순간 마법의 약이 퍼지면서 온몸에 불이 붙었다. 딸을 구하려던 크레온 왕도 맹렬한 불길에 휩싸여 함께 목숨을 잃게 되었다.

글라우케와 크레온 왕을 살해한 메데이아는 이아손과의 사이에서 낳은 자식들마저 제 손으로 죽이고 용이 끄는 수레를 타고 아테네로 도망쳤다. 메데이아는 자신의 사랑을 배신한 남편에게 완전한 복수를 꿈꿨던 것이었다. 그뿐만 아니라 자기가 낳은 자식을 죽여, 사랑을 얻기 위해 조국과 아버지를 배신하고 동생마저 죽인 자신에게 스스로를 징벌하려 했다. 자식을 잃고 복수의 희망마저 사라져 버린 이아손*은 반미치광이가 되어 그리스 전역을 떠돌아다니다가 홀로 죽음을 맞이하게 되었다.

---

* 이아손의 최후에 대해 다양한 설이 있다. 스스로 목숨을 끊었다는 설과 메데이아의 손에 살해당했다는 설이 있다. 또 다른 설에 따르면 어느 날 해안에서 예전에 원정대에 올랐던 아르고호를 발견하고는 추억에 잠겨 잠시 그 밑에 앉아 있다가 낡은 뱃머리가 떨어지는 바람에 머리를 맞고 죽었다고 한다.

4

테세우스

출생의 비밀

아테네 왕 아이게우스에게 두 명의 아내 메타와 칼키오페가 있었지만 모두 아이를 갖지 못했다. 후사가 걱정된 아이게우스는 아폴론 신전을 찾아가 신탁을 구했다. 여사제 피티아가 아테네로 돌아갈 때까지 포도주 가죽 부대의 끈을 풀지 말라는 신탁을 전해주었다.

그 뜻을 알 수 없었던 아이게우스는 귀향길에 트로이젠에 들러 예언자로 유명한 피테우스 왕에게 신탁의 의미를 물어보았다. 피테우스 왕은 신탁이 뜻하는 바를 단박에 알아차렸다. 그는 아무 말 없이 술상을 차려 극진히 대접한 뒤 아이게우스를 취하게 만들었다. 그런 다음 그의 침실에 자신의 딸 아이트라를 들여보냈다. 아이게우스의 아들을 얻어 자신의 손자가 아테네의 왕이 되게 할 속셈이었다. 그날 밤 아이트라의 꿈에 아테나 여신이 나타나 그녀를 근처에 있는 스파이리아섬으로 데려갔다. 아이트라는 그곳에서 포세이돈과 또 한 번 동침하였다. 이렇게 하여 아이트라는 하룻밤에 두 남자의 씨를 받아 테세우스를 낳았다. 그래서 테세우스는 아이게우스의 아들이기도 하지만 포세이돈의 아들이기도 했다.

아이게우스는 아이트라를 데려가 커다란 바위를 들어 올린 후 그 밑에 자신의 칼과 신발 한 켤레를 넣고 다시 덮었다. 아들을 낳아 이 바위를 들어 올릴 수 있을 만큼 자라면 징표를 가지고 아테네로 보내라는 말을 남긴 채 떠났다. 그 후 아들로 태어난 테세우스가 장성하여 열여섯 살이 되었을 때 아이트라는 그에게 출생의 비밀을 알려주었다. 테세우스는 바위를 거뜬히 들어 올려 그 밑에 있던 칼과 신발을 꺼내 들고 아버지를 찾아 길을 나섰다. 테세우스는 헤라클레스에 버금가는 업적을 쌓으려는 야심을 품고 자신의 정체성과 능력을 스스로 시험해 보고 싶었다. 그래서 그는 손쉬운 바닷길 대신 온갖 악당들이 들끓는 위험하고도 험난한 육로를 선택하기도 했다.

테세우스의 모험

테세우스가 아테네로 가는 길에 맨 처음 만난 악당은 노상강도 페리페테스였다. 페리페테스는 대장장이 신 헤파이스토스와 안티클레이아 사이에 태어난 아들로 그도 아버지처럼 다리가 불편했다. 페리페테스는 거대한 곤봉을 휘두르며 행인들을 마구 때려죽였는데, 그 때문에 그는

'곤봉의 사나이'라는 뜻의 페리페테스라 불리었다. 테세우스는 페리페테스의 곤봉을 빼앗아 똑같은 방식으로 그를 처치하고 곤봉을 전리품으로 가져갔다. 이 곤봉은 나중에 테세우스를 상징하는 무구가 되었다.

테세우스가 두 번째로 만난 악당은 코린토스 지협에 있는 시니스라는 악당이었다. 시니스는 '전나무를 구부리는 자'라는 별명이 있었는데, 지나가는 나그네를 붙잡아 잔뜩 구부린 전나무들 사이에 팔다리를 묶어 사지를 찢어 죽이는 것*으로 악명이 높았다. 테세우스는 똑같은 방식으로 그를 찢어 죽였다. 이때 테세우스는 아스파라거스가 우거진 숲에 숨어있던 시니스의 예쁜 딸 페리구네와 관계하여 아들 멜라니포스를 낳았다.

세 번째로 테세우스는 크롬미온에서 파이아라고 불리는 괴물 암퇘지와 마주쳤다. 이 괴물 암퇘지는 거인 괴물 티폰과 에키드나 사이에 태어난 자식으로 알려져 있었다. 암퇘지 파이아는 성질이 매우 포악했는데, 크롬미온 지역의 마을을 공격하며 사람을 해치고 다녀서 골칫거리였다. 테세우스는 저돌적으로 달려드는 괴물 암퇘지 파이아를 단칼에 죽여 퇴치했다.

네 번째로 테세우스는 메가라에 있는 스키론이라는 악당을 만났다. 포세이돈의 아들로 알려져 있는 이 악당은 메가라에서 아테네로 가는 해안의 절벽길에 살고 있던 포악한 노상강도였다. 그는 지나가는 나그

---

* 일설에 따르면 굽혀놓은 전나무를 붙잡게 하고 힘이 달려 버틸 수 없게 만든 뒤 나무에서 튕겨 오르게 해서 죽게 했다고도 한다.

네를 붙잡아 통행세 명목으로 자신의 발을 씻게 하였다. 나그네가 발을 씻어주려고 몸을 숙이는 순간 걷어차 벼랑 아래로 떨어뜨렸다. 그리하면 아래에 있던 커다란 바다거북이가 떨어지는 행인을 받아먹었다. 테세우스는 스키론의 발을 씻기는 척하다가 갑자기 그의 발을 낚아채 절벽 아래로 던져 바다거북의 밥으로 만들었다.

테세우스가 다섯 번째로 만난 자는 엘레우시스의 케르키온 왕이었다. 그는 행인들을 붙잡아 자신과 씨름하기를 강요하여 패하면 목숨을 빼앗는 폭군이었다. 지금까지 아무도 그를 이긴 자가 없었다. 케르키온 왕이 시비를 걸어오자, 테세우스는 역시 똑같은 방식으로 그를 땅바닥에 메쳐 꽂아 죽였다.

프로크루스테스의 침대

여러 차례 악당과 괴물을 물리친 테세우스는 마침내 아테네 인근에 있는 케피소스 강에 이르렀다. 테세우스는 그곳에서 다마스테스가 운영하는 허름한 여관에 머물게 되었다. 다마스테스는 잡아 늘이는 자란 뜻을 가진 프로크루스테스라는 이름으로 더 잘 알려져 있었다.

프로크루스테스는 아테네 인근 강가에 살면서 지나가는 여행객들을 꾀어 자신의 집에 머물게 했다. 그런 다음 손님을 자신의 침대에 눕힌 뒤 침대 길이보다 길면 긴 다리나 머리를 잘라버리고 침대보다 짧으면 사지를 늘여 잔인하게 죽였다. 여행객의 키가 침대 길이와 일치하는 경우는 단 한 번도 없었다. 테세우스는 프로크루스테스*가 여행객에 저지른 악행과 똑같은 방법으로 그들 침대에 눕혀 처단하였다.

아테네에 입성한 테세우스

마침내 테세우스는 트로이젠에서 아테네에 이르는 코린토스만 주변의 악당과 괴물을 모두 퇴치하고 아테네에 입성하게 되었다. 아테네에 도착했을 때 이미 테세우스는 누구나 인정하는 영웅으로 평판이 나 있었다. 그 당시 아이게우스 왕 곁에는 코린토스에서 자식을 죽이고 아테네로 도망쳐 온 마녀 메데이아가 있었다. 그녀는 교묘한 방법으로 연로한 아이게우스 왕을 유혹하여 그의 아내가 되어 있었다.

메데이아는 마법의 힘으로 아이게우스의 아들 테세우스가 왔음을 알아차렸다. 그녀는 아이게우스 왕에게 테세우스가 적의 첩자임이 틀림없다며 독살하라고 설득했다. 아이게우스와 메데이아는 테세우스를 환영하는 척 연회를 베푼 후에 술에 독을 넣어 살해하기로 모의했다. 연회가 시작되고 음식이 나오자, 테세우스는 당장이라도 아버지에게 자신의 존재를 알리고 싶은 마음에 칼을 꺼내 들었다. 칼을 본 아이게

---

* 프로크루스테스의 침대에는 길이를 조절할 수 있는 장치가 있어 그 누구도 침대 길이에 딱 맞아 떨어질 리가 없었다는 설과 길이가 서로 다른 두 개의 침대가 있었다는 설이 있다. 오늘날 '프로크루스테스의 침대'란 자신만의 원칙이나 기준을 정해놓고 모든 것을 거기에 맞추려는 융통성이 전혀 없는 상태, 혹은 자신의 주장을 전혀 굽히지 않는 아집이나 편견을 비유해서 이르는 말이다.

우스 왕은 깜짝 놀라 테세우스의 독이 든 잔을 황급히 빼앗았다. 메데이아는 자신의 계획이 실패로 돌아가자, 아들 메도스*와 함께 용이 끄는 마차를 타고 고향 콜키스로 달아났다.

마침내 아이게우스는 아들 테세우스를 아테네의 적법한 왕위계승자로 공표하였다. 이때 아이게우스에 이어 왕위를 차지하려던 아이게우스의 동생 팔라스는 50명의 아들들과 반란을 일으키려 했다. 테세우스는 이들의 계획을 사전에 알아차리고, 본거지를 급습하여 팔라스와 그의 아들들을 모두 제거하였다.

크레타에 바치는 인신공물

테세우스가 아테네에 도착하기 오래전부터 아테네는 이웃 나라 크레타에 인신공물을 바치고 있었다. 아테네가 크레타에 인신공물을 바치게 된 것에는 특별한 사정이 있었다.

크레타의 미노스 왕에게 안드로게오스라는 아들이 있었다. 안드로게오스가 이웃 나라 아테네에서 열리는 운동경기에 참가하여 모든 경쟁자를 물리치고 승리를 거두었다. 아이게우스는 안드로게오스가 장차 자기 왕위를 위협하는 존재가 될지도 모른다고 생각했다. 마침 그 당시

---

* 메도스는 메데이아가 아이게우스 왕과 결혼하여 낳은 아들이다. 메데이아는 아테네에서 아이게우스와 약 17년 동안 함께 살았다.

9장 영웅들의 탄생과 활약

아테네 근교의 마라톤 들판에서 무시무시한 황소가 출몰하고 있었다. 아이게우스는 안드로게오스를 날뛰는 황소를 잡는 위험한 원정에 내보냈다. 안드로게오스는 용감하게 출정했지만 황소와 싸우다가 뿔에 찔려 죽고 말았다. 그뿐만 아니라 안드로게오스가 마라톤으로 가는 도중에 아이게우스의 부하들에게 암살당했다는 흉흉한 소문까지 나돌았다. 아들의 소식을 듣고 분노한 크레타의 강력한 통치자 미노스 왕은 아테네를 공격해 왔다. 아이게우스는 해양 강국이었던 크레타에 휴전협정을 제안하고 그들의 요구를 들어줄 수밖에 없었다.

미노스 왕은 자식이 죽은 것에 대한 책임을 물어 아이게우스 왕에게 9년에 한 번씩 젊은 남녀 각각 일곱 명을 공물로 바칠 것을 요구했다. 인신공물로 간 젊은이들은 크레타의 라비린토스라 불리는 미궁*에 갇혀 있는 미노타우로스의 먹이로 바쳐졌다. 미노타우로스는 황소머리와 인간의 몸을 가진 반인반수의 괴물로 미노스 왕의 아내 파시파에가 황소와 정을 통하여 낳은 자식이었다.

세 번째로 공물을 바칠 때가 다가오면서 아테네의 민심은 더욱 흉흉해졌다. 아테네 시민들 사이에서 아이게우스 왕에 대한 원성이 커지자, 테세우스는 자진하여 인신공물이 되겠다고 나섰다. 결국 아이게우스는 테세우스를 크레타에 보내기로 결심하고 검은 돛을 달고 떠나는 아들에게 당부했다. "아들아, 오늘부터 바닷가 절벽에 올라 크레타를

---

* '미궁'이란 한 번 들어가면 나오는 길을 쉽게 찾을 수 없게 되어 있는 곳으로, 오늘날 사건이나 문제가 복잡하게 얽혀 쉽게 해결하지 못하게 된 상태를 비유적으로 이르는 말로 쓰이고 있다.

바라보며 너를 기다릴 것이다. 살아서 돌아오면 흰 돛을 달고 오너라. 네가 무사하다는 것을 조금이라도 빨리 알고 싶구나."

크레타의 미노스 왕에게 아리아드네와 파이드라라는 두 딸이 있었다. 그중에 아름다운 아리아드네가 크레타에 도착한 테세우스를 보고 첫눈에 반했다. 그녀는 테세우스에게 미궁에서 살아나올 수 있도록 도와주는 조건으로 아테네로 돌아갈 때 자신을 아내로 맞아 데려가 달라고 제안했다. 테세우스는 그녀의 제안을 받아들일 수밖에 없었다. 라비린토스*는 한 번 들어가면 다시는 밖으로 나오는 길을 찾을 수 없는 미궁으로 미노타우로스를 죽이더라도 살아나올 수 없는 곳이었다. 그녀는 테세우스에게 실타래 뭉치를 건네주면서 실을 입구에다 묶고 풀면서 들어갔다가 나중에 그 실을 따라 다시 나오라고 알려주었다. 이는 아리아드네가 미궁을 설계한 다이달로스에게 간청하여 얻은 해결책이었다. 테세우스는 아리아드네가 알려준 대로 실타래의 실을 풀며 미궁으로 들어가 미노타우로스를 맨주먹으로 때려죽인 다음 실을 따라 다시 미궁 밖으로 빠져나올 수 있었다. 테세우스는 출항하기 직전에 미노스왕의 모든 배의 밑바닥에 구멍을 뚫어 추격해 오지 못하게 만들었다.

테세우스는 약속한 대로 아리아드네 공주와 아테네의 젊은이들을 데리고 크레타를 탈출했다. 크레타를 출발하여 아테네로 가던 도중에 테세우스 일행은 낙소스섬에 잠시 정박하였다. 이곳에서 하룻밤을 보

---

* 라비린토스는 미노스 왕의 명을 받아 다이달로스가 지은 미궁으로 괴물 미노타우로스를 감금하기 위해 만든 건물이다.

낸 후에 테세우스는 잠들어있는 아리아드네*를 그대로 두고 떠나버렸다. 홀로 남겨진 아리아드네는 어느 날 낙소스섬를 방문한 디오니소스를 만나 그의 아내가 되었다. 그 후 아리아드네는 디오니소스와 사이에서 여러 명의 자식을 낳았다.

검은 돛과 흰 돛

테세우스가 미노타우로스를 처치하기 위해 크레타섬으로 떠날 때 그가 탄 배는 검은 돛을 올리고 있었다. 아이게우스 왕은 아들에게 미노타우로스를 무찌르고 무사히 돌아올 때 배에 흰 돛을 달고 오라고 당부했었다. 그 후 아이게우스는 날마다 바닷가의 절벽에 나와 크레타 쪽을 바라보고 있었다. 아들이 흰 돛을 달고 무사히 돌아오기만을 기다린 것이었다.

미노타우로스를 처치하고 무사히 빠져나온 테세우스는 돛을 바꾸어 다는 것을 잊어버린 채 아테네로 돌아왔다. 먼바다를 바라보며 아들이 돌아오기만을 기다리던 아이게우스는 검은 돛을 올린 배가 들어오는 것을 보았다. 자신의 유일한 후계자인 아들이 죽은 것으로 생각한 아이게

---

* 아리아드네가 낙소스섬에 남겨진 연유에 대해서 몇 가지 다른 설이 있다. 테세우스가 아리아드네를 버리고 갔는데 디오니소스가 슬픔에 빠져있는 아리아드네를 위로하며 아내로 삼았다는 설과 디오니소스가 테세우스의 꿈에 나타나 아리아드네를 두고 떠나라고 명령했다는 설. 아리아드네에게 반한 디오니소스가 납치해 갔다는 설 등 다양한 이야기가 있다.

우스는 비통한 마음으로 절벽 아래 바다로 몸을 던져 죽었다. 사람들은 아이게우스 왕이 몸을 던진 바다를 그의 이름을 따서 아이게우스의 바다* 라 부르게 되었다.

아이게우스에 이어 아테네의 왕위에 오른 테세우스는 흑해 연안에 있는 아마조네스 원정에 나섰다. 아마조네스 족은 여전사로만 이루어진 여인 부족이었다. 이들은 활을 쏘거나 창을 던질 때 방해가 된다며 한쪽 유방을 제거할 정도로 호전적인 여전사들이었다. 얼마 전 헤라클레스가 한 번 휘젓고 간 후여서 아마조네스 족의 세력은 많이 약화되어 있었다. 테세우스는 이들을 공격하고 여왕 히폴리테를 사로잡아 아내로 삼았다. 그 후 테세우스와 히폴리테 사이에 히폴리토스가 태어났다. 하지만 아마조네스 족들이 아테네를 다시 공격해 왔을 때 히폴리테는 테세우스와 함께 아마조네스 족에 맞서 싸우다가 죽었다.

한편 미노스 왕이 죽고 크레타의 왕위에 오른 아들 데우칼리온은 아테네와 동맹을 맺고 테세우스 왕은 그의 여동생 파이드라와 결혼했다. 파이드라는 테세우스가 낙소스섬에 버렸던 아리아드네 공주의 여동생이었다. 어린 나이에 아테네로 시집온 파이드라는 테세우스의 사랑을 받으며 아들 데모폰과 아카마스을 낳았다. 하지만 파이드라는 테세우스 전처의 아들 히폴리토스에게 연심을 품게 되었다. 그녀는 히폴리토스를 향한 끓어오르는 사랑을 억누르지 못하고 동침을 원하였지만, 히폴리

---

* 아이게우스의 바다는 오늘날의 에게해를 이르는 말이다

토스는 냉정하게 거절했다. 이 사실을 남편에게 일러바칠까 두려웠던 파이드라는 히폴리토스가 자신을 겁탈하려 했다는 유서를 남기고 스스로 목숨을 끊었다.

히폴리토스는 아버지에게 결백을 주장했지만, 테세우스에게는 변명으로만 들릴 뿐이었다. 테세우스는 히폴리토스를 아테네에서 추방하고 포세이돈에게 아들의 죽음을 빌며 저주를 퍼부었다. 어느 날 히폴리토스가 이륜마차를 타고 해변을 달리고 있었을 때였다. 포세이돈이 보낸 소 한 마리가 갑자기 나타나 말들이 놀라는 바람에 히폴리토스*는 낙마하여 그 자리에서 즉사했다.

페이리토오스와의 우정

아테네의 왕 테세우스의 명성은 타처에까지 소문이 자자했다. 테살리아 라피타이 족의 왕 페이리토오스는 테세우스의 명성을 듣고 그를 시험해 보기로 마음먹었다. 페이리토오스는 마라톤에 있는 테세우스의 소 떼를 훔쳐 그를 유인하였다. 이 소식을 들은 테세우스가 나서면서 둘 사이에 싸움이 벌어지게 되었다. 그러나 서로의 풍모에 마음을 빼

---

* 포세이돈이 보낸 소 때문에 비참하게 죽임을 당한 히폴리토스는 아폴론의 아들인 의술의 신 아스클레피오스에 의해 다시 살아나게 되었다. 소생한 히폴리토스는 아르테미스 여신에 의해 신이 되어 다시 살아난 영웅이라는 뜻의 '비르비우스'라는 이름을 갖게 되었다. p124.

앗긴 두 영웅은 그 자리에서 친구가 되어 영원한 우정을 맹세했다. 이후 두 사람은 칼리돈의 멧돼지 사냥, 아르고호 원정, 아마조네스 원정 등 많은 모험을 함께 하였다.

테세우스가 아내 파이드라를 잃은 뒤에 페이리토오스도 상처한 후였다. 두 영웅은 모험을 즐기며 자신들의 용기를 증명하기 위해 제우스의 딸*을 아내로 삼기로 했다. 먼저 테세우스가 스파르타의 헬레네를 신붓감으로 골랐다. 그 당시 헬레네는 어린 나이에도 불구하고 그리스에서 가장 아름다운 처녀로 알려져 있었다. 테세우스와 페이리토오스는 겨우 열두 살인 헬레네를 납치해 왔다. 헬레네가 아직 너무 어렸기 때문에 테세우스는 어머니 아이트라에게 그녀를 맡겨 돌보게 하였다.

페이리토오스는 페르세포네를 신붓감으로 지목했다. 두 영웅은 하계로 내려가 저승의 왕 하데스에게 그의 아내 페르세포네를 내어놓으라고 으름장을 놓았다. 어이가 없던 하데스는 두 영웅을 정중히 맞이하는 척하며 의자에 앉으라고 권했다. 그 의자는 이승의 모든 기억을 잊고 깊은 잠에 빠져들게 만드는 망각의 의자였다. 테세우스와 페이리토오스는 망각의 의자에 앉는 순간 모든 기억들을 잊은 채 꽁꽁 묶여 더 이상 일어날 수 없었다.

나중에 테세우스는 케르베로스를 데려가기 위해 지하세계로 내려온 헤라클레스에게 구출되어 다시 지상으로 올라올 수 있었다. 헤라클레스

---

* 헬레네는 백조로 변신한 제우스와 레다 사이에 난 딸이고, 페르세포네는 제우스와 대지의 여신 데메테르 사이에 난 딸이다

가 테세우스를 구한 뒤 페이리토오스마저 데려가려 할 때 갑자기 대지가 흔들렸다. 이에 헤라클레스*는 신들이 죄인을 보내려 하지 않는다고 여기고 테세우스만 데려갔다. 구원받지 못한 페이리토오스는 영원히 하계에 남게 되었다.

테세우스의 최후

테세우스가 하계에서 풀려나 아테네로 돌아왔을 때 아테네는 큰 혼란에 빠져 있었다. 테세우스가 자리를 비운 사이 헬레네의 쌍둥이 오빠 카스토르와 폴리데우케스**가 납치당한 동생을 구하기 위해 아테네로 쳐들어왔다. 이들은 테세우스를 대신해 아테네를 다스리고 있던 그의 두 아들 데모폰과 아카마스를 쫓아내고 메네스테우스***를 왕위에 앉혔다. 그리고 동생 헬레네를 구하고 테세우스의 어머니 아이트라를 데려가 헬레네의 시종으로 삼았다.

아테네의 많은 시민들은 헬레네를 납치하여 전쟁을 초래한 테세우스를 외면했다. 메네스테우스는 테세우스를 비판하며 아테네 시민들을 선동하였다. 그리고 테세우스를 스키로스섬으로 추방했다. 그 무렵 스키

---

*   헤라클레스가 열두 과업 중 마지막 과업인 케르베로스를 데려가기 위해 하계로 내려갔다. p185.
**   레다가 백조로 변신한 제우스와 정을 통해 낳은 카스토르와 폴리데우케스는 헬레네와 함께 태어난 쌍둥이 형제이다. 이들 형제는 제우스의 아들들이란 뜻으로 '디오스쿠로이'라 불리었다.
*** 메네스테우스는 아테네의 전설적인 왕 에레크테우스의 증손자이며 테세우스와 혈족이다.

로스섬은 테세우스의 친구인 리코메데스 왕이 다스리고 있었다. 스키로스섬에는 아버지 아이게우스로부터 물려받은 농장 일부가 여전히 남아 있는 상태였다. 리코메데스 왕은 테세우스가 왕권을 빼앗을까 봐 두려운 나머지 그를 환대하는 척하며 바닷가 절벽으로 유인해 떠밀어버렸다. 결국 테세우스는 친구에 의해 비참한 죽음을 맞게 되었다.

트로이 전쟁이 발발하자 테세우스의 아들 데모폰과 아카마스는 아반테스의 왕 엘레페노르*를 따라 참전하였다. 이때 데모폰과 아카마스는 트로이를 함락한 후에 잡혀갔던 할머니 아이트라를 구출해 왔다. 아테네의 왕권을 차지하고 있던 메네스테우스도 트로이 전쟁에 참전했다가 전사하자 테세우스의 아들 데모폰이 그의 뒤를 이어 아테네 왕의 자리에 올랐다.

---

* 트로이 전쟁에 참전한 엘레페노르는 헬레네의 구혼자 중 한 명이었으며, 데모폰과 아카마스 형제가 메네스테우스를 피해 아테네에서 도망쳐 왔을 때 그들을 받아주었다.

10장

모험과 도전

1
파에톤과 태양마차

파에톤은 어린 시절에 양아버지인 에티오피아의 왕 메롭스와 어머니 클리메네 슬하에서 자랐다. 어머니는 파에톤이 장성한 후에야 그에게 태양신 헬리오스라가 친아버지라는 사실을 알려 주었다. 파에톤은 자신의 아버지가 태양신이라는 사실을 친구 에파포스에게 자랑했다가 거짓말쟁이라고 놀림을 받았다. 오히려 제우스와 이오 사이에 태어난 에파포스는 자신이 제우스의 아들임을 자랑하며 파에톤을 무시했다. 이에 파에톤은 직접 아버지 헬리오스를 찾아가 자신이 태양신의 아들임을 증명받고 싶었다.

파에톤은 험한 여정 끝에 마침내 해가 떠오르는 동방의 헬리오스 궁전에 도착했다. 헬리오스는 한눈에 파에톤이 자기 자식임을 알아보고 반겨 맞았다. 헬리오스는 자신이 아버지라는 증표를 보여주기 위해 소원 한 가지를 말하면 무엇이든지 들어주겠노라며 스틱스 강을 걸고 맹세했다. 헬리오스의 말에 파에톤은 아버지의 태양마차를 한번 몰아보고 싶다고 말했다. 파에톤*은 황금빛 태양마차를 타고 자신이 태양신의 아들임을 입증하고 싶었던 것이었다.

헬리오스는 아들의 소원을 듣고 나서 스틱스 강에 맹세한 것이 너무나 후회스러웠다. 거친 천마들이 이끄는 거대한 태양마차는 오직 헬리오스만이 몰 수 있었다. 동틀 무렵이면 네 마리의 날개 달린 말이 이끄는 황금빛 태양마차는 동쪽 지방을 출발하여 하늘 높이 달리다가 저녁 무렵 서쪽으로 내려와 밤새 다시 출발 지점인 동쪽으로 이동하였다. 이 태양마차를 파에톤이 몰기에는 위험천만한 일이었다. 아들의 소원은 인간에게 불가능한 무모한 짓이라 다른 소원을 들어주겠다며 파에톤을 달래보았다. 파에톤은 아버지의 충고에도 아랑곳하지 않고 자신의 고집을 꺾지 않았다. 헬리오스는 아들의 소원을 들어주면 그를 잃게 될 수도 있다는 것을 알지만 스틱스 강에 대고 한 맹세를 되돌릴 수는 없었다.

파에톤의 추락

태양마차가 출발 준비를 마치자 장밋빛 가득한 새벽 먼동이 트기 시작했다. 마침내 새벽을 걷으며 파에톤은 황금빛 찬란한 태양마차를

---

* '파에톤 콤플렉스((Phaethon complex)'란 심리학 용어로 이는 어린 시절에 겪은 애정결핍으로 인하여 인정받지 못한 자식이 타인으로부터 인정받고 싶어 하는 일종의 강박증을 말한다.

타고 하늘 높이 힘차게 날아올랐다. 마차가 빠르게 질주하자 파에톤은 태양신이 된 것처럼 황홀하고 짜릿한 기쁨을 느꼈다. 그러나 자신의 힘만으로 거친 천마들을 마음대로 조종하기에는 역부족이었다. 파에톤이 통제력을 잃게 되자 그의 손에서 벗어난 말들은 제멋대로 날뛰며 궤도를 이탈해 달리기 시작했다. 태양마차는 걷잡을 수 없이 하늘 높이 치솟았다가 땅 아래로 곤두박질쳤다. 태양마차의 고도가 낮아져 땅 가까이 달리자 순식간에 산천초목이 불길에 휩싸이고 강들은 오그라들었다. 대지의 여신 데메테르의 울부짖는 소리가 천상에까지 닿았다. 파에톤은 폭주하는 태양마차 위에서 어쩔 줄 모르고 있었다.

데메테르는 자연을 파괴하는 파에톤을 처벌해 줄 것을 제우스에게 탄원했다. 손을 쓰지 않으면 천지 만물이 비참한 지경에 이를 것으로 생각한 제우스는 벼락을 집어 들어 태양마차를 향해 던졌다. 벼락을 맞은 태양마차는 산산이 부서지고 불길에 휩싸인 파에톤은 허공을 가르며 땅으로 추락했다. 신비의 강 에리다노스가 추락한 파에톤을 받아들이고 그의 시신을 식혀주었다. 그를 불쌍히 여긴 물의 님페 나이아데스는 파에톤의 시신을 거두어 무덤을 만들어 주었다. 그리고 그의 묘비에 이렇게 새겼다. "여기 태양신의 마차를 몬 파에톤이 잠들다. 커다란 실패를 겪었지만 매우 용감했노라."

동생 파에톤의 죽음 소식을 듣고 달려와 하염없이 눈물을 흘리던 헬리아데스* 누이들은 에리다노스 강둑에서 포플러 나무로 변했다. 누이들이 흘린 눈물은 호박 방울로 변해 보석이 되었다. 파에톤의 친구 키크노스는 친구의 죽음을 슬퍼하다가 큰백조**로 변했다. 그 후 친구가 불타 죽은 사실을 잊지 않고 불을 싫어하게 된 큰백조는 호숫가에서 살게 되었다. 또한 이때 발생한 불의 재앙으로 아프리카에 사막이 생겨났으며, 화염에 그슬린 에티오피아인들의 피부가 까맣게 변했다. 그뿐만 아니라 나일 강이 불길을 피해 도망쳐 머리를 숨기는 바람에 발원지***를 찾을 수 없게 되었다.

* 헬리아데스는 태양신 헬리오스와 여러 여인들 사이에 태어난 자식들 모두를 이르는 말이다. 단수는 헬리아스이며 복수형은 헬리아데스이다.
** 큰백조, 혹은 백조자리를 뜻하는 시그너스(Cygnus)는 키그노스(Cycnus)에서 유래되었다.
*** 나일 강의 발원지가 18세기가 되기까지 거의 알려지지 않았는데, 1870년대에 이르러서야 어느 정도 추정할 수 있게 되었다.

2

페가수스와 벨레로폰테스

　벨레로폰테스는 글라우코스*와 에우리노메**의 아들로 알려져 있으나 실제로는 에우리노메와 포세이돈 사이에서 태어난 아들이었다. 영웅 벨레로폰테스는 헤라클레스 이전의 가장 위대한 용사로 손꼽혔다.

　벨레로폰테스의 원래 이름은 '말을 잘 타는 자'란 의미를 지닌 히포누스였다. 히포누스는 젊은 시절에 뜻하지 않게 코린토스의 참주 벨레로스를 죽이는 범행을 저질렀다. 이 때문에 '벨레로스를 죽인 자'라는 뜻의 벨레로폰테스로 불렸다. 살인죄로 고향 코린토스에서 추방된 그는 티린스의 프로이토스 왕에게 가면 살인죄를 씻고 정화될 수 있다는

---

*　글라우코스는 시시포스와 메로페 사이에 태어난 아들이다.
**　에우리노메는 메가라 왕 니소스의 딸이다. 포세이돈이 에우리노메를 강제로 범하여 벨레로폰테스를 낳았다고 한다. 티탄 신족의 여신 에우리노메와 이름은 같지만 서로 다르다.

신탁을 받았다. 프로이토스를 찾아간 벨레로폰테스는 뜻하지 않는 사건에 휘말리게 되었다.

프로이토스 왕에게 스테네보이아라는 아내가 있었다. 그녀는 젊고 잘생긴 벨레로폰테스에게 반해서 그를 유혹하려 했다. 벨레로폰테스가 이를 거부하자 앙심을 품은 스테네보이아는 벨레로폰테스가 자신을 겁탈하려 했다고 모함했다. 프로이토스는 그를 당장이라도 죽이고 싶었지만 코린토스에는 함께 식사를 나눈 손님을 죽여서는 안 된다는 관습이 있었다. 프로이토스는 벨레로폰테스에게 봉인한 서신을 주며 리키아에 있는 자신의 장인 이오바테스에게 전달해 달라고 부탁했다.

이오바테스는 리키아에 도착한 벨레로폰테스를 극진히 환대해 주었다. 관습에 따라 아흐레 동안 손님 벨레로폰테스를 잘 대접한 뒤 열흘째 되는 날에 사위의 서신을 뜯어보고 깜짝 놀랐다. 서신을 가져온 자는 사악한 자이니 그를 죽여 달라는 내용이 적혀 있었다. 그자가 자기 아내 스테네보이아를 욕보이려 했다는 이유였다. 이오바테스 역시 손님을 자기의 손으로 죽여 신들의 노여움을 사고 싶지 않았다. 그는 벨레로폰테스에게 리키아 지방의 가축과 농토를 망치고 있는 괴물 키마이라를 퇴치해 달라고 부탁했다. 티폰과 에키드나 사이에 태어난 키마이라는 머리는 사자, 몸통은 염소, 꼬리는 용의 모습으로 아가리에서 불을 내뿜는 무시무시한 괴물이었다. 이오바테스 왕은 벨레로폰테스가 절대 살아서 돌아오지 못할 것이라 확신했다.

괴물 키마이라를 물리칠 방법을 고민하던 벨레로폰테스는 예언자 폴리에이도스를 찾아갔다. 폴리에이도스는 포세이돈에게 황소를 제물로 바친 후 아테나 여신의 신전에서 하룻밤을 보내면 방도를 찾을 수 있을 것이라고 일러주었다. 벨레로폰테스가 신전에서 잠들었을 때 아테나 여신이 꿈에 나타나 황금 재갈을 건네며, 키마이라를 물리치려면 페가수스*를 타야 한다고 말했다. 페이레네 샘으로 가면 페가수스가 물을 마시고 있을 것이라고 알려 주었다. 벨레로폰테스가 꿈에서 깨어났을 때 그의 옆에는 황금 재갈이 놓여 있었다. 벨레로폰테스는 페이레네 샘으로 가서 물을 마시고 있는 페가수스에게 재빨리 황금 재갈을 물리고 고삐를 채웠다.

벨레로폰테스의 과업

벨레로폰테스는 황금 재갈과 고삐를 채운 천마 페가수스를 타고 키마이라가 있는 곳으로 날아갔다. 키마이라가 내뿜는 불길을 피해 활을 쏘고 창을 던졌지만 끄떡도 하지 않았다. 뜨거운 불길을 피해 날아다니던 벨레로폰테스는 납덩이를 창에 달아 키마이라의 입속으로 던져 넣었다. 키마이라가 불을 내뿜자, 입안에 들어간 납이 녹으면서 기도로 흘러 들어갔다. 마침내 키마이라는 뜨거운 납 물에 내장이 모두 타 죽었다.

---

* 페르세우스가 메두사의 목을 베었을 때 날개 달린 천마 페가수스와 황금 칼을 가진 거인 크리사오르가 태어났다. 이들은 메두사가 임신하고 있던 포세이돈의 자식들로 나중에 페가수스는 하늘로 올라가 제우스의 말이 되었고, 크리사오르는 칼리로에와 결혼하여 게리온과 에키드나를 낳았다.

벨레로폰테스가 키마이라를 물리치고 궁전으로 돌아오자, 이오바테스는 깜짝 놀라면서 또 다른 임무를 부여했다.

이번에는 리키아 산악 지역에 사는 솔리모이 전사들을 정벌하라며 원정을 보냈다. 솔리모이 전사들은 사납고 호전적인 부족으로 양민들을 학살하고 재산을 빼앗는 산적들이었다. 벨레로폰테스는 페가수스의 도움으로 두 번째 과업도 해결하고 돌아왔을 때 이오바테스는 다시 세 번째 임무를 부여했다. 솔리모이 전사들의 동맹인 아마존 족의 여전사들을 물리치라고 했다. 벨레로폰테스가 아마조네스 정벌도 성공적으로 끝내고 무사히 귀환한다는 소식을 들은 이오바테스 왕은 돌아오는 길목에 군사들을 매복시켜 그를 죽이려 했다. 하지만 매복하고 있던 이오바테스 군사들은 오히려 벨레로폰테스에게 모두 죽임을 당했다.

벨레로폰테스 제거에 실패하자 이오바테스는 그가 신들의 가호를 받고 있는 영웅이라 여기고 더 이상 그를 죽이려 하지 않았다. 이오바테스는 벨레로폰테스에게 사위의 편지를 보여 주며 자신의 잘못을 사죄하고 용서를 구했다. 그리고 자신의 딸 필로노에*와 혼인시켜 사위로 삼고 왕국의 절반을 내주며 다스리게 했다. 그를 모함했던 스테네보이아는 모든 사실이 드러날 것이 두려워 스스로 목숨을 끊었다. 마침내 벨레로폰테스는 고귀한 품성과 용기로 모든 역경을 이겨내고 영웅으로 거듭날 수 있었다.

---

* 벨레로폰테스와 필로노에 사이에서 히폴로코스, 이산드로스, 라오다메이아 등이 태어났다.

벨레로폰테스의 최후

벨레로폰테스는 이오바테스가 하사한 왕국을 다스리며 한동안 행복하게 살았다. 하지만 그는 시간이 지나면서 오만한 마음을 품게 되었다. 벨레로폰테스는 페가수스를 타고 신들의 영역인 올림포스 궁전으로 올라가려고 했다. 그의 오만한 짓으로 신들의 노여움을 사게 되자 제우스는 작은 등에를 한 마리 날려 보내 페가수스의 등을 쏘게 하였다. 깜짝 놀란 페가수스가 몸부림치는 바람에 균형을 잃은 벨레로폰테스는 낙마하여 지상으로 추락했다. 가시덤불 위로 떨어진 벨레로폰테스는 절름발이에 장님이 된 채 비참한 삶을 살다가 생을 마감하였다.

3

미궁을 만든 다이달로스

　다이달로스는 대장장이 신 헤파이스토스의 후손으로 다방면에 재능을 지닌 천재적인 명장이었다. 다이달로스의 누이는 열두 살 된 아들 페르딕스를 오라비에게 보내 외삼촌의 가르침을 받게 했다. 페르딕스는 아주 총명하여 물고기 등뼈를 보고 쇠 날에 이를 낸 톱을 발명하고, 막대기의 한쪽을 고정하고 다른 막대를 돌려 원을 그릴 수 있는 컴퍼스를 발명하기도 했다.

　그리스 최고의 건축가이며 발명가인 다이달로스는 자신을 앞서는 조카 페르딕스를 시기하여 아테나 여신의 성채인 아크로폴리스 언덕에서 떠밀어 죽였다. 이때 아테나 여신이 페르딕스를 불쌍히 여겨 자고새로 변신시켜 주었다. 그 후 자고새는 높은 나뭇가지에 둥지를 틀지 않고 하늘 높이 날지도 않았다. 주로 땅 위를 걷고 달리거나 지면 가까이로만 날아다니게 되었다. 지난날의 추락을 기억하여 높은 곳을 두려워

했기 때문이었다.

라비린토스와 아키로스의 추락

조카를 죽인 혐의로 아테네에서 추방당한 다이달로스는 크레타로 가서 살게 되었다. 크레타의 미노스는 바다의 신 포세이돈이 황소* 한 마리를 보내 준 덕분에 왕이 되었는데, 약속대로 황소를 제물로 바치지 않고 자신이 차지하였다. 이에 분노한 포세이돈은 미노스 왕의 아내인 파시파에 왕비로 하여금 황소와 사랑에 빠지게 만들었다. 그 후 파시파에는 황소 머리에 사람의 몸을 가진 미노타우로스라는 괴물을 낳게 되었다. 이 괴물은 사람과 짐승들을 닥치는 대로 잡아먹어 커다란 골칫거리였다.

미노스 왕은 크레타에 머물던 건축가 다이달로스에게 미노타우로스를 가두어 둘 감옥을 만들라고 명령했다. 이에 다이달로스는 누구도 한 번 들어가면 절대 빠져나올 수 없는 복잡한 미로를 가진 미궁 라비린토스를 만들었다. 미노스는 신탁에 따라 미노타우로스를 미궁에 가두고, 미노타우로스의 먹이를 위해 처녀와 총각들을 제물로 바쳤다. 세 번째 공물을 바칠 때 아테네의 왕자 테세우스가 미노타우로스를 처단하기 위

---

* 미노스는 왕위 계승을 두고 형제들과 다투던 중 자신이 왕권을 부여받았다고 주장하면서 이를 입증하기 위해 포세이돈에게 바다에서 황소 한 마리를 보내달라고 간청했다. p160.

해 자원하여 크레타로 왔다. 이때 미노스의 딸 아리아드네 공주가 테세우스를 보고 사랑에 빠졌다. 그녀는 결혼을 조건으로 테세우스에게 미궁에 들어갔다가 빠져나오는 비밀을 알려주었다. 테세우스는 미궁으로 들어가 미노타우로스를 죽이고, 아리아드네 공주와 함께 아테네로 떠나 버렸다.

미노스는 다이달로스가 아리아드네 공주에게 미궁에서 탈출할 방법을 알려준 사실을 알게 되었다. 분노한 미노스는 다이달로스와 그의 아들을 미궁에 가둬버렸다. 미궁을 만든 다이달로스조차 도표 없이는 미궁을 빠져나올 수 없었다. 빠져나갈 방법은 하늘길밖에 없다고 생각한 다이달로스는 새들의 깃털을 모아 밀랍으로 붙여 커다란 날개를 만들었다. 그런 다음에 그것을 자신과 아들 이카로스의 양쪽 어깨와 팔에 달아 붙였다. 다이달로스는 이카로스에게 너무 높이 날면 태양의 열에 밀랍이 녹아 추락할 수 있고, 너무 낮게 날면 바다의 습기로 날개가 무거워져 물에 빠질 수도 있다고 경고했다.

날개를 단 다이달로스와 아들은 미궁을 벗어나 하늘로 날아올랐다. 사모스섬이 있는 바다 위를 나를 때쯤 비행에 도취한 이카로스는 아버지의 경고에도 불구하고 너무 높이 날아올랐다. 태양의 뜨거운 열기에 날개의 밀랍이 녹아 이카로스는 날개를 잃고 바다로 추락하고 말았다. 이때부터 이카로스가 떨어진 바다를 그의 이름을 따서 이카리아해라 불렀다. 다이달로스는 근처의 섬에 내려앉은 후 아들의 시신을 건져 섬에 묻어 주었다. 이때 새 한 마리가 날갯짓하며 큰 소리로 울면서 그의 곁을 지나갔는데, 이 새는 조카 페르딕스가 변한 자고새였다.

미노스 왕의 계략과 죽음

다이달로스는 다시 하늘을 날아 코칼로스 왕이 다스리는 시칠리아 섬에 이르게 되었다. 코칼로스 왕은 재능이 많은 다이달로스를 친구로 맞이해 주었다. 한편 다이달로스가 탈출한 것에 격분한 미노스왕은 그를 찾기 위해 간교한 계략을 생각해 냈다. 나선형 모양의 소라껍질에 실을 꿸 수 있는 사람에게 후한 상을 내리겠다고 모든 지역에 선포했다. 다이달로스는 소라껍질 끝에 구멍을 내고 허리에 실을 맨 개미를 그 구멍으로 통과시켜 실을 꿰었다.

코칼로스 왕이 실을 꿴 소라껍질을 미노스 왕에게 보여주었다. 이것을 본 미노스 왕은 이 문제를 푼 자가 다이달로스라고 확신하고 코칼로스 왕에게 그자를 내어 달라고 요구했다. 하지만 코칼로스 왕은 자신을 위해 난공불락의 도시를 건설하고 있는 다이달로스를 내줄 생각이 없었다. 코칼로스 왕은 미노스 왕의 요구를 들어줄 것처럼 속여 그를 자신의 궁으로 초대했다. 당시 시칠리아에는 손님이 오면 목욕을 권하는 풍습이 있었는데, 미노스 왕도 풍습에 따라 목욕물에 몸을 담갔다. 이때 갑자기 펄펄 끓는 물을 왕의 욕조*로 흘러들게 하여 그를 죽였다.

---

* 욕조 배관 장치를 설계한 자도 다름 아닌 다이달로스였다고 한다.

4

거미가 된 아라크네

　리디아의 콜로폰에서 양털염색 일을 하는 이드몬에게 아라크네라는 딸이 하나 있었다. 아라크네는 비록 가난하고 미천한 집안 출신이지만 베 짜는 솜씨가 빼어나기로 소문이 자자했다. 그녀의 손재주를 보기 위해 주변 사람들뿐만 아니라 숲의 님페들까지 모여들었다. 사람들은 아라크네가 능숙하게 옷감을 짜는 솜씨를 보고 아테나 여신에게 재주를 배운 게 분명하다며 찬사를 보냈다. 교만해진 그녀는 아테나 여신에게 배운 적이 없다고 반박하며, 자신의 솜씨가 오히려 아테나 여신보다 뛰어날 것이라고 말했다.

　아라크네에 관한 소문을 들은 아테나 여신은 노파로 변장하고 그녀의 집으로 찾아갔다. 노파는 아라크네에게 신에 도전하는 불손한 태도에 대하여 아테나 여신에게 용서를 구하라고 충고했다. 하지만 아라크네는 도리어 화를 내며 노파를 꾸짖었다. 분노한 아테나 여신은 노파의 모습을 벗어던지고 본연의 자태를 드러냈다. 주변에 있던 사람들은 모두 겁에 질린 채 아테나 여신에게 고개를 조아렸다. 하지만 아라크네는 한치도 물러서지 않고 아테나 여신에게 베 짜는 솜씨를 겨루고 싶다고 당당하게 말했다. 아테나는 자만심에 차 있는 아라크네의 도전을 받아들여 수많은 사람들 앞에서 신과 인간의 한판 대결이 펼쳐졌다.

신에 도전한 아라크네

아테나 여신은 거침없는 손놀림으로 씨실과 날실을 교차시키며 아름답게 옷감을 짜내려 갔다. 직조물의 한가운데에는 제우스를 비롯한 올림포스 신들의 위풍당당한 모습과 아테나 자신이 포세이돈과 겨루어 승리*를 거두는 모습을 수놓았다. 네 귀퉁이에는 신들에게 도전하다가 비참한 운명을 맞이한 인간들의 모습을 짜 넣었다. 그리고 마지막으로 평화의 상징인 올리브나무 가지 모양을 가장자리에 수놓아 둘렀다. 아테나 여신은 신들의 성스러움을 강조하고 신의 권위에 도전하려는 인간들에게 경고의 메시지를 보낸 것이었다.

반면 아라크네는 올림포스 신들의 애정행각을 화려하게 베틀에 펼쳐 놓았다. 독수리, 백조, 황소, 황금 소나기, 구름 등으로 변신하여 불

---

* 아티카의 왕 케크롭스가 다스리는 케크로피아라는 도시의 수호신 자리를 놓고 아테나와 포세이돈이 서로 겨뤄 아테나가 승리하였다. p64.

륜을 저지르는 제우스와 황소, 말 등으로 변신하여 여성을 겁탈하는 포세이돈, 여성을 취하는 아폴론과 디오니소스 등을 그려 넣었다. 그리고 담쟁이덩굴과 꽃들로 가장자리를 장식하고 마무리하였다.

아라크네의 탁월한 손재주에 마음이 상한 아테나 여신은 신들을 모욕한 그녀의 불경스러운 작품을 트집 잡아 베 폭을 찢어 버렸다. 그리고 들고 있던 베틀 북으로 아라크네의 이마를 내리쳤다. 아라크네는 억울하고 수치스러운 마음에 들보에 목을 매었다. 아테나 여신은 아라크네를 제 마음대로 죽게 내버려두지 않았다. 아테나는 신에게 도전하고 신을 모독한 아라크네를 거미로 변신시켜 버렸다. 거미가 된 아라크네*는 평생 공중에 매달려 꽁무니로 실을 짜며 살아가게 되었다.

---

* 그리스어로 아라크네(Arachne)는 거미라는 뜻을 가지고 있다.

11장

목신 판과 정령들

1

목신 판

　판은 숲, 사냥, 목축을 맡아보는 목신으로 헤르메스와 나무의 님페 드리옵스 사이에서 태어났다. 판의 어머니 드리옵스는 자신이 낳은 아기를 보고 깜짝 놀라 내다 버렸다. 판은 신이지만 아주 기괴한 모습을 하고 있었다. 사람의 얼굴에, 머리에는 염소의 뿔과 귀가 나 있고 턱에는 수염이 나 있었다. 그리고 사람의 팔이지만 털이 있고, 다리에도 털과 발굽이 있는 염소의 모습이었다.

　반면 아버지 헤르메스는 반인반수의 모습을 한 아들을 올림포스로 데려가 다른 신들에게 자랑스럽게 보여 주었다. 신들은 신기해하며 뿔도 있고 발굽도 있고 이것저것 다 가졌다고 해서 아이에게 '판*'이라는

---

*　판(Pan)은 그리스어로 '모든 것'이란 뜻으로, 즉 판은 모든 것을 다 가진 아이란 의미이다.

이름을 붙여 주었다. 판 신은 주로 숲속에 살고 있었는데, 숨어 있다가 갑자기 툭 튀어나와 지나가는 사람을 깜짝 놀라게 해 공포*에 사로잡히게 했다. 그는 또한 성격이 변덕스럽고 화도 잘 냈으며 호색한으로 알려져 있었다.

어느 날 판은 숲을 거닐다가 아름다운 나무의 님페 시링크스와 마주쳤다. 시링크스는 나무의 님페들 중에서도 가장 아름답기로 널리 알려져 있었다. 호색한으로 유명한 판이 시링크스를 보자 첫눈에 반해 그녀에게 다가갔다. 판의 기괴한 모습에 깜짝 놀란 시링크스는 곧장 달아나기 시작했다. 뒤쫓아 오는 판을 피해서 도망쳤지만, 강가에 다다랐을 때 거의 붙잡힐 지경에 이르렀다. 다급해진 시링크스는 물의 님페들에게 도와달라고 소리쳤다. 판의 팔이 시링크스의 허리를 감싸는 순간 시링크스는 한 묶음의 갈대로 변해 버렸다. 시링크스의 언니들인 물의 님페가 그녀를 갈대로 변신시켜 준 것이었다.

시링크스가 갈대로 변해버리자 판은 허망한 마음으로 갈대숲에 주저앉아 있었다. 그때 바람결이 갈대를 스치며 흘러나오는 애처롭고 감미로운 소리에 판은 매혹되었다. 판이 갈대 줄기를 나란히 붙여 묶어 자신의 숨을 불어넣자, 애절하고 아름다운 소리가 울려 퍼졌다. 판은 갈대로 만든 악기를 사랑하던 님페의 이름을 붙여 시링크스**라고 불렀다.

---

*   당황, 공포를 의미하는 패닉(panic)은 '판(pan)'에서 유래한 말이다. 판에게는 사람들을 갑작스러운 공포에 사로잡히게 하는 능력이 있었기 때문이다.
**   그리스 사람들은 팬파이프(panpipe)를 시링크스(syrinx)라 불렀다.

시링크스를 만든 판의 음악 솜씨가 나날이 좋아지면서 신과 사람들은 그의 애절한 연주를 사랑했다. 급기야 판은 자신의 연주 솜씨를 과신하고 감히 음악의 신 아폴론에게 도전장을 던졌다. 여러 관객이 모인 트몰로스산에서 판과 아폴론의 연주 대결이 펼쳐졌다. 심판은 트몰로스라는 산신이 맡아보았다. 판의 애절한 쉬링크스 연주는 모두를 눈물짓게 했지만, 아폴론의 리라 연주에 견줄 수 없었다. 두 연주자의 경연이 끝나자 드몰로스는 아폴론의 연주가 더 훌륭하다며 그의 승리를 선언했다. 다른 구경꾼들도 모두 산신의 판결에 동의하였다. 하지만 한 사람만이 판정이 공정하지 못하다며 이의를 제기했다. 그는 황금에 진저리가 나서 궁전을 나와 떠돌던 미다스 왕이었다.

미다스의 당나귀 귀

미다스는 궁전을 떠나 산과 숲을 돌아다니다 목신 판의 연주를 듣고 그때부터 판의 추종자가 되었다. 하지만 미다스는 판의 음악을 도가 넘칠 정도로 숭배하였다. 아폴론은 감히 인간 따위가 신의 판정에 이의를 제기하며 자신을 헐뜯는 것을 괘씸하게 여겼다. 아폴론은 역정을 내며 음악을 제대로 듣지 못하는 미다스의 귀를 잡아당겼다. 미다스의 귀는 순식간에 죽 늘어나 커다란 당나귀 귀가 되었다.

그 후 자신의 귀를 수치스럽게 여긴 미다스는 자줏빛 모자를 눌러 쓴 채 아무에게도 귀를 보여주지 않았다. 하지만 자신의 머리를 잘라주는 이발사에게만은 이 비밀을 감출 수가 없었다. 이발사는 왕의 비밀에 대해 말하고 싶었지만 왕이 두려워 감히 그럴 수 없었다. 미칠 지경에 이른 이발사는 외딴곳으로 가서 구덩이를 파고, 그곳에 대고 왕의 귀는 당나귀 귀*라고 크게 외친 뒤에 흙으로 덮어버렸다. 그 자리에 갈대가 자라나 바람이 불 때면 땅에 묻은 이발사의 말이 세상 밖으로 전해졌다. 이렇게 해서 미다스 왕의 치욕스러운 비밀이 폭로 되게 이르렀다.

---

* 신라 경문왕의 귀에 관한 설화로 '임금님 귀는 당나귀 귀' 이야기가 삼국유사에 기록되어 있다. 미다스의 당나귀 귀에 관한 이야기는 우리나라뿐만 아니라 범세계적으로 널리 구전되고 있다.

2

자연의 정령 님페

님페*는 바다, 강, 호수, 연못, 샘, 산, 나무, 숲, 초원, 계곡 등 특정 장소에 깃들어 있는 자연의 정령들로서 아름답고 매력적인 여성의 모습을 하고 있었다. 고대 그리스인들은 이처럼 다양한 자연의 영역에 깃든 님페들의 존재를 신성시 여겨 자연을 함부로 훼손하지 않았다. 이를 함부로 훼손하는 경우 신들의 저주가 내린다고 여겼기 때문이었다.

님페는 신과 인간의 중간 영역에 속하며 대체로 부모 중 한쪽이 신이었다. 님페는 불사의 존재는 아니지만 아주 오래 사는 것으로 여겨졌다. 또한 님페의 죽음은 그들이 깃들어 있는 장소나 대상의 소멸을 의미했다.

---

* '님페(Nymphe)'는 그리스어식 표현이고, 영어로는 '님프(Nymph)', 우리말로는 '요정'이라고 한다.

님페들은 사는 장소에 따라 구분되었다. 나이아데스는 샘, 우물, 연못, 호수 등의 담수에 깃들어 있는 물의 님페였다. 리라의 명수 오르페우스의 아내 에우리디케가 잘 알려진 물의 님페 나이아데스였다.

드리아데스는 떡갈나무의 님페였는데 점차 모든 나무의 님페들을 아울러 이르는 말이 되었다. 그 외에 나무에 깃들어 살면서 나무와 운명을 같이하는 하마드리아데스, 물푸레나무의 님페 멜리아데스 등이 있었다.

산과 동굴에는 오레아데스라 불리는 님페들이 살고 있었다. 나르키소스를 짝사랑하다 메아리가 된 에코가 오레아데스 님페에 속했다. 그 외에도 초원의 님페 레이모니아데스, 계곡의 님페 나파이아이 등이 있었다.

오케아니데스*는 바다의 신 오케아노스와 테티스가 낳은 3천명의 딸들로 바다, 강, 호수, 연못 등에 깃든 물의 님페였다. 아테나의 어머니 메티스, 오디세우스를 사랑한 칼립소, 저승의 강 스틱스, 파에톤의 어머니 클리메네, 키르케의 어머니 페르세이스 등이 오케아니데스에 속했다.

네레이데스**는 바다의 노인이라 불리는 해신 네레우스와 대양의 신 오케아노스의 딸 도리스가 낳은 50명에 이르는 지중해와 에게해 바다의 님페였다. 특히 네레이데스는 모두가 아름다운 미모를 지닌 것으로 알려져 있었다. 아킬레우스의 어머니 테티스, 포세이돈이 아내 암피

---

*   오케아니데스(Oceanides)는 3천명을 이르는 복수형으로 단수는 오케아니스(Oceanis)라 부른다.
** 네레이데스(Nereides)는 50명을 이르는 복수형으로 단수는 네레이스(Nereis)라 부른다.

트리테, 외눈박이 거인 폴리페모스가 연모한 갈라테이아 등이 네레이데스에 속했다. 특히 아테나를 낳은 메티스, 저승으로 흐르는 강 스틱스, 아킬레우스를 낳은 테티스 등 오케아니데스와 네레이데스에 속하는 몇몇 님페이지만 신으로 여겨졌다.

님페는 특정 장소에 머물기도 하지만 신들을 수행하는 역할도 했다. 또한 자유롭게 돌아다니며 춤과 노래를 즐기고, 사티로스와 어울려 놀거나 신이나 인간들과 사랑을 나누기도 하였다. 대체로 인간에게 호의적이지만 남자들을 유혹하거나 때로는 납치하기도 했다. 황금 양털을 찾아 헤라클레스와 함께 아르고호 원정에 참여했던 미소년 힐라스는 미시아 해안에서 샘에 물을 길으러 갔다가 그의 미모에 반한 샘의 님페*들에게 납치당하기도 했다.

---

* 님페(Nymphe)는 여성의 과잉 성욕을 뜻하는 '님포마니아(nymphomania)'의 어원이 되었다.

3

숲의 정령 사티로스

　사티로스는 반인반수의 남성으로 여성인 님페와 짝을 이루는 숲의 정령들이었다. 이들의 혈통에 관해서는 다양한 설들이 있으나 확실치 않았다. 사티로스는 얼굴은 사람의 모습이지만 귀는 당나귀처럼 뾰족하고 머리에는 두 개의 작은 뿔이 나 있었으며, 하반신은 염소의 모습을 하고 있었다. 사티로스의 형상은 대체로 목신 판과 비슷하지만, 늘 술에 취해 있어서 얼굴이 불그스레한 것이 특징이었다. 모습에 걸맞게 사티로스*들은 호색한으로 장난이 심하고 익살맞으며 음탕하였다.
　사티로스들은 술의 신 디오니소스의 추종자로 디오니소스의 여사제인 마이나데스와 함께 종종 등장했다. 사티로스들은 주로 무리로 묘사

---

* '호색의' 뜻인 영어단어 사티릭(satyric)은 사티로스(Satyros)에서 유래되었다.

되지만, 개인적으로 등장하기도 했다. 디오니소스의 양육자이자 스승으로 유명한 실레노스도 사티로스 중 한 명이었다. 그는 머리가 벗어진 배불뚝이 노인의 모습으로 늘 술에 취한 채 노새를 타고 다녔다.

    마르시아스도 사티로스의 한 명에 속했다. 프리기아에 사는 마르시아스는 우연히 아테나 여신이 버린 피리를 주워 불게 되었다. 어느 날 자신의 연주 실력에 감탄한 마르시아스가 음악의 신 아폴론에게 도전장을 내밀었다. 아폴론은 패자는 승자의 요구를 달게 받아야 한다는 조건으로 도전을 받아들였다. 무사이 여신들을 심판관으로 하고 연주 시합이 벌어졌지만, 우열이 가려지지 않았다. 그러자 아폴론은 악기를 거꾸로 들고 연주하자고 제안했다. 리라는 거꾸로 들고도 연주할 수 있었지만, 피리는 거꾸로 불 수 없었다. 결국 아폴론은 연주에서 승리한 후 오만한 마르시아스를 나무에 매달아 산 채로 살가죽을 벗기는 가혹한 벌을 내렸다.

# 12장

신들의 사랑과 질투와 분노

1

남녀 사랑의 쾌감을 판정한 테이레시아스

테바이에 테이레시아스라는 유명한 장님 예언자가 있었다. 그는 테바이의 귀족 에우에레스와 님페 카리클로 사이에 태어난 아들로 제우스 신을 모시는 사제였다. 테이레시아스가 장님 예언자 된 사연에는 몇 가지 설이 있다.

테이레시아스는 젊은 시절 킬레네산 숲에서 뱀 두 마리가 짝짓기 하는 것을 보았다. 테이레시아스는 지팡이로 암컷 뱀을 때려 떼어 놓았더니 갑자기 남자였던 그가 여자의 몸이 되어버렸다. 여자가 된 테이레시아스는 결혼도 하고 자식도 낳았다. 이때 태어난 자식이 테이레시아스의 예언 능력을 물려받은 델포이의 무녀 만토였다. 7년 동안 여자의 몸으로 지내던 테이레시아스는 어느 날 같은 장소에서 다시 뱀 두 마리가 교미하는 광경을 보았다. 이번에는 수컷을 내리쳐 떼어 놓았더니 테이레시아스는 다시 남자의 몸으로 돌아왔다.

그러던 어느 날 제우스와 헤라는 남녀가 잠자리에서 사랑을 나눌 때 어느 쪽이 더 큰 쾌감을 느끼는지를 두고 언쟁을 벌이게 되었다. 제우스는 여자의 쾌감이 남자보다 더 크다고 주장했고, 반면 헤라는 남자의 쾌감이 더 크다고 했다. 결론이 나지 않자, 남자와 여자의 몸을 다 가져본 테이레시아스를 불러 물어보았다. 테이레시아스는 자신이 경험해 보니 여자가 느끼는 쾌감이 남자보다 아홉 배나 더 크더라며 거침없이 대답했다. 자존심이 상한 헤라는 테이레시아스의 눈을 멀게 해 장님으로 만들어버렸다. 테이레시아스가 불쌍했지만, 제우스도 어쩔 도리가 없었다. 어떤 신도 다른 신이 행한 일은 되돌릴 수가 없기 때문이었다. 그 대신에 제우스는 테이레시아스에게 누구보다도 뛰어난 예언의 능력을 주었다. 그 후 테이레시아스는 눈이 멀어 다른 사람들이 보는 것을 볼 순 없지만, 다른 사람들이 볼 수 없는 것을 볼 수 있는 예지력을 가지게 되었다.

다른 설에 따르면 테이레시아스가 우연히 아테나 여신의 벌거벗은 몸을 보았다가 여신의 분노를 사 눈이 멀게 되었다고 한다. 테이레시아스의 어머니 카리클로는 아테나 여신의 총애를 받는 님페였다. 어느 날 아테나와 카리클로가 헬리콘산의 한 샘에서 목욕하고 있을 때 근처를 지나던 테이레시아스가 우연히 그 광경을 목격하게 되었다. 이에 화가 난 아테나 여신은 테이레시아스에게 저주를 퍼부으며 장님으로 만들어버렸다.

카리클로는 아테나 여신에게 아들이 다시 앞을 볼 수 있게 해달라고 간청했다. 하지만 한 번 내려진 벌은 다시 거둘 수 없는 법이라 아테나도 어찌할 수 없었다. 아테나는 대신 테이레시아스에게 귀를 밝게 해주어 새들의 노랫소리를 알아듣는 능력과 길을 안내해 주는 지팡이를 선물로 주었다. 또한 그에게 7대에 걸쳐 장수를 누리며 살게 해 주었다. 테이레시아스의 예언은 한 번도 빗나간 적이 없었으며, 죽어서도 예언 능력을 지니고 있어 오디세우스*가 망자가 된 그를 만나기 위해 저승까지 내려가기도 했다.

---

* 키르케는 트로이 전쟁 후 귀향길에 오른 오디세우스에게 고향 이타카로 돌아갈 수 있는 방도를 알려주면서 하계로 내려가 예언자 테이레시아스에게 조언을 구하라고 하였다. p382.

2

암소로 변한 이오

강의 신 이나코스에게 이오라는 아름다운 딸이 있었다. 그녀는 헤라를 모시는 여사제로 순결을 지키며 살았다. 이오의 모습을 보고 첫눈에 반한 제우스는 인간으로 변신해 그녀를 유혹하려 했다. 이오는 겁에 질려 달아났지만 결국 제우스에게 붙잡혀 순결을 빼앗기고 말았다. 제우스는 아내 헤라의 눈길을 피하기 위해 어두운 구름으로 주위를 덮고 자신과 이오의 모습을 감추었다.

이러한 갑작스러운 현상이 일어나자, 헤라는 제우스를 의심했다. 올림포스 궁전을 샅샅이 뒤졌지만, 어느 곳에서도 제우스가 보이지 않았다. 헤라는 당장 지상으로 내려가 구름에게 걷힐 것을 명령했다. 헤라의 질투심이 두려웠던 제우스는 재빨리 이오를 하얀 암소로 변하게 했다. 모든 상황을 눈치챈 헤라는 제우스에게 암소를 선물로 달라고 요구했다. 제우스는 어쩔 수 없이 이오를 헤라에게 넘겨줄 수밖에 없었다.

헤라는 암소로 변한 이오를 제우스로부터 멀리 떼어놓았다. 그러고 나서 백 개의 눈을 가진 거인 아르고스에게 이오를 감시하게 했다. 아르고스는 백 개의 눈으로 번갈아 자면서 잠들지 않은 나머지 눈들을 부릅뜬 채 이오를 지켜보았다. 제우스는 아르고스의 눈에서 벗어날 수 없는 이오를 그냥 지켜볼 수밖에 없었다. 헤라는 아르고스에게 명하여 이오를 데리고 나라 안을 이리저리 떠돌아다니게 만들었다. 제우스로부터 가능한 한 이오를 떨어뜨려 놓기 위해서였다.

그러던 어느 날 이오는 어릴 때 놀던 고향의 냇가에 이르게 되었다. 이때 물에 비친 자신의 모습을 보고 놀란 이오는 아버지 이나코스가 있는 곳으로 도망쳐 갔다. 아버지가 소로 변한 딸을 알아볼 리 없었다. 이오는 아버지에게 다가가 발굽으로 바닥에 글자를 써서 자신이 아버지의 딸 이오라고 알려주었다. 강의 신 이나코스는 사랑하는 딸의 불행을 보면서 자신이 불멸의 존재라는 사실이 원망스러웠다. 크나큰 슬픔 앞에서 죽지도 못하고 아픔이 영원토록 계속된다고 생각하니 괴로울 뿐이었다.

이오의 불행을 더 이상 두고 볼 수 없었던 제우스는 헤르메스에게 아르고스를 죽이라고 명하였다. 목동으로 변장한 헤르메스는 피리를 불며 아르고스에게 접근하여 감미로운 이야기보따리를 풀어놓았다. 나른해진 아르고스의 눈이 하나둘 잠들기 시작했다. 마침내 100개의 눈이 모두 깊은 잠에 빠져들었을 때 헤르메스는 잽싸게 그의 목을 베었다. 아르고스가 죽게 되자 헤라는 급히 현장으로 달려왔다. 아르고스를 불쌍히 여긴 헤라는 죽은 아르고스의 총총한 100개의 눈을 뽑아 자신의 성조인 공작새의 꼬리 깃털에 박아 넣었다. 이때부터 아르고스의 눈은 공작새의 꼬리 깃털에 깃들어 영원히 눈부시게 빛나게 되었다.

화가 난 헤라는 쇠파리들을 보내 암소로 변한 이오를 쫓아다니며 쉴 새 없이 괴롭히게 만들었다. 쇠파리에게 쫓기던 이오가 프로메테우스를 찾아간 적이 있었다. 그 당시 프로메테우스는 카우카소스산 절벽에서 쇠사슬로 묶인 채 독수리에게 간을 쪼아 먹히는 형벌을 받고 있었다. 이오가 프로메테우스에게 자신의 처지를 하소연하자 그는 오히려 이오를 위로해 주었다. 참고 견디면 반드시 원래의 모습을 찾을 것이며, 그녀의 자손들 가운데 위대한 영웅들이 많이 탄생할 것이라고 예언했다. 그리고 그녀의 후손 중 한 명이 프로메테우스 자신의 고통을 끝내게 해 줄 것이라고 했다.

이오는 끈질기게 따라오는 쇠파리에게 쫓기면서 광기와 공포에 휩싸인 채 온 세상을 헤매고 다녔다. 카우카소스를 거쳐 이오니아해*와 트라키아의 보스포루스 해협** 그리고 아시아를 지나 기나긴 절망의 방황 끝에 네일로스 강***에 이르렀을 때였다. 불쌍한 이오의 모습을 본 제우스는 헤라를 찾아가 이오에 대한 벌을 거두어달라고 간청했다. 마침내 제우스의 진심 어린 사과로 이오는 헤라의 손에서 벗어날 수 있었다. 본래의 모습으로 돌아온 이오는 네일로스 강가에서 제우스의 아들 에파포스를 낳았다. 그 후 이오는 이집트로 건너가 이집트의

---

*   이오니아해는 이탈리아반도 남부와 그리스 본토 사이에 있는 바다로 '이오가 소의 모습으로 건넜다'고 해서 붙여진 이름이다.
** 보스포루스 해협은 암소(bos)로 변한 이오가 건넜던 개울(poros)이라 해서 붙여진 이름이다.
*** 네일로스 강은 오늘날의 나일 강을 이르는 말이다.

텔레고노스 왕과 결혼하여 그곳에서 행복하고 영예롭게 살았다. 제우스와 이오 사이에 태어난 아들 에파포스는 의붓아버지 텔레고노스에 이어 이집트의 왕이 되었다.

이오는 사후 이집트의 최고 여신인 이시스로 숭배받았다. 또한 프로메테우스의 예언대로 그의 후손들은 그리스뿐만 아니라 페르시아와 아프리카에 있는 여러 왕가의 시조가 되었고 수많은 영웅들을 배출했다. 미케네를 건설한 페르세우스, 테바이를 건설한 카드모스, 크레타의 미노스 왕, 에티오피아의 케페우스 왕, 그리고 영웅 헤라클레스* 등 모두 이오의 후손들이었다.

---

* 프로메테우스는 제우스로부터 독수리에게 간이 쪼아 먹히는 형벌을 받게 되었는데, 후에 프로메테우스는 자신의 예언대로 이오의 후손인 헤라클레스에 의해 풀려나게 되었다. p104.

3

큐피드와 프시케

옛날 어느 왕국에 아름다운 공주 세 자매가 살고 있었다. 세 자매 중 특히 막내 프시케는 마치 여신처럼 아름다웠다. 사람들은 미의 여신 베누스도 프시케의 아름다움에 미치지 못할 것이라고 말했다. 프시케의 명성은 온 세상에 퍼져나가 그녀를 여신으로 숭배하는 사람들까지 생겨나기 시작했다. 많은 사람들이 베누스에게 바치던 경의를 프시케에게 표하면서 베누스 신전에는 향불이 꺼지고 휑하니 바람만 불었다. 이 지경에 이르자 베누스는 프시케를 향한 질투심에 사로잡혔다. 베누스는 아들 큐피드*에게 프시케가 세상에서 가장 못생기고 천한 남자와 사랑에 빠지게 만들라고 명했다. 어머니의 명령을 실행하러 간 큐피

---

* 큐피드와 프시케 이야기는 로마 신화에 나오는 이야기이므로 신들의 이름도 로마식 표기를 따랐다. 베누스는 아프로디테, 유피테르는 제우스, 큐피드는 에로스를 이르는 말이다.

드는 잠들어 있는 프시케를 본 순간 자신이 황금 화살을 맞은 것처럼 그녀의 아름다움에 넋을 잃고 말았다.

한편 두 언니들은 모두 멋진 남자와 결혼했지만, 프시케에게는 어느 누구도 청혼하지 않았다. 상심한 프시케의 아버지는 딸을 시집보낼 수 있을지 묻기 위해 아폴론 신전을 찾아갔다. 딸을 바위산 정상에 두면 괴물이 나타나 그녀를 아내로 삼을 것이라는 신탁을 받게 되었다. 신탁을 따를 수밖에 없었던 프시케는 바위산으로 올라가 공포에 떨며 자신에게 닥쳐올 운명을 기다리고 있었다. 이때 서풍의 신 제피로스가 불어와 그녀를 큐피드의 숲속 비밀궁전에 데려다 놓았다. 얼마 후 잠에서 깬 프시케는 자신이 호화로운 궁전에 와 있다는 것을 알게 되었다. 하녀들은 모습을 보이지 않은 채 그녀의 시중을 들었으며, 밤이 되자 누군가 그녀의 곁으로 다가왔다. 비록 모습을 볼 수는 없었지만, 프시케는 그를 남편으로 받아들일 수밖에 없었다. 사실 이와 같은 신탁은 큐피드가 프시케를 차지하기 위해 아폴론에게 간청하여 내려진 것이었다.

프시케는 화려한 궁전에서 낮에는 시녀들의 시중을 받고, 밤이 되면 어둠 속에 나타나는 남편의 사랑을 받으며 지냈다. 프시케는 밤마다 찾아오는 남편이 누구인지도 모를 뿐 아니라 그의 얼굴도 한 번 보지 못했다. 어머니의 명령을 어긴 큐피드는 자신의 모습을 프시케 앞에 드러낼 수 없었기 때문이었다. 큐피드는 프시케에게 자신의 얼굴을 보게 되는 순간 두 사람의 행복은 영영 사라지게 될 것이라고 경고했다.

궁전에서 나름대로 행복한 나날을 보내는 가운데 프시케는 점점 가족이 그리워졌다. 프시케는 남편에게 부모님과 언니들을 만나고 싶은 마음을 전했다. 남편은 내키지 않았지만, 프시케가 뜻을 굽히지 않자 그녀의 부탁을 들어주었다. 다음 날 제피로스는 두 언니를 서풍에 실어 프시케가 살고 있는 곳으로 데려왔다. 언니들은 동생 프시케의 화려한 궁전 생활과 행복해하는 모습을 보고 질투심에 사로잡혔다. 언니들은 동생이 품고 있는 남편에 대한 의심을 부추겼다. 몰래 등불을 숨겨 두었다가 남편이 잠든 사이에 얼굴을 비춰 괴물이 아닌지 확인해 보라고 그녀를 꾀었다. 프시케는 언니들의 충고에 따라 남편의 모습을 확인해 보기로 결심했다.

그날 밤 남편이 잠이 들자, 프시케는 조용히 일어나 등잔불을 남편의 얼굴 가까이 가져갔다. 놀랍게도 남편은 너무나도 잘생긴 사랑의 신 큐피드였다. 프시케는 남편의 아름다움에 넋을 잃고 내려다보다가 그만 뜨거운 등불 기름을 그의 어깨에 떨어뜨리고 말았다. 깜짝 놀라 잠에서 깨어난 큐피드는 프시케를 원망스러운 눈으로 바라보았다. 큐피드는 자신에 대한 믿음을 저버린 프시케에게 "사랑은 결코 의심과 함께 할 수 없다."라고 말하며 그녀 곁을 떠나버렸다. 프시케는 정신을 차리고 주변을 살펴보았다. 화려한 궁전과 아름다운 정원은 온데간데없이 사라지고 황량한 벌판 한가운데에 홀로 남겨져 있었다.

프시케는 큐피드를 찾으러 온 세상을 헤매고 다녔다. 마침내 그녀는 큐피드의 어머니인 베누스 여신의 궁전까지 찾아가게 되었다. 베누스는 큐피드가 있는 곳은 가르쳐 주지 않고 그녀를 괴롭혔다. 프시케를 신전의 창고로 데려가 보리, 밀, 기장, 콩 등이 뒤섞여 있는 곡식더미를 종류별로 구분해 놓으라고 명령했다. 프시케는 엄두가 나지 않아 멍하니 바라보고만 있었다. 이때 그녀를 불쌍하게 여긴 개미 떼들이 모여들어 여섯 개의 다리를 일사불란하게 움직이며 순식간에 종류별로 가려 놓았다. 개미의 도움으로 주어진 일을 다 마치자 사나운 야생 양들의 황금 양털을 가져오는 일, 험준한 산꼭대기에서 솟아나는 검은 샘물을 항아리에 담아오는 일 등 온갖 힘든 일로 그녀를 위험에 빠뜨렸다.

베누스는 프시케가 모든 일들을 척척 해내자, 이번에는 작은 상자를 하나 주면서 저승에 내려가 페르세포네의 아름다움을 담아오라고 지시했다. 프시케는 사랑하는 큐피드를 볼 수만 있다면 지옥보다 더한 곳으로도 기꺼이 뛰어들 마음이었다. 프시케는 온갖 역경을 극복하며 저승으로 내려가 페르세포네에게서 아름다움을 나눠 받을 수 있었다. 페르세포네는 프시케에게 상자를 건네주면서 상자 뚜껑을 절대 열어 보지 말라고 주의를 주었다. 지상에 도착한 프시케는 호기심을 이기지 못하고 상자 뚜껑을 살짝 열어 보았다. 상자 속에 아름다움의 흔적은 없고 명계의 잠만 들어있었다. 상자 속에 갇혀 있던 명계의 잠은 곧바로 프시케를 에워싸 그녀를 깊은 잠에 빠뜨렸다.

한편 어머니 베누스의 궁전에 갇혀 지내던 큐피드는 프시케가 너무나 그리워졌다. 그는 프시케를 찾기 위해 궁전을 몰래 빠져나왔다. 큐피드는 마법의 잠에 빠져든 프시케를 발견하고 그녀를 에워싼 잠을 걷어 상자 속에 가두었다. 큐피드는 프시케의 잠을 깨워 그녀가 어머니에게 부여받은 임무를 완수하도록 했다. 그리고 큐피드는 올림포스로 올라가 유피테르에게 프시케와의 결혼을 허락해 달라고 간청했다.

유피테르는 프시케를 신들의 궁전에 초대하고 베누스도 프시케와 갈등을 풀고 서로 화해했다. 유피테르는 프시케에게 신들의 음식인 암브로시아를 권하고 불사의 몸으로 만들어 주었다. 마침내 사랑의 힘으로 모든 것을 이겨낸 프시케와 큐피드는 올림포스에서 성대한 결혼식을 올렸다. 그 후 큐피드와 프시케* 사이에 쾌락과 희열의 여신 볼룹타스가 태어났다.

---

* 큐피드(에로스)는 '사랑', 프시케는 '영혼'이란 뜻을 갖고 있다. 사랑을 뜻하는 큐피드는 라틴어로 '아모르'라고도 한다. 사랑의 신 에로스는 최초의 신들 중 하나로 나오다가 나중에는 일반적으로 헤르메스와 아프로디테의 아들로 전해졌다. 주로 날개 달린 미남 청년의 모습으로 등장하다가 점차 날개 달린 어린아이가 활과 화살을 지니고 있는 모습으로 묘사되었다.

4

사랑과 질투의 대상이 된 오리온

　오리온은 포세이돈과 크레타섬의 미노스 왕의 딸 에우리알레 사이에서 태어났다. 포세이돈은 아들 오리온에게 바다를 걸어 다닐 수 있는 능력을 부여해 주었다. 오리온은 키가 엄청나게 컸는데, 바다에 들어가도 머리와 어깨가 수면 위로 올라올 정도였다. 오리온은 수려한 용모를 지닌 탁월한 사냥꾼으로 여신들에게 사랑과 질투의 대상이었다.

　오리온은 시데라는 여인과 결혼하여 두 딸 메니페와 메티오케를 낳았다. 시데는 무척 아름다운 여인이었지만 오만했다. 결국 그녀는 헤라 여신과 미모를 겨루다가 여신의 분노를 사게 되어 하데스로 추방되었다. 아내를 잃고 홀아비가 된 오리온은 오이노피온 왕으로부터 나라를 어지럽히고 있는 야수를 처단해 달라는 부탁을 받고 키오스섬으로 갔다. 오리온은 그곳에서 오이노피온의 딸 메로페에게 첫눈에 반해 그녀를 사랑하게 되었다. 오이노피온 왕은 오리온에게 딸을 주기로 약속했지만, 차일피일 미루기만 했다. 그러던 어느 날 술에 취한 오리온이 메로페를 겁탈하였다. 이에 화가 난 오이노피온 왕은 깊은 잠에 빠진 오리온의 눈을 도려내 장님으로 만들어버렸다.

오리온은 태양신 헬리오스가 어둠을 걷어내고 세상에 빛을 주듯 자신에게도 앞을 볼 수 있는 빛을 주리라 믿었다. 눈을 잃고 장님이 된 오리온은 더듬더듬 바다를 건너 렘노스섬으로 갔다. 그곳에서 오리온은 헤파이스토스가 두드리는 망치 소리에 이끌려 대장간으로 가게 되었다. 오리온을 불쌍히 여긴 헤파이스토스는 자신의 제자 케달리온을 내주며 길을 안내하도록 지시했다.

오리온은 난쟁이 케달리온을 어깨에 태워 길잡이로 삼고 해가 돋는 헬리오스 궁전을 찾아 나섰다. 오리온은 자신의 믿음처럼 헬리오스의 도움으로 다시 시력을 되찾을 수 있었다. 세상을 다시 볼 수 있게 된 오리온은 오이노피온에게 복수하기 위해 키오스섬으로 달려갔지만, 오이노피온 왕은 이미 다른 곳으로 도망친 뒤였다. 그 후 오리온은 크레타섬으로 가서 아르테미스 여신의 사냥꾼으로 살았다. 그러던 어느 날 새벽의 여신 에오스가 오리온을 사랑하게 되자 질투심을 느낀 아르테미스는 활을 쏘아 오리온을 죽였다.

오리온의 출생에 관하여 몇 가지 다른 설이 있다. 제우스, 헤르메스, 혹은 포세이돈의 씨를 받고 대지에서 태어났다고도 하고, 히리아의 왕 히리에우스의 씨를 받고 태어났다고도 한다. 오리온의 죽음에 대해서도 여러 가지 설이 있다. 다른 이야기에 따르면 오리온은 영원히 순결을 맹세한 아르테미스 여신이 사랑했던 유일한 남성이었다.

오리온과 아르테미스가 서로 사랑하게 되자 아르테미스의 오빠인 아폴론은 이를 못마땅하게 여겼다. 아르테미스에게는 오리온 뿐이었지만, 오리온에게 아르테미스는 여러 여인들 중 하나에 불과했다. 어느 날 아폴론은 바다를 걷고 있는 오리온을 목격했다. 아폴론은 아르테미스의 사냥 실력을 얕보는 말투로 화나게 만들어 바다 위에 떠 있는 둥근 물체를 맞추어 보라고 부추겼다. 자존심이 상한 아르테미스는 주저하지 않고 화살을 쏘아 그 물체에 명중시켰다. 그 둥근 물체는 수면 위로 올라온 오리온의 머리였다. 제우스는 오리온의 죽음으로 깊은 슬픔에 빠진 딸 아르테미스를 위로해 주기 위해 오리온*을 하늘의 별자리로 만들어 주었다고 한다.

또 다른 설에 따르면 오리온이 아르테미스의 시녀인 오피스를 겁탈하려다가 여신의 화살을 맞고 죽었다고 한다. 또는 오리온이 아르테미스의 자존심을 건드려 분노를 사게 되면서, 여신이 보낸 전갈의 독침으로 죽게 되었다고도 한다. 아르테미스 여신은 이 전갈**을 하늘의 별자리로 만들어 주었다고 한다.

---

* 오리온은 겨울철의 대표적인 별자리로 남쪽 하늘에서 빛나는 '오리온자리'가 되었다.
** 전갈자리는 여름철 남쪽 하늘의 별자리이다. 밤하늘에 전갈자리가 떠오르면 오리온자리가 져 버리는데, 이는 전갈과 오리온이 별자리가 되어서도 서로 쫓고 쫓기기 때문이라고 한다.

13장

변함없는 영원한 사랑

1

저승으로 내려간 오르페우스

오르페우스는 음악의 신 아폴론과 칼리오페* 사이에 태어난 아들로, 음유시인이며 리라의 명수였다. 그는 올림포스산 근처 핌플레이아에서 태어나 어머니 칼리오페와 함께 무사이 여신들이 사는 파르나소스산에서 자랐다. 오르페우스는 어머니로부터 아름다운 목소리를 물려받고, 아버지인 음악의 신 아폴론에게 리라 연주를 배워 훌륭한 음악가로 성장하였다. 오르페우스는 타고난 아름다운 목소리와 뛰어난 연주 솜씨로 인류 역사상 최고의 음악가로 여겨졌다. 그가 연주하는 황금 리라의 아름다운 선율과 노랫소리에 산천초목이 매료되었다. 동물들도 감동하였고, 바위들조차도 감명받아 들썩였다고 한다.

---

*   칼리오페는 아홉 명의 무사이 여신들 중 맏이로 태어났으며 서사시를 주관하였다.

오르페우스는 아름다운 물의 님페 에우리디케와 결혼하게 되었다. 그들의 결혼식에 결혼의 신 히메나이오스도 하객으로 초대받았다. 그날 결혼식장에 나타난 히메나이오스*가 들고 있는 횃불에서 연기만 나는 불길한 징조를 보였다. 결혼식 직후 에우리디케는 물의 님페들과 함께 풀밭을 거닐다가 독사에게 발뒤꿈치를 물려 죽고 말았다. 오르페우스는 에우리디케의 갑작스러운 죽음에 슬픔과 그리움을 주체할 수 없어 그녀를 찾아 저승으로 내려갔다.

　오르페우스는 애절한 곡조로 저승의 뱃사공 카론을 감동시켜 스틱스 강을 건너고, 저승의 문을 지키는 케르베로스를 온순하게 만들어 지하세계로 들어갔다. 오르페우스는 저승의 신 하데스와 페르세포네에게 죽은 아내를 돌려줄 것을 간청하며 노래를 바쳤다. 그의 애절한 노래와 리라 연주에 감동한 하데스는 에우리디케를 지상으로 데려가도록 허락해 주었다. 떠나기 전에 하데스는 오르페우스에게 한 가지 주의할 점을 일러 주었다. 에우리디케는 망자가 된 몸으로 오르페우스의 뒤를 따를 것이며, 저승의 문턱을 넘을 때까지 절대로 에우리디케를 뒤돌아봐서는 안 된다는 것이었다.

　하계를 막 벗어날 무렵 아내가 잘 따라오고 있는지 자꾸만 불안한 마음에 걱정이 앞섰다. 오르페우스는 하데스의 금령을 잊은 채 아내를 확인하기 위해 그만 뒤를 돌아보고 말았다. 그 순간 하계의 암흑 동굴

---

* 히메나이오스는 결혼의 신으로 날개를 달고 하늘을 날아다니며, 머리에 화관을 쓰고 손에 불을 밝히는 횃불을 든 미소년으로 등장하는 것이 일반적이다. '히멘'이라고도 한다.

에서 완전히 벗어나지 못한 에우리디케는 다시 어둠 속으로 빠져들기 시작했다. 오르페우스는 필사적으로 손을 뻗었지만, 그녀는 저승의 세계로 영원히 사라져 버렸다. 오르페우스는 뒤따라 저승으로 가려 했지만, 살아있는 몸으로 두 번씩이나 저승세계에 발을 들여놓는 것이 허락되지 않았다. 오르페우스는 가눌 길 없는 절망감을 안고 홀로 지상으로 돌아와야만 했다.

사랑하는 아내를 다시 잃은 후 오르페우스는 실의에 잠긴 채 다른 여인들은 거들떠보지도 않았다. 오르페우스의 음악에 매료된 여인들이 연민으로 다가갔지만, 냉담한 그의 태도에 모욕감을 느꼈다. 트라키아의 여인들은 오르페우스가 자신들을 무시한다고 여기고 분노하였다. 그러던 어느 날 숲을 거닐던 오르페우스가 디오니소스 의식을 통해 광기에 빠져 있던 트라키아 여인들의 눈에 띄었다. 여인들은 미친 듯이 달려들어 그의 온몸을 갈가리 찢어 죽여 시체를 강물에 던져버렸다. 그 후 어느 날 오르페우스의 머리와 리라가 발견되었는데, 이를 불쌍히 여긴 신들은 오르페우스의 리라를 건져 올려 그의 음악이 영원하도록 밤하늘의 별자리*로 만들어 주었다.

---

* 여름부터 가을에 걸쳐 서쪽 하늘에 보이는 거문고자리를 말하며 영어로는 리라(Lyra)라고 한다.

2

피그말리온과 갈라테이아

아프로디테를 섬기던 키프로스섬의 여인들이 그곳을 방문하는 나그네들을 박대하였다. 이에 분개한 아프로디테는 그녀들에게 저주를 내려 나그네에게 몸을 파는 방탕한 생활을 하게 만들었다. 이 섬에 피그말리온*이라는 재능이 매우 뛰어난 젊은 조각가가 살고 있었다. 그는 성적으로 문란한 여인들에게 혐오감을 느껴 독신으로 살면서 오로지 조각하는 일에만 몰두했다. 자신에게는 예술 하나만으로도 충분하다고 생각했기 때문이었다.

하지만 그의 가슴 한켠에는 인간 본연의 사랑이 숨겨져 있었다. 피그말리온은 현실의 여인들을 외면했지만, 눈처럼 흰 상아로 자신이 원

---

* 피그말리온은 벨로스(포세이돈과 님페 리비에 사이에서 태어난 아들)와 나일 강을 다스리는 신의 딸 안키노에 사이에 태어난 아들로 라미아, 케페우스, 다나오스, 아이깁토스 등과 형제이다.

하는 여인상을 조각하기 시작했다. 그는 능숙한 솜씨로 혼신을 다해 조각상을 다듬어 나갔다. 마침내 완성된 조각상은 곧 살아 움직일 것만 같았다. 아름다운 조각상의 그녀는 자신이 원하던 이상형이었다. 피그말리온은 조각상에 입맞춤하고 말을 걸며 살아있는 연인을 대하듯 했다. 옷을 입히고 귀고리와 목걸이도 걸어주며 아름다운 꽃도 선물하였다. 피그말리온은 자신이 만든 조각상과 사랑에 빠져버린 것이었다.

그러던 어느 날 키프로스섬의 수호신인 아프로디테의 축제일을 맞이하게 되었다. 피그말리온은 여신의 제단에 제물을 바치고 자신이 만든 조각상이 자신의 아내가 되게 해달라고 간절히 기도하였다. 집으로 돌아온 피그말리온은 여느 때처럼 조각상의 허리를 감싸 안으며 사랑의 입맞춤을 했다. 순간 조각상의 입술에서 따스한 온기가 느껴지면서 살아있는 여인으로 변해갔다. 피그말리온이 조각상을 꼭 껴안자, 그녀의 얼굴에 미소와 볼그레한 홍조가 감돌았다. 피그말리온의 정성과 간절함에 감동한 아프로디테가 그의 조각상에 인간의 생명을 불어넣어 준 것이었다.

피그말리온은 사랑스러운 자기 연인에게 갈라테이아*라는 아름다운 이름을 지어주었다. 피그말리온과 갈라테이아의 결혼식에 사랑의 여신 아프로디테도 참석하여 이들의 결혼을 축하해 주었다. 피그말리온과 갈라테이아는 예쁜 딸을 하나 낳아 파포스라는 이름을 지어주고 함께 행복하게 살았다. 후일에 키프로스섬에는 피그말리온의 딸의 이름을 딴

---

* 또 다른 한 명의 갈라테이아란 이름을 가진 인물이 있는데, 그녀는 바다의 님페로 해신 네레우스의 딸들인 50명의 아름다운 네레이데스 중 가장 아름다운 처녀로 알려져 있다.

파포스라는 도시가 세워졌으며, 그곳에 피그말리온*의 기적을 기념하기 위해 아프로디테의 신전이 세워졌다.

---

* '피그말리온 효과'란 간절히 원하면 이루어진다는 심리적 효과, 또는 타인의 기대나 관심으로 인해 능률이 오르거나 결과가 좋아지는 현상을 이르는 말이다. 그리스 신화에 나오는 조각가 피그말리온의 이름에서 유래한 심리학 용어이다. 하버드대 심리학과의 로버트 로젠탈(Robert Rosenthal) 교수가 한 초등학교에서 무작위로 20%의 학생들 선정한 후 지능지수가 높아 성적이 향상될 가능성이 높은 학생들이라며 담임 선생님에게 각별한 지도를 부탁했다. 8개월 후 실제 학생들의 성적이 향상되었고, 이는 교사와 학생의 기대가 실제 성적 향상을 이끌어낸다는 결론을 내렸다. 이 실험을 바탕으로 로젠탈은 이를 '피그말리온 효과(Pygmalion effect)'라고 불렀다. 심리학에서는 로버트 로젠탈 교수에 의해 개념이 정의되었기 때문에 '로젠탈 효과(Rosenthal effect)'라고도 한다. 무엇인가 간절히 원하면 이루어진다는 피그말리온 효과와 기대효과는 약간의 차이점이 있다.

3

포모나를 사랑한 베르툼누스

　나무의 님페 포모나는 오직 과수나무를 돌보는 일에만 관심이 있었다. 과실을 가꾸는 데 있어서 그녀를 따를 자가 없었다. 포모나는 목신 파우누스, 숲의 신 실바누스 등 여러 신들과 숲의 정령 사티로스로부터 구애받았으나 아랑곳하지 않았다. 그중에서도 계절의 신 베르툼누스는 누구보다도 그녀를 사랑했다. 변신에 능한 베르툼누스는 목동, 농부, 어부, 군인 등의 다양한 모습으로 변신하여 포모나의 마음을 사로잡으려 했으나 그녀의 마음을 얻지 못하였다.

　그러던 어느 날, 베르툼누스는 노파의 모습으로 변신해 포모나를 찾아갔다. 노파는 느릅나무를 감고 올라간 포도 넝쿨을 가리키며 말했다. 포도 넝쿨도 느릅나무가 없이 혼자였다면 땅바닥을 기었을 것이고, 저렇게 많은 열매도 맺지 못했을 것이라고 했다. 노파는 남자를 외면하는 포모나에게 홀로 서려고 하는 포도 넝쿨 같다며, 포도 넝쿨과 느릅나무를 교훈으로 삼아 베르툼누스의 마음을 받아들이라고 설득했다. 또한 노파는 이피스의 사랑을 무정하게 거절했다가 사랑의 여신 아프로디테에게 벌을 받아 돌이 된 아낙사레테의 이야기도 들려주었다.

키프로스에 귀족 가문의 딸인 아낙사레테라는 아름다운 처녀가 있었다. 비록 천민 출신이긴 하지만 나무랄 데 없는 젊은 청년 이피스는 아낙사레테를 보고 사랑에 빠졌다. 이피스는 자신의 진심을 전하기 위해 노력하였지만, 아낙사레테는 그의 미천한 신분을 비웃으며 거들떠보지 않았다. 절망에 빠진 이피스는 결국 그녀의 문 앞에서 목을 매고 자살하였다. 아낙사레테는 이피스의 장례 행렬이 지나갈 때도 창가에 서서 무심히 내려다만 보고 있었다. 그녀의 무정함에 분노한 아프로디테 여신은 아낙사레테를 석상으로 만들어 버렸다.

이야기를 마친 베르툼누스는 노파의 모습을 벗고 자신의 본래 모습을 드러냈다. 베르툼누스의 아름다운 외모와 감동적인 말솜씨에 마음이 움직인 포모나는 베르툼누스의 사랑을 받아들였다.

4

한 몸이 된 필레몬과 바우키스

프리기아의 어느 언덕에 참나무와 보리수가 한 몸을 이룬 나무 한 그루가 서 있었다. 이곳을 지나는 사람들은 천상의 손님을 경건하게 대접한 선량하고 서로를 지극히 사랑했던 노부부를 기억하였다.

어느 날 제우스는, 대홍수를 일으켜 사악한 인간들을 멸한 뒤 수많은 세월이 흘러 새롭게 태어난 인간들의 땅을 다시 찾았다. 제우스는 아들 헤르메스와 함께 인간의 모습을 하고 프리기아 지방에 이르렀다. 프리기아 사람들이 얼마나 인심이 좋은지 알아보기로 했다.

두 신은 초라한 나그네의 행색을 하고 집집마다 문을 두드리며 하룻밤 쉬어 가기를 청하였다. 하지만 아무도 나그네에게 문을 열어주지 않았다. 그러다가 산기슭에 있는 초라하기 그지없는 조그마한 오두막집에 이르게 되었다. 그곳에는 늙은 농부 필레몬과 경건한 그의 아내 바우키스가 살고 있었다. 두 사람은 나그네를 따뜻하게 맞이해 주며 정성껏 음식을 지어 대접해 주었다. 상차림은 초라했지만, 음식을 아낌없이 나눠 주는 노부부의 마음은 한없이 넉넉했다.

제우스는 무례하고 불친절한 프리기아 사람들을 홍수로 벌하여 모두 물에 잠기게 한 후 노부부의 오두막집만 남겨 두었다. 그리고 초라한 그들의 오두막집을 거룩한 신전으로 만들어 주었다. 비록 가난하지만 정직하고 성실하게 살며 가진 것을 나그네에게 아낌없이 나눠주는 이들에게 감동했기 때문이었다.

제우스는 필레몬과 바우키스에게 소원이 무엇인지 물었다. 필레몬은 아내와 함께 제우스 신전의 신관이 되어 여생을 보내고 싶다고 했다. 그리고 죽음을 맞이할 때 두 사람이 함께 세상을 떠나, 남겨진 어느 한쪽이 슬픔 속에 살아가지 않도록 해달라고 간청했다. 그 후 두 사람은 소원대로 신전에서 제우스의 신관이 되어 살다가 한날한시에 죽게 되었다. 제우스는 노부부가 죽자, 그들을 참나무와 보리수나무로 변하게 하여 한 몸을 이룬 두 줄기 나무로 만들어 주었다.

14장

이루어질 수 없는 사랑

1

월계수로 변한 다프네

    태양의 신 아폴론은 태어난 지 사흘 만에 파르나소스산에 있던 거대한 뱀 피톤*을 활로 쏘아 죽인 궁술의 신이기도 했다. 자신의 활솜씨에 자부심이 강했던 아폴론은 활과 화살을 가지고 있는 조그마한 에로스를 보고 그를 업신여겼다. 화가 난 에로스는 그에게 복수하기로 마음먹었다. 에로스는 사랑에 빠지게 하는 황금 화살과 사랑을 거부하는 납 화살을 준비했다. 에로스는 황금 화살로 아폴론의 심장을 쏘고, 납 화살로는 님페 다프네**의 심장을 향해 쏘았다. 황금 화살을 맞은 아폴론의 가슴속에는 다프네를 향한 사랑이 뜨겁게 끓

---

*   피톤은 대지의 신 가이아가 홀로 낳은 자식이었다. 아폴론이 어머니를 괴롭히던 피톤을 죽이고 그가 지배하던 신탁소를 델포이로 바꾸면서 아폴론을 모시는 델포이의 신탁소가 되었다.
** 다프네는 강의 신 페네이오스의 딸로 사냥하면서 지내는 순결하고 아름다운 숲의 님페였다.

어올랐다. 하지만 납 화살은 다프네에게 아폴론의 사랑을 거부하게 만들었다.

아폴론은 마음껏 자유를 누리며 사냥하는 아름다운 다프네의 모습에 매혹되었다. 다프네를 향한 마음을 억누를 수 없었던 아폴론은 그녀를 뒤쫓아 갔다. 하지만 다프네는 아폴론의 손길을 피해 필사적으로 달아나기 시작했다. 아폴론에게 거의 잡힐 지경에 이르자 다프네는 다급하게 아버지 페네이오스에게 도와달라고 소리쳤다. 이에 페네이오스는 딸을 월계수 나무*로 변신시켜 주었다.

다프네의 두 발은 대지에 뿌리를 내리고, 부드럽던 가슴 위로 나무껍질이 덮였다. 아폴론은 슬픔에 잠겨 다프네를 끌어안고 나무에 입을 맞추었다. 그녀의 심장이 엷은 나무껍질 밑에서 아직도 할딱이고 있는 것을 느낄 수 있었다. 그 후 아폴론은 월계수나무를 자신의 성수로 삼고 그녀를 추억하기 위해 머리에 월계수 가지로 엮은 관을 쓰고 다녔다. 그뿐만 아니라 월계관은 영광스러운 자리를 빛나게 하는 데 항상 같이했다. 이로써 월계수는 아폴론 신을 상징하는 나무가 되었다.

* 다프네(Daphne)는 그리스어로 월계수란 뜻이다.

2

피라모스와 티스베

    피라모스와 티스베는 세미라미스 여왕이 다스리는 바빌로니아에서 담장 하나를 사이에 두고 옆집에 살고 있었다. 선남선녀로 알려진 그들은 서로 가까이 살면서 자연스레 사랑이 싹트게 되었다. 피라모스와 티스베는 결혼을 원했지만, 양가 부모들의 반대에 부딪혔다. 하지만 사랑이란 억압하면 할수록 더욱 강해지는 법이라 두 사람을 그 누구도 갈라놓을 수 없었다.

    그들은 둘 사이에 놓여있는 벽이 원망스러웠지만 한편으로는 서로에게 다가갈 수 있는 수단이 되었다. 피라모스와 티스베는 가로막고 있는 담벼락의 작은 틈을 통해 달콤한 사랑의 밀어를 속삭였다. 헤어질 때가 되면 담벼락에 대고 서로에게 닿지 못할 아쉬운 입맞춤을 나누곤 했다. 그러던 어느 날 피라모스와 티스베는 이대로는 더 이상 견딜 수 없게 되자 함께 도망가기로 결심했다. 그들은 다음 날 밤에 니누스* 무덤이 있는 곳에서 만나기로 약속했다. 그곳에는 샘이 하나 있고, 샘 옆에는 열매가 주렁주렁 달린 뽕나무 한 그루가 서 있었다.

밤이 되자 티스베는 베일로 얼굴을 가리고 몰래 집을 빠져나와 약속 장소로 향했다. 티스베는 먼저 도착하여 사랑하는 피라모스를 기다리고 있었다. 그녀는 무서웠지만 사랑은 그녀를 대담하게 만들었다. 그때 마침 사냥을 마친 암사자 한 마리가 목을 축이기 위해 그녀가 있는 샘으로 다가오고 있었다. 티스베는 사자를 피해 동굴로 도망치다가 그만 베일을 떨어뜨리고 말았다. 막 사냥감을 먹은 후라 주둥이가 온통 피로 물든 암사자는 티스베가 흘려놓은 베일을 발견하고 갈기갈기 찢어놓고 숲으로 사라졌다.

잠시 후 약속 장소에 도착한 피라모스는 사자의 발자국과 티스베의 피 묻은 베일을 발견했다. 그녀가 사자에게 목숨을 잃었다고 생각한 피라모스는 자신도 사랑하는 티스베를 따라가기로 결심했다. 피라모스는 티스베의 피 묻은 베일에 입맞춤한 후 자신의 칼을 뽑아 옆구리를 깊게 찔렀다. 피라모스의 몸에서 분출한 피가 치솟아 뽕나무를 검붉은색으로 물들이며 뿌리로 스며들었다.

한편 사자를 피해 동굴에 숨어있던 티스베는 불안한 마음으로 약속 장소로 돌아오면서 자신이 늦은 이유를 설명하려 했다. 그때 그녀는 나무 아래서 칼에 찔린 채 죽어가는 피라모스를 발견했다. 피라모스는 무

---

* 니누스 무덤은 바빌론 근처에 있는 잘 알려진 사원 무덤이다. 니누스는 앗시리아의 초대 왕이자 세미라미스 여왕의 남편이었다.

거운 눈꺼풀을 들어 자신을 부르며 절규하는 티스베를 잠시 바라본 후 이내 눈을 감았다. 티스베는 피라모스 옆구리에 찔린 칼과 옆에 놓인 자신의 피 묻은 베일을 발견하고 모든 상황을 알 수 있었다. 그녀는 피라모스를 껴안고 울부짖으며 싸늘한 그의 얼굴에 입맞춤했다. 그녀는 죽음도 자신들을 갈라놓지 못할 것이라 여기며 죽어서 둘이 하나가 되길 소원하였다. 그리고 뽕나무를 향해 자신들의 죽음을 잊지 말고 기억해 주기를 빌었다.

마침내 티스베는 피라모스의 칼을 집어 들어 자신의 가슴을 찔렀다. 부모들은 이들의 죽음을 불쌍히 여겨 화장한 두 사람의 뼈를 한 골호에 넣어 묻어 주었다. 그 후 순백색이었던 뽕나무의 오디 열매는 검붉은색으로 변해 두 사람의 진실한 사랑*을 영원히 기념하게 되었다.

---

* 피라모스와 티스베의 사랑 이야기가 셰익스피어의 '로미오와 줄리엣'의 원형이 되었다고 보는 견해가 대부분이다.

3

메아리가 된 에코

　에코는 대지의 여신 가이아의 딸로 헬리콘산의 숲속에 사는 아름다운 님페였다. 그녀는 아르테미스 여신의 총애를 받으며 여신이 사냥할 때 함께 따라다녔다. 하지만 에코는 한번 말을 시작하면 멈출 줄 모르는 소문난 수다쟁이였다.
　어느 날 헤라는 남편 제우스가 헬리콘산으로 가는 것을 보고 숲의 님페들과 노닥거리지나 않을까 몰래 지켜보고 있었다. 이때 에코가 다가와서 재잘거리는 바람에 정신이 없어 그만 남편의 행방을 놓치고 말았다. 에코의 수다 때문에 남편을 놓친 헤라는 화가 치밀어 올라 그녀에게 가혹한 벌을 내렸다. 헤라는 에코에게 남들이 하는 말의 끝말만 반복해서 따라 하게 만들고 그 어떤 말도 먼저 할 수 없게 했다.
　그러던 어느 날 에코는 사슴 사냥을 나왔다가 일행과 떨어져 숲을 헤매고 있는 나르키소스를 보고 첫눈에 반했다. 나르키소스는 모든 처녀들이 흠모하는 눈부시게 아름다운 청년이었다. 에코는 그에게 다가가 달콤한 사랑을 속삭이고 싶었지만 먼저 말을 건넬 수가 없었다. 그녀는 애타는 가슴으로 나르키소스의 주변을 배회하기만 했다. 나르키소스가 함께 온 일행들을 소리쳐 부르자 에코는 그가 한 말의 끝부분을 반복해서 따라 했다. 에코가 그에게 다가갔지만, 그녀의 이상한 행동에 화가 난 나르키소스는 눈길을 외면한 채 떠나버렸다. 에코는 너무나 수치스러운 마음에 깊은 산속에 숨어버렸다. 에코*는 실연의 아픔으로 나날이 여위어만 가다가 마침내 육신은 사라지고 목소리만 산속에 남아있게 되었다.

---

* 에코(echo)는 '메아리'라는 뜻으로 산에 올라 소리치면 끝말을 따라하는 그녀의 목소리를 여전히 들을 수 있다.

15장

금지된 사랑

1

샘으로 변한 비블리스

　미소년 밀레토스*는 크레타섬에서 소아시아로 건너가 자신의 이름을 딴 밀레토스란 도시국가를 건설하였다. 그리고 강의 신 마이안드로스의 딸 키아니에와 결혼하여 쌍둥이 남매 카우노스와 비블리스를 낳았다. 어엿한 처녀로 자란 비블리스는 사랑하는 사람이 생겼다. 그러나 불행하게도 그녀가 사랑한 남자는 쌍둥이 오빠 카우노스였다.

　그녀는 오빠에 대한 사랑과 천륜을 어기고 있다는 죄의식 사이에서 괴로웠다. 감정의 소용돌이 속에서 그녀는 이성보다는 마음의 소리를 따르며 자신의 처지를 합리화하였다. 비블리스는 신들도 자신의 혈족이나 누이와 결혼한 것을 익히 알고 있었다. 크로노스는 레아와, 오케아

---

* 밀레토스는 아폴론과 아카칼리스(크레타의 미노스 왕의 딸) 사이에 태어난 아들로 매우 아름다운 청년이었다.

노스는 테티스와, 제우스는 헤라와 결혼했으며, 바람을 다스리는 아이올로스의 여섯 아들도 자신들의 여섯 누이와 결혼하여 아버지의 집에서 행복하게 살지 않았던가.

비블리스는 오빠 카우노스에게 사랑을 고백하기로 결심했다. 얼굴을 마주 보고 말하려 했지만, 용기가 나지 않아 글로 자신의 마음을 전하려 했다. 그녀는 서판에 자신의 마음을 쓰고 지우기를 여러 번 반복하여 마침내 편지를 완성했다. 그녀는 하인을 시켜 편지를 오빠에게 전달했지만, 동생의 편지를 읽은 오빠 카우노스는 서판을 내동댕이쳤다. 하인은 비블리스에게 오빠의 격한 행동을 전해주었다. 비블리스는 오빠의 냉정한 태도에 자신의 사랑을 전달하는 방법이 잘못되었다고 여겼다. 직접 고백을 한다면 오빠의 마음을 되돌릴 수 있을 것으로 생각했다. 사랑에 눈이 먼 비블리스는 자신을 주체하지 못하고 오빠에게 사랑을 고백했지만 또다시 거절당했다.

카우노스는 여동생의 사랑이 식을 기미가 없자 몰래 고향을 떠나버렸다. 그는 소아시아 카리아 지방의 남서부에서 자신의 이름을 딴 카우노스라는 도시를 건설하고 그곳에 정착하고 살았다. 비블리스는 사랑하는 오빠가 눈앞에서 사라지자, 오빠의 행방을 찾아 미친 듯이 온 나라를 헤매고 다녔다. 결국 자신의 사랑을 이루지 못한 비블리스는 땅바닥에 쓰러진 채 하염없이 눈물만 흘렸다. 그녀는 한없이 흐르는 눈물에 육신이 녹아내려 마침내 샘이 되었다. 사람들은 이 샘을 비블리스의 샘이라 불렀다.

2

남녀 양성의 헤르마프로디토스

　헤르마프로디토스는 헤르메스와 아프로디테 사이에서 아들로 태어났다. 그는 아버지와 어머니의 아름다움을 물려받아 빛나는 용모를 지니고 있었다. 이름도 아버지와 어머니의 이름을 이어받아 헤르마프로디토스라 불렸다. 헤르마프로디토스는 열다섯 살이 되던 해에 고향 이다 산을 떠나 온 세상을 구경하며 두루 돌아다녔다. 그는 할리카르나소스 도시 근교의 숲을 지날 때 바닥이 훤히 들여다보이는 맑은 호수를 발견하고 잠시 물놀이를 즐기고 싶었다.

　이 호수에는 살마키스라는 물의 님페가 살고 있었다. 살마키스는 아르테미스 여신과 함께 사냥을 즐기는 님페들과 다르게 몸치장하는 것을 좋아했다. 그녀는 평소처럼 호숫가를 거닐다가 아름다운 소년이 다가오는 것을 보고 욕정에 사로잡혔다. 마음을 가라앉힐 수 없었던 살마키스는 소년에게 다가가 그를 껴안고 입을 맞추었다. 소년은 깜짝 놀라 비명을 지르며 그녀를 뿌리치려 했다. 그러자 살마키스는 자신이 떠나겠다고 말하고는 가는 척하다가 덤불 뒤에 몸을 숨겼다. 살마키스가 가버렸다고 생각한 소년은 옷을 벗고 호수로 들어가 물놀이를 하였다. 물에 젖은 소년의 몸은 마치 상아 조각처럼 아름답게 빛났다.

숨어서 이를 지켜보던 살마키스는 자신도 모든 옷을 훌훌 벗어던지고 물속으로 뛰어들었다. 그녀는 반항하는 소년을 붙들고 강제로 입맞춤하며 그의 몸에 꼭 달라붙었다. 그리고 신들에게 영원히 소년과 한 몸이 되게 해달라고 소원을 빌었다. 마침내 그녀의 소원이 이루어져 두 몸은 하나로 결합되었다. 이제 그들 둘은 더 이상 둘이 아니며 여자라고도 남자라고도 할 수 없는 한 몸으로 변했다. 이렇게 해서 헤르마프로디토스는 남녀 양성을 모두 한 몸에 지닌 남녀추니가 되었다.

헤르마프로디토스는 변해버린 자신의 모습을 보고는 헤르메스와 아프로디테에게 이 호수에서 목욕하는 자는 누구나 자기처럼 되게 해달라고 빌었다. 헤르메스와 아프로디테는 아들의 애절한 기도를 듣고 그의 소원을 이루게 해주었다. 이후 할리카르나소스의 살마키스 호수에서 목욕을 하는 사람이면 누구나 헤르마프로디토스처럼 한 몸에 남성과 여성의 기능을 모두 갖게 되었다.

3

몰약나무가 된 미르라

　키프로스의 왕 키니라스와 켄크레이스 사이에 태어난 미르라 공주는 아름답기로 소문이 나 많은 귀족 청년들이 그녀에게 구혼했다. 그러자 그의 어머니 켄크레이스는 우쭐해하며 자신의 딸이 아프로디테보다 더 예쁘다고 자랑하고 다녔다. 이를 괘씸하게 여긴 아프로디테는 켄크레이스를 벌하기 위해 에로스를 시켜 그녀의 딸 미르라가 자기 아버지에게 연정을 품게 만들었다.

　아버지를 한 남자로 사랑하게 된 죄책감과 수치심으로 미르라는 스스로 목숨을 끊으려 했다. 때마침 어릴 때부터 길러준 그녀의 늙은 유모가 미르라를 발견하고 목숨을 구해주었다. 미르라의 사연을 들은 유모는 컴컴한 밤에 그녀를 아버지 키니라스의 침실에 들게 했다. 술에 취한 키니라스는 딸을 첩으로 생각하고 품고 잤다. 유모의 도움으로 아버지와 동침하게 된 미르라는 그 후 근친상간의 씨앗을 임신하게 되었다. 이 사실을 알게 된 키니라스가 당장 딸을 죽이려 하자 그녀는 아라비아반도로 도망쳐 죽음을 모면하였다.

만삭의 몸으로 방황하던 미르라는 눈물을 흘리며 이 고통에서 벗어나게 해달라고 신들에게 빌었다. 신들은 그녀를 가엾이 여겨 몰약나무*로 변신시켜 주었다. 몰약나무가 된 미르라는 계속해서 눈물을 흘렸는데, 그녀의 눈물방울은 몰약나무의 수액이 되어 흘러내렸다. 임신한 채 몰약나무가 된 미르라는 분만의 여신 에일레이티이아의 도움으로 아들 아도니스를 낳았다. 이렇게 해서 아도니스는 키니라스의 아들이자 손자이며, 미르라의 아들이자 남동생이 되었다. 갓 태어난 아도니스는 아프로디테 여신의 눈에 띄어 그녀의 한없는 사랑을 받았다.

---

* 몰약나무는 미르라(Myrrha)의 이름을 따서 미르 트리(myrrh tree)라 불리고, 향수나 향료의 원료로 쓰이는 그 수액인 몰약은 미르(myrrh)라 불리게 되었다.

16장

꽃으로 피어난 못다 한 사랑

1

아네모네 꽃이 된 아도니스

아도니스가 태어났을 때 눈이 부실 정도로 아름다웠다. 아프로디테는 그에게 완전히 매료되었다. 그녀는 아무도 모르게 아도니스를 페르세포네에게 맡겨 키웠다. 아도니스가 아름다운 청년으로 성장했을 때 아프로디테는 그를 되찾기 위해 하계로 내려갔다. 그러나 아도니스에게 마음을 빼앗긴 페르세포네가 그를 내어주지 않으려 했다. 아도니스를 서로 차지하기 위해 아프로디테와 페르세포네 사이에 다툼이 일어났다. 결국 제우스가 중재에 나서게 되었다. 제우스는 아도니스에게 1년에 절반은 아프로디테와 함께 지상세계에서 살고, 나머지 절반은 하계의 여왕 페르세포네와 함께 지하세계에서 지내도록 판결을 내려주었다.

아프로디테는 아도니스와 함께 지내는 시간이 돌아오면 오로지 그를 즐겁게 해주기 위해 애를 썼다. 그녀는 너무나 사랑하는 아도니스와 잠시도 떨어지기 싫어 그가 사냥을 나갈 때마다 항상 따라다녔다. 아프로디테는 늘 아도니스에게 위험한 동물을 경계하라고 일러주었다. 그러던 어느 날 아프로디테가 잠시 아도니스의 곁을 비우게 되었다. 이때 아도니스는 멧돼지 사냥을 나갔다가 거대한 멧돼지의 송곳니에 찔려 치명적인 부상을 입었다. 질투심에 불타오른 아레스*가 멧돼지를 보내 아도니스의 옆구리를 들이받게 만든 것이었다. 백조들이 이끄는 마차를 타고 날아가던 아프로디테는 아도니스의 신음소리를 듣고 황급히 지상으로 내려왔다. 검붉은 피를 흘리며 마지막 숨을 몰아쉬는 아도니스에게 입맞춤을 했지만, 그는 그마저도 알지 못했다.

슬픔을 달랠 길 없던 아프로디테는 아도니스를 기념하기 위해 죽은 곳에 피처럼 붉은 꽃이 피어나게 했다. 이 꽃은 눈부시게 아름다웠던 아도니스가 젊은 나이에 죽은 것처럼 아름답지만 금방 시들어 버리는 아네모네** 꽃이 되었다.

---

*   아레스는 아프로디테와 연인 사이로 서로에 대한 애욕 못지않게 질투심도 강했다.
**   아네모네(Anemone)는 바람을 뜻하는 그리스어 Anemos에서 왔으며, 바람꽃(windflower)이라고도 한다. 고대 그리스에서는 아네모네 꽃을 슬픔과 죽음의 상징으로 여겼다.

2

수선화로 피어난 나르키소스

　나르키소스는 강의 신 케피소스와 물의 님페 리리오페 사이에서 막내로 태어났다. 리리오페는 나르키소스를 낳고 눈먼 예언자 테이레시아스에게 아들이 오래 살 수 있을지를 물었다. 테이레시아스는 "자기 자신을 모르면 오래 살 것"이라고 대답했다. 아름다운 청년으로 성장한 나르키소스에게 수많은 소녀들과 님페들이 다가와 구애했다. 하지만 자존심 강한 나르키소스는 모든 이들의 사랑을 거절했다. 님페 중 아름답기로 소문난 에코*마저도 그의 마음을 움직일 수 없었다. 나르키소스에 상처받은 여인들 중 하나가 사랑을 잔인하게 거절한 그에게 짝사랑의 아픔을 깨닫게 해달라고 신들에게 기도드렸다. 복수의 여신 네메시스가

---

*　어느 날 에코는 사슴 사냥을 나온 나르키소스를 보고 첫눈에 반해 그들 사랑하게 되었다. p284.

기도에 응답하여 나르키소스에게 물에 비친 자신의 모습과 사랑에 빠지게 만들었다.

어느 날 나르키소스는 사냥을 나갔다가 맑은 샘물을 발견했다. 갈증이 난 나르키소스는 목을 축이려다 몸을 숙이면서 물에 비친 자신의 모습을 보고 사랑에 빠지게 되었다. 샘물에 손을 뻗어 그에게 닿는 순간 그는 파동 속으로 사라져 버릴 뿐이었다. 그렇게 서로를 갈망했지만, 다가갈 수도 말을 건넬 수도 없었다. 그는 샘물 위에 몸을 숙이고 한 곳을 응시한 채 점점 야위어만 갔다. 결국 나르키소스는 샘물 위에 투영된 자신의 모습을 바라보며 애만 태우다가 죽고 말았다. 그는 망자들이 건너는 스틱스 강을 건널 때 물 위에 비친 자신의 모습을 한 번이라도 더 보기 위해 배 난간 위로 몸을 숙였다.

그의 누이인 물의 님페들은 머리카락을 자르고 나르키소스의 죽음을 애도했으며 숲의 님페들로 슬픔을 함께했다. 누이들이 나르키소스의 장례를 치르려 했으나 그의 시신은 온데간데없고, 그 자리에 아름다운 꽃 한 송이가 피어났다. 꽃이 된 나르키소스는 여전히 샘물에 비치는 자신의 모습을 바라보고 있었다. 사람들은 이 꽃을 나르키소스의 이름을 따서 수선화*라 부르게 되었다.

---

* 수선화를 영어로 나르시소스(Narcissus)라고 한다. 그 어원은 그리스어 Narkissos에서 라틴어 Narcissus로 변한 것이다. '나르시시즘'이란 자기 자신에게 애착을 느끼는 자기애란 뜻이다. 그리스 신화에서 샘물에 비친 자신의 모습을 사랑하며 그리워하다가 죽어서 수선화가 된 미소년 나르키소스(Narcissos)의 이름에서 유래되었다. 나르시시즘(Narcissism)이란 단어는 독일의 정신과 의사 네케가 1899년에 만든 말이다. 나르시시즘이란 말이 널리 알려진 것은 지그문트 프로이트가 이를 정신분석 용어로 도입한 이후부터이다.

3

히아신스로 피어난 히아킨토스

　미소년 히아킨토스*는 스파르타의 왕 아미클라스와 디오메데 사이에서 막내아들로 태어났다. 아폴론은 이 귀여운 남자아이를 영원히 옆에 두고 싶을 정도로 사랑했다. 그는 만사를 제쳐두고 히아킨토스를 만나기 위해 스파르타의 아미클라이 지역을 자주 찾았다. 아폴론은 에우로타스 강가에서 히아킨토스와 거닐거나 때로는 사냥을 즐기기도 하였다. 이처럼 아폴론과 히아킨토스는 많은 시간을 함께 나누며 사랑을 쌓아갔다.

　그러던 어느 날 아폴론과 히아킨토스는 원반던지기 시합을 했다. 아

---

*　히아킨토스의 부모에 대한 여러 가지 설이 있다. 스파르타의 왕 아미클라스와 디오메데의 아들이라는 설 외에, 스파르타의 왕 오이발로스의 아들 혹은 에우로타스의 아들이라고도 하고, 뮤즈 클리오와 마케도니아의 왕 피에로스의 아들이라고도 한다.

폴론이 먼저 원반을 집어 들고 하늘 높이 던졌다. 히아킨토스는 원반을 줍기 위해 낙하지점 쪽으로 미리 달려갔다. 원반은 하늘 높이 날아 포물선을 그리며 땅으로 다시 떨어졌다. 막 떨어진 원반*이 땅에서 튀어 올라 그의 얼굴을 강타했다. 히아킨토스는 치명상을 입고 그 자리에 쓰러졌다. 깜짝 놀란 아폴론은 새파랗게 질린 채 히아킨토스에게 달려갔다. 아폴론은 축 늘어진 히아킨토스를 살리기 위해 안간힘을 썼지만 끝내 그는 아폴론의 품에서 고개를 떨궜다. 아폴론은 히아킨토스의 이름을 애타게 부르며 눈물로 그의 얼굴을 온통 적셨다. 아폴론은 "너는 꽃이 되어 내 곁에 머물며 나의 슬픔을 알리게 될 것"이라 말하며 울부짖었다.

이때 히아킨토스가 쏟은 피에서 티로스의 보랏빛**보다 더 빛나는 백합 모양의 꽃이 수없이 피어났다. 사람들은 이 꽃을 그의 이름을 따서 히아킨토스***라 불렀다. 스파르타 아미클라이에서는 히아킨토스의 죽음을 기리기 위해 매년 초여름에 3일 동안 히아킨티아 축제가 열렸다.

---

* 다른 설에 따르면 서풍의 신 제피로스가 히아킨토스를 좋아했는데, 히아킨토스가 자신보다 아폴론을 더 사랑하는 것을 질투했다. 그래서 아폴론과 히아킨토스가 원반던지기 시합을 하고 있을 때 갑자기 바람의 방향을 바꾸어 원반을 잡기 위해 달려가던 히아킨토스에게 원반을 명중시켜 숨지게 했다고 한다.
** 티로스의 보랏빛(Tyrian purple) 염료는 고대 티로스(티레)에서 발명되었다고 한다. 이 염료는 고둥(뿔소라)에서 추출했는데, 그 색깔이 매우 아름다워 황제의 빛깔로 불릴 만큼 값이 비싸고 구하기도 힘들었다고 한다.
*** 히아킨토스(Hyakinthos)의 영어 이름은 히아신스(hyacinth)로 백합과의 꽃을 이르는 말이다.

4

헬리오트로피움이 된 클리티아

　천상의 빛으로 모든 것을 훤히 들여다보는 태양신 헬리오스는 아프로디테가 아레스와 바람피우는 것을 목격하고 그녀의 남편인 헤파이스토스에게 알려주었다. 이로 인하여 아프로디테와 아레스는 신들의 구경거리가 되는 수모를 당하였다. 아프로디테는 헬리오스에게 앙심을 품고 복수를 하기로 마음먹었다.

　아프로디테는 헬리오스에게 태양의 불길로 세상을 달구듯 여성들에게 주체할 수 없는 욕정의 불길이 타오르게 했다. 이로 인해 헬리오스의 관심은 온통 처녀들에게만 쏠려있었다. 태양신 헬리오스는 때가 되지 않았는데도 불구하고 동쪽 하늘에 나타나거나 바다에 들어갈 시각에도 하늘에서 머무는 등 이상한 행동을 일삼았다.

　헬리오스는 아내 페르세이스 외에도 수많은 여성들과 애정행각을 벌였다. 오케아노스의 딸인 물의 님페 클리티아도 헬리오스의 사랑을 받고 있었다. 하지만 헬리오스는 클리티아를 멀리하고 곧 다른 여성에게로 눈을 돌렸다. 페르시아의 오르카모스 왕의 딸 레우코토에에게 반한 헬리오스는 그녀의 어머니 에우리노메의 모습으로 접근하여 정을 통하였다. 클리티아는 질투심에 사로잡혀 레우코토에가 태양신에게 순결을 빼앗겼다는 소문을 퍼뜨렸다. 오르카모스 왕은 이를 가문의 수치로 여겨 딸을 산 채로 땅에 파묻었다. 헬리오스는 레우코토에의 죽음을 슬퍼하며 그녀가 매장된 곳에 암브로시아를 뿌렸다. 그러자 그 자리에 향기로운 냄새를 풍기는 유향나무* 한 그루가 자라났다.

레우코토에가 죽은 뒤 헬리오스의 마음은 클리티아로부터 더욱 멀어져 더 이상 그녀를 찾지 않았다. 상심한 클리티아는 머리를 풀어헤친 채 땅바닥에 주저앉아 오직 태양의 행로만 바라보고 있었다. 그렇게 아흐레가 지나자, 그녀의 사지가 땅바닥에 들러붙고 태양만 바라보던 그녀의 얼굴은 꽃으로 변하였다. 꽃이 된 클리티아**는 여전히 태양이 움직이는 쪽으로만 바라보게 되었다.

---

* 유향나무의 진액인 유향은 향이나 향수를 만드는 데 쓰이고 있다.
** 클리티아가 변신한 꽃은 향수초의 일종인 헬리오트로피움으로 '헬리오'는 태양을 뜻하고 '트로피움'은 향한다는 뜻이 있다. 즉 태양을 향하는 꽃이라는 뜻이다. 헬리오트로피움(Heliotropium)은 향일성을 가진 해바라기의 일종으로 알려져 있다.

17장

신을 기만하고 모독한 형벌

1

아귀병에 걸린 에리시크톤

테살리아에 에리시크톤이라는 왕이 있었다. 에리시크톤은 무례하고 불경스러웠을 뿐만 아니라 신들을 경멸하는 오만한 자였다. 신들을 우습게 여긴 그는 신들의 제단에 향 한 번 피워 본적도 없었다.

어느 날 그는 데메테르 여신께 봉헌된 신성한 숲의 나무를 잘라 사용하려고 했다. 주위 사람들과 데메테르 여신의 경고에도 불구하고 에리시크톤은 이를 무시했다. 결국에는 여신이 소중히 여기는 커다란 떡갈나무까지 베려고 했다. 떡갈나무는 두려움에 부르르 떨며 신음 소리를 냈다. 신하 한 명이 이를 말리자 에리시크톤은 그자의 목을 도끼로 쳐버리고 떡갈나무를 찍어내기 시작했다. 이때 도끼에 찍힌 아름드리나무에서 피가 흥건히 흘러내렸다. 데메테르 여신의 사랑을 입어 나무에 깃든 님페 하마드리아데스가 흘린 피였다. 거대한 떡갈나무가 쓰러지면서 토해낸 신음 소리가 온 숲에 울려 퍼졌다. 에리시크톤의 무례한 행동에 격노한 데메테르는 그에게 무시무시한 형벌을 내리기로 했다.

에리시크톤에 내려진 형벌

데메테르 여신은 허기의 여신 리모스에게 명령해 에리시크톤에게 아무리 먹어도 영원히 채워지지 않는 굶주림에 시달리게 했다. 데메테르의 명을 받은 리모스는 잠들어 있는 에리시크톤에게 다가가 뼈만 남은 앙상한 팔로 그를 감싸 안았다. 그리고 허기의 숨결을 내뱉어 그의 뱃속과 혈관에 스며들게 해 그를 굶주림으로 가득 채웠다.

잠에서 막 깨어난 에리시크톤은 걷잡을 수 없는 식욕을 느끼며 미친 듯이 음식을 찾았다. 닥치는 대로 음식을 먹어 치웠지만 허기는 전혀 가시지 않았다. 오히려 음식을 먹으면 먹을수록 더욱더 식욕을 자극할 뿐이었다. 심지어 고깃덩어리를 목구멍 속으로 밀어 넣는 동안에도 허기가 느껴졌다. 결국 자신의 모든 재산을 허기를 채우는 데 탕진하고 급기야 하나뿐인 딸 메스트라까지 팔아먹었다. 그러고도 배고픔이 가시지 않자, 제 입으로 자신의 팔다리를 뜯어먹기 시작했다. 그것도 모자라 자신의 몸통까지 모두 뜯어먹은 후 입만 남은 채 계속 음식을 탐하였다.

2

바위를 굴려 올리는 시시포스

강의 신 아소포스에게 20명의 딸이 있었는데, 그중에 아이기나가 가장 아름다웠다. 어느 날 아이기나를 본 제우스는 커다란 독수리로 변신해 그녀를 낚아채서 오이노네섬으로 데려갔다. 때마침 시시포스가 이 현장을 목격하게 되었다.

아소포스는 사라진 딸을 찾아 그리스 전역을 돌아다녔지만, 아무 소용이 없었다. 강의 신 아소포스를 만난 시시포스는 아이기나의 행방을 알고 알려주는 조건으로 아크로폴리스에 샘물이 솟아나게 해달라고 요구했다. 그 당시 코린토스의 왕이 된 시시포스는 늘 물 부족으로 고생하는 백성들을 걱정하고 있을 때였다. 강의 신 아소포스가 흔쾌히 그의 요구를 들어주자, 시시포스는 커다란 독수리 한 마리가 아이기나를 채서 오이노네섬으로 날아가는 것을 보았다고 했다. 그 독수리는 변신한 제우스가 틀림없으니 오이노네섬으로 가면 딸을 찾을 수 있을 것이라

일러주었다.

　강의 신 아소포스는 당장에 오이노네섬으로 쳐들어가 제우스에게 딸을 내놓으라고 요구했다. 그러나 제우스는 벼락을 내려 아소포스를 원래의 물줄기로 되돌려 보냈다. 그 후 제우스는 아소포스의 딸 아이기나를 오이노네섬에 남겨두고 올림포스로 떠났다. 아이기나는 제우스의 아들 아이아코스를 낳았고, 이를 기념해 사람들은 오이노네섬의 이름을 아이기나섬이라 바꿔 불렀다. 얼마 뒤 아이기나는 테살리아로 돌아가서 악토르와 결혼하였다. 제우스와 아이기나 사이에 태어난 아이아코스는 자라서 아이기나섬의 왕이 되었다. 아이아코스 왕은 스키론의 딸 엔데이스와 결혼하여 펠레우스와 텔라몬*을 낳았고, 펠레우스는 바다의 여신 테티스와 결혼하여 트로이 전쟁의 영웅 아킬레우스를 낳았다.

시시포스에게 내려진 형벌

　한편 제우스는 죽음의 신 타나토스에게 명령하여 고자질한 시시포스를 저승으로 데려가게 했다. 하지만 꾀 많은 시시포스는 타나토스가 자신을 죽음의 포승줄로 묶으려 하자 밧줄이 어떻게 작동하는지 궁금하다며 한 번만 만져보게 해달라고 부탁했다. 밧줄을 넘겨받은 시시포스는

---

* 텔라몬은 두 번째 아내 에리보이아(혹은 페리보이아) 사이에서 대(大) 아이아스를 낳았다. 대(大) 아이아스와 아킬레우스는 사촌지간이며 절친한 친구이다.

갑자기 타나토스에게 달려들어 그를 꽁꽁 묶어 토굴에 가둬버렸다. 죽음의 신이 움직일 수 없게 되자 지상에서는 아무도 죽는 사람이 없었다. 이에 제우스는 전쟁의 신 아레스를 코린토스 왕궁으로 보내 타나토스를 풀어주고, 타나토스는 다시 시시포스를 잡아 저승으로 데려갔다.

시시포스는 저승으로 끌려가기 전에 아내 메로페에게 자신이 죽은 뒤에 장례를 치르지 말라고 당부했다. 메로페는 남편의 말에 의아했지만 그대로 따를 수밖에 없었다. 하데스는 지상에서 시시포스의 장례가 치러지지 않자 이를 이상히 여겨 그에게 무슨 연유인지 물었다. 시시포스는 아내의 행실을 한탄하며 다시 지상으로 보내주면 아내의 잘못을 벌하고 돌아오겠다고 하였다. 이에 하데스는 망자의 장례를 치르지 않는 것은 자신을 존중하지 않는 짓이라 여겨 그를 다시 지상으로 돌려보냈다. 세상으로 올라온 시시포스는 지하세계로 다시 돌아가지 않고 조용히 숨어 살았다.

인간은 언젠가 죽음을 맞이하게 될 운명이라 결국 시시포스는 죽어 저승으로 가게 되었다. 하데스는 신을 기만하고 약은꾀를 부린 시시포스에게 다시는 딴생각을 하지 못하도록 잠시도 쉴 수 없는 벌을 내렸다. 집채만 한 바위를 두 손으로 밀어 산꼭대기에 올려놓으면 바위는 다시 들판으로 굴러 내렸고, 또다시 내려가 떨어진 바위를 굴려 올리는 일을 영원히 반복하게 했다. 기를 쓰며 바위를 굴려 올리는 그의 사지에서는 땀이 비 오듯 흘러내렸고, 머리 위로는 하얀 먼지가 구름처럼 일었다.

3

영원한 기갈에 시달리는 탄탈로스

　탄탈로스*는 아나톨리아반도의 리디아 지역을 다스리는 아주 부유하고 축복받은 왕이었다. 제우스의 아들인 탄탈로스는 신들의 총애를 받아 천상에서 열리는 신들의 잔치에도 초대받곤 했다. 탄탈로스는 주변 사람들에게 천상에서 보고 들은 것들을 자랑삼아 얘기했다. 그러다가 그는 신들의 대화에서 엿들은 은밀한 비밀까지 누설하기에 이르렀다. 그뿐만 아니라 신들의 음식인 넥타르와 암브로시아를 몰래 빼돌려 인간들에게 나눠주다가 신들의 노여움을 샀다.

　한번은 도둑질 잘하기로 유명한 밀레토스의 왕 판다레오스가 제우스의 신전에서 황금 개를 훔쳐 탄탈로스에게 맡겼다. 제우스가 이 사실

---

* 　탄탈로스는 제우스가 오케아노스와 테티스 사이에서 난 님페 플루토를 취하여 낳은 아들이다. 탄탈로스와 아틀라스의 딸 디오네 사이에서 펠롭스, 니오베, 브로테아스가 태어났다.

을 알고 헤르메스를 보내 찾으러 왔을 때 탄탈로스는 그 개를 본 적이 없다고 잡아뗐다. 심지어 개를 맡겼던 판다레오스가 개를 되돌려 받으러 왔을 때도 개를 맡은 적이 없다고 시치미를 뗐다.

그러던 어느 날, 탄탈로스가 자기 궁전에서 열리는 연회에 신들을 초대해 식사를 하게 되었다. 탄탈로스는 신들을 시험해 보려는 오만한 마음에서 자기 막내아들 펠롭스를 토막 내어 요리한 후 신들의 식탁에 올렸다. 신들은 모두 탄탈로스의 끔찍한 짓을 금방 알아차렸지만, 뒤늦게 도착한 데메테르 여신은 아무것도 모른 채 고깃국을 먹어 버렸다.

펠롭스를 불쌍히 여긴 신들은 그의 토막 난 사지를 모두 모아 본래의 모습으로 되살려 주었다. 데메테르 여신이 이미 먹어 버린 한쪽 어깨 부위는 어쩔 수 없이 흰 상아로 만들어 펠롭스에게 붙여 주었다.

탄탈로스에게 내려진 형벌

탄탈로스의 악행에 분노한 신들은 그를 타르타로스로 추방하여 영원한 목마름과 배고픔에 시달리는 형벌을 내렸다. 타르타로스에 갇힌 탄탈로스는 한 연못 안에 빠진 채 서 있었다. 물은 그의 턱밑까지 차올라 찰랑거렸다. 탄탈로스가 목이 타는 갈증으로 물을 마시기 위해 허리를 구부릴 때마다 물이 뒤로 물러나 닿을 수 없었다. 몸을 숙일수록 수면은 점점 낮아져 마침내 사라지고 검은 바닥을 드러냈다.

그의 머리 위로는 배, 사과, 석류 등 온갖 먹음직스러운 열매가 주렁

주렁 달린 나무들이 있었다. 하지만 그것들을 잡으려고 손을 내밀 때마다 바람이 위로 치켜올려 잡을 수가 없었다. 과일과 물은 입에 닿을 듯 가까이 있었지만 탄탈로스*는 영원한 배고픔과 목마름에 고통받으며 그곳에 서 있어야만 했다.

---

* 탄탈로스(Tantalos)는 '애타게 하여 괴롭히다'란 뜻의 영어단어 tantalize의 어원이 되었다. 또 다른 탄탈로스가 있는데, 그는 티에스테스의 아들로 클리타임네스트라가 아가멤논의 남편이 되기 전 첫 번째 남편이었던 탄탈로스이다. 그는 제우스의 아들 탄탈로스의 증손자이며 이름이 같다.

4

사자로 변한 아탈란테와 히포메네스

아탈란테는 스코이네우스*와 클리메네 사이에서 딸로 태어났다. 아들을 바라던 스코이네우스는 딸 아탈란테가 태어나자 산속에 내다 버렸다. 암곰의 젖을 먹으며 살아남은 아탈란테는 사냥꾼에게 발견되어 그의 보살핌을 받으며 자랐다. 처녀로 성장한 그녀의 미모는 아르테미스 여신처럼 빛났다. 하지만 사냥꾼들 틈에서 자란 아탈란테는 결혼에는 별 관심 없이 사냥을 즐기며 지냈다.

아탈란테는 칼리돈의 멧돼지 사냥에 참가해 처음으로 자신의 이름을 알렸다. 그녀에게 칼리돈의 멧돼지 사냥은 모험의 시작에 불과했다. 아탈란테는 이아손이 영웅들을 모아 아르고호 원정대를 결성했을 때 여성

---

* 아탈란테가 이아소스와 클리메네의 딸이며, 아탈란테와 결혼한 사람이 멜라니온이라는 설도 있다.

으로는 유일하게 지원했다. 또한 이올코스에서 열린 펠리아스를 추모하는 격투기 시합에서 펠레우스*와 겨뤄 승리를 거두었다.

아탈란테와 황금 사과

아탈란테의 명성은 그녀를 버렸던 아버지 스코이네우스의 귀에도 들어가 친부모를 만날 수 있었다. 그녀의 아버지는 딸에게 결혼하라고 재촉하였다. 아버지의 성화에 아탈란테는 누구든 달리기 시합에서 자신을 이기는 사람과 결혼하겠다고 선언했다. 하지만 경주에서 지는 자는 죽임을 당하게 될 것이라는 조건을 내걸었다. 숲속에서 사냥을 하며 자란 아탈란테는 달리기라면 그 누구보다도 자신이 있었다. 그녀의 미모에 반한 수많은 남자들이 목숨을 걸고 경주에 나섰다가 죽임을 당했다.

경주를 구경하던 히포메네스는 그녀의 매력에 흠뻑 빠지게 되었다. 그는 죽음의 경주에 나가기로 결심하고 사랑의 여신 아프로디테에게 경주에 이기게 해달라고 간절히 빌었다. 아프로디테는 히포메네스의 간청에 응답하여 그에게 황금 사과 세 개를 주며 그 사용법을 알려주었다.

드디어 두 사람의 경주가 시작되었다. 아탈란테가 앞서 나가자 히포메네스는 그녀 앞쪽으로 황금 사과를 하나 던졌다. 아탈란테가 신기한

---

* 펠레우스는 프티아의 왕으로 칼리돈의 멧돼지 사냥, 아르고호의 모험 등에 동참했다. 트로이 전쟁의 영웅 아킬레우스의 아버지이기도 하다.

사과를 줍기 위해 멈춰 선 순간 히포메네스는 그녀를 앞질렀다. 아탈란테가 다시 앞서자 두 번째 사과를 던져 그녀가 지체하는 동안 히포메네스는 앞서 나갈 수 있었다. 그녀는 눈 깜박할 사이에 히포메네스를 다시 따라잡았다. 마침내 결승점이 눈앞에 다가왔을 때 히포메네스는 마지막 세 번째 사과를 아탈란테 앞에 떨어뜨렸다. 그녀가 주춤하는 사이에 간발의 차로 히포메네스가 먼저 결승점을 통과하였다.

부부가 된 두 사람은 어느 날 사냥을 나갔다가 제우스의 신전에서 사랑을 나누었다. 제우스는 신전을 더럽힌 죄를 물어 아탈란테와 히포메네스를 암사자와 수사자로 만들어 버렸다. 또 다른 설에 따르면, 히포메네스가 아탈란테를 아내로 얻은 뒤 감사의 제물을 바치지 않아 아프로디테를 노하게 하였다. 그래서 아프로디테가 두 사람에게 욕정을 불러일으켜 키벨레* 여신의 신전에서 사랑을 나누게 만들었다.

키벨레 여신은 자신의 신전을 욕되게 한 두 사람에게 인간의 모습을 박탈하고, 더 이상 사랑을 나누지 못하도록 사자**로 변하게 하였다. 그런 다음 그들을 자신의 수레에 매고 다녔다. 키벨레 여신의 수레를 끄는 두 마리 사자는 바로 아탈란테와 히포메네스가 변한 사자였다.

---

* 키벨레는 크로노스의 아내이며 신들의 어머니인 레아와 동일시되었다. 제우스의 모신인 그녀는 풍요 다산의 여신이자 산림의 수호신으로, 사자가 이끄는 전차를 타고 산야를 달린다고 생각했다.
** 고대 그리스인들은 사자가 표범과 교미하여 새끼를 낳는다고 생각했다. 사자는 서로 맺어질 수 없다고 믿었으므로 아탈란테와 히포메네스는 사자가 되어 다시는 서로 관계를 맺을 수 없게 된 것이라 여겼다.

18장

트로이 전쟁

트로이 전쟁은 지금으로부터 약 3200년 전 미케네 문명의 최전성기를 누리던 그리스 연합군과 소아시아 지역 도시국가의 맹주였던 트로이 사이에 벌어진 10년간의 전쟁이다.

　트로이는 흑해와 에게해를 잇는 헬레스폰투스(지금의 다르다넬스) 해협의 남쪽 어귀로부터 약 6.4km 떨어진 평야의 나지막한 언덕에 자리 잡고 있었다. '트로이'는 영어식 표기이며 그리스어 표기는 '트로이아'라고 한다. 고대 그리스에서는 트로이아를 '일리온' 혹은 '일리오스'라고도 불렀다.

　트로이는 지리적으로 두 해협을 잇는 입구에 위치해 예로부터 번영을 누렸던 부유하고 강력한 도시였다. 오늘날까지도 그보다 더 유명한 도시가 없을 만큼 유구한 명성을 지니고 있다. 현재 아시아 서쪽의 튀르키예(옛 터키)에 속해 있는 이곳은 트로이 유적지로 남아있으며 유네스코 세계 문화유산에 등재되어 있다.

# 1
트로이의 건국

　제우스와 님페 엘렉트라 사이에서 태어난 형제 이아시온과 다르다노스는 아이가이온 해에 있는 사모트라케섬을 다스리고 있었다. 어느 날 이아시온이 누이 하르모니아*의 결혼식에 갔다가 대지의 여신 데메테르를 만나게 되었다. 이아시온을 보고 첫눈에 반한 데메테르 여신은 세 번 갈아 일군 밭**에서 그와 사랑을 나누었다. 이에 제우스는 이아시온에게 여신을 넘본 교만의 죄를 물어 벼락을 내려 죽였다. 형 이아시온의 죽음으로 슬픔에 빠져있던 동생 다르다노스는 사모트라케섬을 떠나 트로아스로 이주해 갔다.

---

*　아틀라스의 딸인 님페 엘렉트라는 제우스와 사이에서 이아시온, 다르다노스, 하르모니아 삼남매를 낳았다. 다른 설에 따르면 하르모니아가 아프로디테와 아레스 사이에서 태어났다고도 한다.
**　세 번 갈아 일군 밭이란 풍요로운 결실을 맺을 준비가 되어있다는 뜻으로, 데메테르와 이아시온 사이에 풍요의 신 플루토스가 태어났다.

다르다노스는 트로아스의 테우크로스 왕의 환대를 받으며 영지 일부를 하사받고 그의 딸 바테이아 공주를 아내로 맞이하게 되었다. 다르다노스는 이다산에 도시를 건설하고 자신의 이름을 따 다르다니아라 불렀다. 그는 장인 테우크로스 왕이 죽자 그의 왕국을 넘겨받아 자신이 다스리는 전 지역을 모두 다르다니아라 불렀다. 다르다노스와 바테이아 사이에 태어난 사남매 중 아들 에리크토니오스가 아버지의 권력을 물려받고, 강의 신 시모에이스의 딸 아스티오케와 결혼하여 트로스를 낳았다.

트로스가 왕이 된 후 왕궁이 있던 도성을 자신의 이름을 따 트로이아라 부르고, 그 영향권에 있는 모든 통치 지역을 트로아스라 불렀다. 트로스 왕은 강의 신 스카만드로스*의 딸 칼리로에와 결혼하여 세 명의 아들 일로스, 아사라코스, 가니메데스를 낳았다. 큰아들 일로스는 아버지의 뒤를 이어 트로아스를 다스렸다. 막내아들 가니메데스는 용모가 유난히 아름다웠다. 이 소문을 들은 제우스는 독수리로 변신하여 그를 올림포스로 납치해 가 신들의 연회에서 술을 따르는 시종으로 삼았다.

일로스의 도시 일리온

어느 날 일로스는 이웃 나라 프리기아를 방문하게 되었는데, 마침

---

* 시모에이스 강과 스카만드로스 강은 트로이아 평야를 지나는 중요한 두 개의 수원으로, 트로이아 사람들은 두 강을 자신들을 지켜주는 수호신이자 선조라 생각하며 숭배하였다.

올림피아 경기가 열리고 있었다. 일로스는 프리기아 왕의 요청으로 씨름 경기에 참가해 모든 상대를 물리치고 승리를 거두었다. 프리기아 왕은 일로스에게 상으로 젊은 남녀 각각 50명과 함께 암컷 얼룩소를 하사한 후 얼룩소가 멈추는 곳에 도시를 건설하라는 신탁을 일러주었다. 일로스는 신탁에 따라 얼룩소가 멈춘 곳에 성을 쌓고 도시를 세운 뒤 자신의 이름을 따서 일리온이라 불렀다.

이곳은 아테* 언덕으로 아버지 트로스의 이름을 따서 이미 트로이아라고 불리며 자신이 살고 있던 지역이었다. 그래서 일로스는 일리온을 아버지 그랬던 것처럼 트로이아라 부르기도 했다. 도시를 건설하기에 앞서 일로스는 제우스 신에게 성을 쌓도록 허락하는 징표를 내려달라고 기도하였다. 제우스는 일로스의 기도에 응답하여 팔라디온**이라 불리는 아테나 여신상을 내려주었다. 팔라디온 신상은 자신이 세운 도시가 제우스와 아테나의 보호 아래 있다는 징표였다. 일로스 왕은 제우스가 하늘에서 팔라디온을 내려 준 자리에 아테나 여신의 신전을 세우고 팔라디온 신상을 그 안에 모셨다. 이때부터 트로이아인들은 팔라디온 신상이 신전 안에 모셔져 있는 한 트로이아는 절대 멸망하지 않을 것이라고 굳게 믿었다. 일로스는 새로 건설한 일리온, 즉 트로이아에

---

* 제우스가 자신을 속인 악과 재앙의 여신 아테를 올림포스에서 내던졌는데, 아테가 인간 세상에 떨어져서 만들어진 언덕이라 해서 아테 언덕이라 불리었다.
** 아테나 여신은 자신이 실수로 죽인 친구 팔라스의 죽음을 슬퍼하며 자신의 이름 앞에 팔라스라는 이름을 붙여 스스로를 팔라스 아테나로 불렀다. 그리고 친구를 기리기 위해 팔라디온 상을 만들어 팔라스 신으로 예우했다. 그 후 팔라디온은 아테나 여신을 상징하는 신상이 되었다.

머물며 다르다니아의 통치는 동생 아사라코스에게 맡겼다.

　일로스에게는 두 남매가 있었는데, 아들 라오메돈은 아버지의 뒤를 이어 강력한 왕권을 수립하였다. 그는 트로이아의 노천 지역에 성벽을 쌓아 요새 도시로 만들 계획이었다. 그 무렵 라오메돈은 아폴론과 포세이돈*에게 트로이아의 성벽을 쌓는 노역을 시키면서 성이 완성되면 보상을 해주겠다고 약속했다. 하지만 라오메돈은 성벽을 다 쌓은 후에 아폴론과 포세이돈에게 약속한 대가를 지급하지 않았다. 이에 화가 난 포세이돈은 바다 괴물을 보내 트로이아를 쑥대밭으로 만들었다. 괴물을 퇴치하고 재앙을 끝내려면 라오메돈의 딸을 제물로 바쳐야 한다는 신탁이 내려졌다. 라오메돈은 어쩔 수 없이 딸 헤시오네를 괴물이 출현하는 바다 인근 바위에 묶어 제물로 바쳤다.

　때마침 아마조네스 원정을 마치고 이곳을 지나가던 헤라클레스가 라오메돈에게 신마**를 받는 조건으로 헤시오네를 구해주었다. 그러나 라오메돈 왕이 신마를 주지 않고 약속을 어기자, 헤라클레스는 언젠가 원수를 꼭 갚으리라 다짐했다. 그 후 몇 년이 지나 헤라클레스는 부하들을 이끌고 트로이아로 쳐들어와 약탈하기에 이르렀다. 라오메돈과 그의 아들은 헤라클레스 군대와 맞서 싸웠지만 모두 전사하고 딸 헤시오네와 막내아들 포다르케스는 포로가 되었다. 헤라클레스는 부하 텔라몬

---

*　제우스는 역모를 꾀한 아폴론과 포세이돈에게 인간 세상에 내려가 1년 동안 트로이아의 왕 라오메돈 밑에서 종살이하는 벌을 내렸다. p54.
**　이 말은 라오메돈의 할아버지 트로스가 납치된 아들 가니메데스의 몸값으로 제우스에게 받은 불사의 신마이다. 그 후 트로이아의 준마들은 이 말들의 혈통을 이어받게 되었다.

에게 헤시오네를 넘겨주며 그녀에게 소원 한 가지를 들어주겠다고 말했다. 헤시오네는 동생 포다르케스를 풀어줄 것을 요구했다. 포다르케스는 트로이아에 남아 프리아모스로 개명하고 아버지 라오메돈의 왕위를 이었다. 왕위에 오른 프리아모스는 친구이자 조언자인 안테노르를 텔라몬*이 다스리는 아이기나섬으로 보내 납치된 누나 헤시오네를 돌려 달라고 요구했지만 거절당했다.

그 후 트로이아의 프리아모스 왕은 다르다니아뿐만 아니라 주변의 군소 도시국가들에 대한 지배권을 확대하여 트로이아의 역대 왕 중에서 가장 강력한 왕권을 확립하였다. 또한 프리아모스는 헤카베와 결혼 후에 여러 명의 첩과 수많은 자식들을 거느리며 노년에 부귀영화를 누리고 있었다.

---

* 텔라몬은 그리스의 영웅 대(大) 아이아스의 아버지이다. 텔라몬은 전리품으로 데려온 헤시오네 사이에서 아들 테우크로스(테우케르)를 얻었다.

2

트로이* 전쟁의 발단

파리스의 신판

제우스와 포세이돈이 아름다운 바다의 여신 테티스를 탐하였으나 그녀가 낳을 아들이 아버지보다 더 위대해질 것이라는 프로메테우스의 예언이 두려웠다. 이에 제우스는 서둘러 테티스를 인간 펠레우스와 결혼시키려 했다. 테티스는 인간과 맺어지기를 원치 않았지만 결국에는 프티아의 왕 펠레우스와 결혼하게 되었다.

테티스와 펠레우스**의 결혼을 축하하는 잔치에 올림포스의 모든

---

*   트로이아(Troia)는 고대 그리스식 표기이며 영어식 표기는 트로이(Troy)라 한다. 이번 장부터는 우리에게 친숙한 영어식 표기를 따라 '트로이'로 통일한다.
** 테티스와 펠레우스 사이에서 위대한 무적의 전사 아킬레우스가 태어나게 된다.

신들이 초대되었으나 불화의 여신 에리스만 초대받지 못했다. 이에 분노한 에리스는 앙갚음할 계략을 세웠다. 그녀는 축하연에 찾아가 '가장 아름다운 여신에게'라는 글귀가 새겨진 황금 사과를 연회석으로 던졌다. 황금 사과를 놓고 헤라, 아테나, 아프로디테 세 여신이 서로 가지려고 다투었다. 세 여신은 자존심을 걸고 누가 가장 아름다운지 제우스에게 심판을 부탁했다. 이들의 싸움에 휘말리고 싶지 않았던 제우스는 세 여신을 트로이의 이다산에 있는 양치기 파리스에게 보냈다. 제우스는 인간들 중 가장 잘생긴 파리스가 누가 가장 아름다운지 심판할 수 있는 적임자라고 일러주었다. 트로이의 왕자 파리스가 이다산의 양치기가 된 연유에는 숨겨진 출생의 비밀이 있었다.

파리스는 트로이 왕 프리아모스와 두 번째 왕비 헤카베 사이에 태어난 아들이었다. 헤카베가 첫째 아들 헥토르를 낳고 둘째 파리스를 임신했을 때였다. 꿈속에서 그녀가 불타는 나무토막을 낳자, 그 나무토막이 트로이를 불바다로 만드는 꿈을 꾸었다. 헤카베로부터 꿈 이야기를 들은 프리아모스 왕은 해몽을 배운 전처의 아들 아이사코스를 불러 꿈에 관하여 물어보았다. 아이사코스는 파리스가 트로이를 망하게 할 운명이라며 내다 버리라고 충고하였다. 불길한 예언에 프리아모스와 헤카베는 가축을 돌보고 있던 시종 아겔라오스에게 지시하여 파리스를 이다산에 내다 버리게 했다. 5일이 지난 후에 아겔라오스는 다시 산으로 가 보았는데, 암곰의 젖을 먹으며 살아남은 파리스를 발견하고 집에 데려다 아들처럼 키웠다. 훌륭하게 성장한 파리스는 이다산 지역의 도둑들을 물리치고 양 떼를 지켜주었는데, 그로 인하여 사람들은 그를 '보호해 주는 남자'라는 뜻을 가진 알렉산드로스라고도 불렀다.

그 후 프리아모스와 헤카베가 파리스를 아들로 다시 받아들여 왕자의 신분을 되찾게 되었다. 그러나 파리스는 궁에서 지내지 않고 예전처럼 이다산에서 님페 오이노네와 행복한 결혼 생활을 하고 있을 때였다. 제우스의 명에 따라 파리스를 찾아온 세 여신들은 누가 가장 아름다운지 신판을 요구하며 다양한 선물 공세로 그를 매수하려고 했다. 헤라는 부귀영화와 권력을 주겠다고 약속했고, 아테나는 전쟁에서 얻게 될 승리와 명예를 제안했다. 그리고 아프로디테는 세상에서 가장 아름다운 여인을 아내로 맞이하게 해 주겠다고 약속했다. 파리스는 마지막 제안을 받아들여 아프로디테에게 황금 사과를 건네주었다. 반면 선택받지 못해 자존심에 큰 상처를 입은 헤라와 아테나는 파리스에게 지독한 적개심을 품게 되었다.

헬레네 공주의 납치

세상에서 가장 아름다운 인간 여인은 단연 스파르타의 공주 헬레네였다. 헬레네는 너무나 아름다워 그녀를 한번 본 남자는 누구나 그녀를 소유하고 싶어 했다. 그녀는 이미 열두 살이 되던 해에 미모에 반한 테세우스에게 납치당하는 불행을 겪기도 했다. 헬레네가 결혼 적령기에 이르자 그리스 전역에서 구혼자들이 구름떼처럼 몰려들었다. 구혼자들은 하나같이 값비싼 선물들을 늘어놓으며 헬레네와 틴다레오스의 환심을 사려했다. 하지만 헬레네의 아버지 틴다레오스 왕은 그들의 선물이 달갑지만은 않았다. 수많은 구혼자들 중 어느 한 사람을 헬레네의 남편으로 선택했을 때 선택받지 못한 자들이 폭동을 일으키지나 않을까 두려웠기 때문이었다.

이때 오디세우스가 틴다레오스 왕에게 그의 조카딸 페넬로페와 결혼할 수 있도록 도와주면 문제를 해결해 주겠다고 제안했다. 오디세우스는 헬레네에 대한 구혼을 일찌감치 포기하고 페넬로페를 마음에 두고 있었다. 틴다레오스 왕은 오디세우스의 제안을 받아들이자 그는 해결 방법을 알려주었다. 그 묘책은 누가 남편으로 선택받든 그 권리를 인정하고 이들 부부를 지켜주겠다는 서약을 구혼자들에게 받아내는 것이었다. 오디세우스의 해결책이 먹혀들어, 그는 페넬로페를 얻을 수 있었다. 결국 헬레네는 아버지의 총애를 받고 있던 메넬라오스와 결혼하였다. 후사가 없던 틴다레오스*는 사위 메넬라오스에게 스파르타의 왕위도 함께 물려주었다.

한편 아프로디테는 약속대로 파리스를 가장 아름다운 여인 헬레네와 맺어주기 위해 스파르타로 데려갔다. 스파르타의 메넬라오스 왕과 헬레네 왕비는 파리스를 손님으로 정중하게 맞이했다. 그 당시 주인과 손님 관계는 서로 도와주며 해를 입히지 않는 것이 불문율이었다. 그때 메넬라오스가 외할아버지 장례식에 참석하기 위해 크레타로 가게

---

* 틴다레오스에게 아들 디오스쿠로이 형제가 있었는데, 이다스와 린케우스 형제들과 싸우다 둘 다 죽고 후사도 없이 딸 헬레네만 있는 상태였다.

되었다. 메넬라오스가 잠시 자리를 비운 사이에 파리스는 헬레네를 유혹해 트로이로 데려가 버렸다. 헬레네가 파리스와 함께 사라진 것을 알게 된 메넬라오스는 곧바로 형 아가멤논*에게 달려가 도움을 요청했다. 아가멤논 왕은 그리스 전역에 걸쳐 헬레네 부부를 위해 맹세한 구혼자들에게 출전을 요구했다. 그리스 각지에서 소식을 들은 영웅들은 군사를 이끌고 보이오티아의 아울리스 항으로 모여들기 시작했다.

오디세우스가 조언해 준 구혼자의 서약은 구혼자 중 한 명이었던 자신도 징집당하는 빌미가 되었다. 오디세우스는 젊은 아내 페넬로페와 어린 아들 텔레마코스를 남겨둔 채 전쟁터로 나가고 싶지 않았다. 팔라메데스**가 스파르타의 왕 메넬라오스와 함께 참전을 요구하기 위해 찾아왔을 때 오디세우스는 미친 척했다. 그는 나귀와 황소를 쟁기에 매고 밭을 갈면서 씨앗 대신 소금을 뿌리고 있었다. 팔라메데스는 영리하고 교활한 오디세우스의 술수를 꿰뚫어 보았다. 그는 오디세우스의 어린 아들 텔레마코스를 데려와 쟁기 앞에 갖다 놓았다. 오디세우스는 아들을 피하려고 재빨리 쟁기를 옆으로 돌리면서 그의 거짓 광기는 들통나고 말았다. 오디세우스는 꼼짝없이 트로이 전쟁에 끌려갈 수밖에 없었다.

---

* 아가멤논은 아내 클리타임네스트라와 함께 미케네를 다스리고 있었다. 클리타임네스트라와 메넬라오스의 아내 헬레네는 레다의 자식들로 서로 자매지간이다.
** 팔라메데스는 현자 케이론의 제자로 오디세우스를 능가하는 지략가이다. 인간 중 가장 영리한 자로 알려져 있었다

3

트로이 전쟁의 등장인물

≪그리스 진영의 주요 등장인물≫

아가멤논

그리스 미케네의 왕. 그리스 연합군의 총사령관.

동생 메넬라오스의 아내인 헬레네가 트로이의 왕자 파리스에게 납치되자 그리스 연합군을 결성하여 트로이 전쟁을 일으킨다.

트로이 전쟁이 10년째 접어든 해에 전리품으로 데려온 여자 문제로 아킬레우스와 큰 갈등을 겪는다. 아가멤논은 전쟁이 끝난 후 무사히 귀향하게 된다. 하지만 출정 당시 자신의 딸 이피게네이아를 제물로 바치고, 트로이에서 카산드라를 첩으로 데려온 것에 원한을 품은 아내 클리타임네스트라에게 살해된다.

메넬라오스

그리스 스파르타의 왕. 아가멤논의 동생

트로이의 왕자 파리스에게 빼앗긴 아내 헬레네를 되찾기 위해 형 아가멤논과 함께 그리스 연합군을 결성하여 트로이 전쟁을 일으킨다.

트로이 전쟁의 당사자인 메넬라오스와 파리스는 일대일 결투로 맞붙었으나 승부를 가리지 못한다. 메넬라오스는 트로이를 함락시킨 뒤에 데이포보스와 함께 살고 있는 헬레네와 마주치게 된다. 헬레네를 죽이려 했지만, 그녀의 여전한 눈부신 미모에 마음이 흔들려 다시 그리스로 데려와 함께 살게 된다.

팔라메데스

그리스 군의 영웅.

켄타우로스 족의 현자인 케이론의 제자로 인간 중에서 가장 영리한 자로 손꼽히는 인물이다.

그리스 연합군이 전쟁에 참전할 군사들을 모을 때 중요한 역할을 한다. 특히 오디세우스와 아킬레우스를 트로이 전쟁에 참전하도록 만든다. 트로이 전쟁이 벌어지기 전에 사태를 평화적으로 해결하기 위한 사절단으로 트로이에 가기도 한다. 오디세우스의 모함 때문에 배신자로 몰려 아군의 병사들이 던진 돌에 맞아 죽게 된다.

오디세우스

그리스 이타카의 왕. 그리스 군의 영웅

트로이 전쟁에서 활약한 그리스 제일의 지략가이며 달변가이다.

트로이 전쟁에서 징집을 피하려고 미친 척했으나 팔라메데스에게 탄로나 참전하게 된다. 징집을 피하기 위해 여자로 변장하고 숨어 있던 아킬레우스를 찾아내 데려오고, 디오메데스와 함께 팔라디온 신상을 훔쳐 오기도 한다. 마침내 트로이의 목마를 고안하여 전쟁을 승리로 이끈다. 트로이 전쟁을 끝내고 10년 동안 바다를 헤매 다니다가 고향 이타카로 돌아와 20년 동안 기다려 준 아내 페넬로페와 재회하게 된다.

디오메데스

그리스 아르고스의 왕. 그리스 군의 영웅.

오디세우스를 도와 그리스를 승리로 이끈 주역 중 한 명이다.

트로이 전쟁에서 많은 공을 세운다. 오디세우스와 함께 트로이 함락에 꼭 필요한 헤라클레스의 활과 화살을 가져오기 위해 렘노스섬에 머물고 있던 필록테테스를 데려오고, 오디세우스와 함께 트로이를 지켜준다고 믿는 아테나 여신의 팔라디온 신상을 훔쳐 오기도 한다. 디오메데스는 전쟁이 끝난 후 무사히 그리스로 돌아오지만 전쟁에 나가 있는 사이 아내 아이기알레이아가 그를 배신하고 다른 남자와 부정을 저지른다.

아킬레우스

그리스 군의 영웅. 트로이 전쟁의 위대한 영웅.

바다의 여신 테티스와 인간 펠레우스 왕 사이에 태어난 아들이다. 리코메데스의 딸 데이다메이아와 사이에서 아들 네오프톨레모스를 낳았다.

그리스 연합군 가운데 가장 용감하고 가장 뛰어난 무적의 용사이다. 전리품으로 데려온 여자 문제로 아가멤논과 갈등을 겪으며 한때 전쟁에서 손을 떼기도 한다. 절친 파트로클로스가 죽게 되자 복수심에 불타오른 아킬레우스는 다시 전투에 뛰어들어 트로이의 맹장 헥토르를 죽인다. 결국 파리스가 쏜 화살에 유일한 약점인 발뒤꿈치를 맞고 전사한다.

파트로클로스

그리스 군의 영웅.

어릴 때부터 아킬레우스와 함께 자란 절친한 친구로 트로이 전쟁이 발발하자 그와 함께 참전하게 된다.

아가멤논과 불화로 아킬레우스가 전투에 불참하자 그리스 연합군이 불리해지게 된다. 파트로클로스는 아킬레우스를 찾아와 그의 갑옷을 빌려 입고 전투에 나선다. 자신이 아킬레우스인 것처럼 가장해 트로이 군을 두려움으로 떨게 만들어 승기를 잡지만 결국 헥토르와 일대일 결투에서 죽임을 당하게 된다.

필록테테스

그리스 테살리아 멜리보이아의 왕. 그리스 군의 영웅.

헤라클레스가 고통스러운 죽음을 맞이했을 때 그를 도와준 보답으로 받은 활과 화살을 가지고 트로이 전쟁에 참전한다.

원정길 도중에 뱀에게 물린 상처에서 나는 악취로 렘노스섬에 버려졌다가 10년이 되는 해에 다시 전투에 참가하게 된다. 활의 명수답게 트로이의 왕자 파리스를 활로 쏘아 죽인다. 트로이 전쟁 막바지에 결정적인 역할을 수행하게 된 필록테테스는 트로이 전쟁이 끝난 뒤 무사히 귀환하여 행복한 여생을 보내게 된다.

아이아스

그리스 군의 영웅. 살라미스의 왕 텔라몬의 아들.

그리스 군에서 아킬레우스 다음가는 강력한 장수이다.

아킬레우스가 파리스의 화살에 맞아 죽었을 때 시신을 탈취하려고 달려드는 트로이 군을 물리치고, 아킬레우스의 시신을 그리스 군 진영으로 운반해 온다. 아킬레우스의 갑옷을 서로 차지하기 위해 오디세우스와 말다툼을 벌인다. 결국 아킬레우스의 갑옷은 언변과 지략에 능한 오디세우스의 차지가 된다. 아이아스는 분을 삭이지 못하고 광기를 부리다 자결하게 된다.

소 아이아스

그리스 군의 영웅. 로크리스의 오일레우스 왕의 아들.

오만불손하고 잔인하며 호전적인 장수이다. 그리스 군에 두 명의 아이아스가 있는데, 서로 구분하기 위해 살라미스의 왕 텔라몬의 아들을 대 아이아스, 로크리스의 왕 오일레우스의 아들을 소 아이아스라 부른다.

소(小) 아이아스는 대(大) 아이아스에 비해 체구가 작은 편이다. 그는 트로이를 함락한 뒤에 약탈자들을 피해 아테나 여신의 신전에 피신해 있던 프리아모스 왕의 딸 카산드라를 끌어내어 강제로 욕보인다. 이로 인해 트로이 전쟁이 끝나고 집으로 돌아가던 그리스 군들은 숱한 고통을 겪게 되고, 신의 노여움을 산 그는 결국 물에 빠져 죽게 된다.

프로테실라오스

그리스 군의 영웅.

포세이돈의 혈통을 이어받은 테살리아 출신의 용사로 트로이 원정에 참가한 첫 번째 전사자이다.

헬레네의 구혼자 중 한 명이었던 프로테실라오스는 동생 포다르케스와 함께 트로이 전쟁에 참전한다. 그는 트로이 땅에 첫발을 내딛는 자는 반드시 죽음을 맞이할 것이라는 신탁이 있었음에도 불구하고 배에서 가장 먼저 뛰어내렸다가 헥토르에게 죽임을 당한다.

네스토르

그리스 필로스의 왕. 그리스 군의 영웅.

그리스 군에서 가장 나이가 많은 장수이자 노련하고 현명한 조언자로 모든 이로부터 존경받는 인물이다.

네스토르는 아들 안틸로코스, 트라시메데스와 함께 90척의 배와 병사들을 이끌고 트로이 원정에 나선다. 트로이의 맹장 멤논의 창에 아들 안틸로코스의 목숨을 잃게 된다. 네스토르는 아킬레우스에게 멤논과 상대해 줄 것을 청하여 아들의 죽음을 복수한다. 트로이 전쟁이 끝난 뒤 무사히 고국으로 귀향하게 된다.

칼카스

그리스 군의 최고의 예언자.

칼카스는 영웅 아킬레우스가 전쟁에 참전하지 않으면 트로이를 점령할 수 없다고 예언하여 그를 전쟁에 끌어들인다.

그리스 함대가 트로이로 출발하려고 했지만 순풍이 불 조짐이 보이지 않자, 예언자 칼카스는 그 이유가 아르테미스 여신의 분노 때문이라고 알려준다. 그는 자기보다 현명한 예언자를 만나면 죽게 된다는 신탁을 받는다. 트로이 전쟁이 끝난 후 만토의 아들 예언자 몹소스를 만나 예언의 능력을 겨루어 패하자, 분을 참지 못하고 자살하게 된다.

마카온

그리스 군의 영웅.

의술의 신 아스클레피오스의 아들로 동생 포달레이리오스와 함께 트로이 전쟁에 참전하여 의사로서 뛰어난 활약을 한다.

스파르타의 왕 메넬라오스와 헤라클레스의 아들 텔레포스 등 장수들의 부상을 치료한다. 트로이 원정길에 오른 도중에 뱀에게 물려 상처에서 풍기는 악취 때문에 렘노스섬에 버려진 필록테테스의 상처를 치료해 주고 전쟁에 합류시킨다. 트로이 군의 에우리필로스(또는 펜테실레이아)에게 죽임을 당하게 된다.

네오프톨레모스

그리스 군의 영웅. 아킬레우스의 아들.

아킬레우스와 리코메데스의 왕의 딸 데이다메이아 공주 사이에 태어났다. 아킬레우스가 스키로스섬에서 여장을 하고 머물 때 낳은 아들이다.

아킬레우스가 전사한 뒤 그리스 군이 승리하기 위해서는 반드시 아킬레우스의 아들이 참전해야 한다는 신탁을 받는다. 전쟁에 참전한 네오프톨레모스는 수많은 트로이 장수들을 죽이며 많은 공적을 쌓는다. 트로이 함락 후 프리아모스 왕의 목을 잘라 처단하고, 헥토르의 미망인 안드로마케를 차지한다. 귀향길에 올랐으나 도중에 죽음에 이르게 된다.

≪트로이 진영의 주요 등장인물≫

프리아모스

트로이의 마지막 왕.

주변의 군소 도시국가들에 대한 지배권을 확대하여 트로이의 역대 왕 중에서 가장 강력한 왕권을 확립하게 된다. 프리아모스는 헤카베 외에도 여러 명의 첩과 수많은 자식들을 두었다.

첫 번째 아내 메롭스의 딸 아리스베와 사이에서 아들 아이사코스를 낳았다. 두 번째 아내 헤카베와 결혼하여 큰아들 헥토르, 둘째 파리스 그리고 크레우사, 라오디케, 폴릭세네, 카산드라, 데이포보스, 헬레노스, 폴리도로스, 트로일로스 등 여러 명의 자식들을 낳았다.

노년에 수많은 자식들을 거느리고 부귀영화를 누리며 살았으나 트로이 전쟁으로 대부분의 자식들을 잃게 된다. 트로이가 함락된 후 아킬레우스의 아들 네오프톨레모스에게 살해된다.

헥토르

트로이의 왕자. 트로이 군의 총사령관.

프리아모스 왕과 헤카베 왕비의 첫째 아들로 파리스, 쌍둥이 남매인 카산드라와 헬레노스 등과 형제지간이다. 헥토르는 안드로마케와 결혼하여 아들 아스티아낙스를 낳았다.

트로이 군 가운데 지략과 용기를 겸비한 가장 뛰어난 장수로 수많은 적장을 쓰러뜨린다. 헥토르는 수적 열세에도 불구하고 그리스 연합군과 10년 넘게 대립하며 트로이 군을 이끈다. 결국 아킬레우스와 일대일 결투에서 그의 창을 맞고 죽음을 맞이하게 된다.

파리스

트로이의 왕자. 헥토르의 동생.

프리아모스 왕과 헤카베 왕비의 둘째 아들로 알렉산드로스라 불리기도 한다. 파리스의 심판 사건으로 트로이 전쟁을 일으킨 장본인이다.

스파르타의 왕비 헬레네를 유혹해 트로이로 데려와 전쟁이 발발하게 된다. 파리스는 겁이 많아 메넬레오스와의 대결에서 주저앉으며 비굴한 모습을 보이기도 한다. 파리스는 아킬레우스의 발뒤꿈치에 화살을 쏘아 그를 전사시킨다. 이후 트로이 전쟁 막바지에 이르러 필록테테스의 독화살을 맞고 죽게 된다.

헤카베

프리아모스 아내. 트로이의 왕비.

프리아모스의 두 번째 아내로 헥토르, 파리스, 카산드라 등 수많은 자식을 두고 아무것도 부러울 것 없이 행복한 삶을 산다.

그러나 둘째 파리스를 임신했을 때 꿈속에서 불타는 나무토막을 낳고, 그 나무토막이 트로이를 불바다로 만드는 꿈을 꾸게 된다. 결국 아들 파리스가 트로이 전쟁을 일으켜 트로이를 멸망하게 만든다. 트로이 함락으로 남편과 자식들을 잃는 큰 슬픔을 겪게 된다. 결국 헤카베는 오디세우스의 전리품이 되어 그리스로 끌려가게 된다.

오이노네

파리스의 아내.

아름다운 님페 오이노네는 파리스와 사랑에 빠져 아들 코리토스를 낳고 행복하게 살다가 헬레네에게 마음을 빼앗긴 파리스에게 버림받게 된다.

파리스는 트로이 전쟁의 막바지에 필록테테스의 독화살을 맞고 이다산으로 오이노네를 찾아온다. 하지만 오이노네는 자신을 버렸다는 이유로 그의 상처를 치료해 주지 않는다. 뒤늦게 후회하며 파리스를 찾아 트로이로 서둘러 가지만 이미 숨을 거둔 뒤였다. 남편의 주검을 본 오이노네는 죄책감에 시달려 목을 매고 자살하게 된다.

데이포보스

트로이의 왕자.

프리아모스와 헤카베 사이에서 태어난 아들로 용감한 전사이다. 헥토르, 파리스, 헬레노스, 카산드라 등과 형제지간이다.

헥토르가 가장 총애하는 형제로 트로이 군과 함께 그리스 전사들과 맞서 용감하게 싸운다. 파리스가 죽자, 헬레네를 차지하기 위해 동생 헬레노스와 서로 다툰다. 결국 자신이 헬레네를 차지하게 된다. 트로이가 함락되었을 때 헬레네의 배신으로 그녀의 전남편 메넬라오스에게 처참하게 살해된다.

헬레노스

트로이의 왕자. 예언자.

프리아모스와 헤카베 사이에서 태어난 아들로 카산드라와는 쌍둥이 남매이며 헥토르, 파리스, 데이포보스 등과 형제이다.

파리스가 죽은 뒤 데이포보스가 헬레네를 차지하자 낙담하여 조국을 등지고 이다산으로 들어가 버린다. 오디세우스의 계략에 넘어가 그리스 군이 전쟁에서 승리할 수 있는 세 가지 조건을 발설해 트로이가 멸망하는 데 결정적인 역할을 하게 된다. 트로이가 멸망한 후 헥토르의 부인이자 형수인 안드로마케와 부부가 되어 부트로톤이란 왕국을 건설한다.

카산드라

트로이의 공주. 예언자.

프리아모스와 헤카베의 딸로 매우 아름다우며 알렉산드라라고도 불린다. 라오코온, 헬레노스와 함께 트로이의 3대 예언자로 알려져 있다.

아폴론 신의 총애로 예언의 능력을 얻었으나 아폴론의 사랑을 거절한다. 화가 난 아폴론은 카산드라의 예언을 아무도 믿지 않게 만든다. 그로 인해 트로이 목마의 불길한 사태를 예견했을 때 누구도 그녀의 말을 믿지 않는다. 결국 트로이 멸망 후 아가멤논의 전리품이 되어 그리스로 갔다가 그의 아내 클리타임네스트라에게 죽임을 당하게 된다.

아이네이아스

트로이 전쟁의 영웅.

다르다니아의 왕 안키세스와 아프로디테 여신 사이에서 태어난 아들이다. 포세이돈은 아이네이아스가 트로이인들의 왕이 될 것이라 예언한다.

트로이 왕가의 친척인 아이네이아스는 다르다니아 군대를 이끌고 트로이 전쟁에 참전하게 된다. 트로이 군에서 헥토르 다음으로 용맹한 장수로 꼽히는 그는 신들의 각별한 보호를 받으며 전투에서 혁혁한 공을 세운다. 트로이가 패망한 뒤 트로이 유민들을 이끌고 이탈리아로 건너가 로마의 모태가 되는 새로운 나라를 건설한다.

멤논

에티오피아의 왕. 트로이 전쟁의 영웅.

새벽의 여신 에오스와 티토노스 사이에 태어난 아들이다. 티토노스와 프리아모스는 형제이며, 멤논은 프리아모스의 조카이다.

트로이 전쟁에서 헥토르가 전사하자, 멤논은 에티오피아의 군대를 이끌고 프리아모스 왕을 돕기 위해 참전한다. 헤파이스토스가 만들어 준 갑옷을 입은 멤논은 많은 그리스의 장수들을 무찌른다. 멤논과 아킬레우스는 여신의 아들로 둘 다 헤파이스토스가 만들어 준 신의 갑옷을 입고 일대일로 맞붙게 된다. 결국 멤논은 아킬레우스의 칼에 죽게 된다.

펜테실레이아

아마조네스 족의 여왕.

전쟁의 신 아레스의 딸이다. 헥토르가 전사한 뒤 전세가 그리스 쪽으로 기울자 프리아모스를 돕기 위해 트로이 전쟁에 참전한다.

펜테실레이아는 12명의 여전사들과 함께 용맹하게 싸운다. 수많은 그리스 군사들과 장수들을 무찔렀지만 결국 아킬레우스가 던진 창에 오른쪽 젖가슴을 맞고 전사한다. 펜테실레이아의 투구를 벗겨 얼굴을 확인한 아킬레우스는 너무나 아름다운 그녀의 모습에 연민의 정을 느낀다. 아킬레우스는 그녀의 시신을 수습하여 트로이 성으로 돌려보낸다.

4

트로이 전쟁의 전개

그리스 전역에서 수많은 영웅들이 선단을 이끌고 아울리스 항으로 속속 집결하고 있었다. 그때 예언자 칼카스*가 아킬레우스의 참전 없이는 트로이 전쟁에서 결코 승리할 수 없다고 예언했다.

그 당시 아킬레우스는 스키로스섬의 리코메데스 왕의 궁전에 머물고 있었다. 테티스는 아킬레우스가 태어났을 때 아들을 불멸의 인간으로 만들기 위해 스틱스 강에 몸을 담갔다. 하지만 발목을 잡고 담그는 바람에 신비의 물에 젖지 않은 발뒤꿈치는 아킬레우스의 유일한 약점으로 남게 되었다. 테티스는 아킬레우스가 아홉 살이 되던 해에 이미 칼

---

* 칼카스는 예언자 테스토르의 아들로 그리스 군의 가장 유명한 예언자이다. 이미 아킬레우스가 아홉 살이 되던 해에 "아시아에 있는 트로이 성이 그리스의 대군으로 파멸의 위기에 직면하지만, 이 소년 없이는 그 성을 절대 점령하지 못하리라."라고 예언한 바가 있다.

카스의 예언을 듣고 아들이 트로이 전쟁에 참전하면 살아 돌아올 수 없다는 것을 예감했다. 그 때문에 테티스는 아들 아킬레우스에게 여장을 시켜 스키로스섬으로 보내 리코메데스 왕의 공주들 틈에서 살게 했다.

연합군은 아킬레우스를 트로이 전쟁에 참전시키기 위해 오디세우스와 팔라메데스를 스키로스섬으로 파견했다. 영리한 오디세우스는 많은 공주들 사이에 숨어있는 아킬레우스를 찾을 묘책을 생각해 냈다. 방물장수로 변장한 오디세우스는 궁전으로 들어가 공주들 주위에 장신구와 무기를 늘어놓았다. 이때 여느 공주들과 달리 유독 한 공주가 단검에 관심을 가지며 만지작거렸다. 이렇게 해서 오디세우스의 예상대로 아킬레우스의 정체가 드러나게 되었다.

트로이 전쟁 참전을 망설이던 아들 아킬레우스에게 그의 어머니 테티스는 이렇게 말했다. "아들아, 네가 전투에 참여하지 않으면 오랫동안 부귀영화를 누릴 것이나, 사람들의 기억 속에서 곧 잊혀지게 될 것이다. 그러나 전투에 참여하면 목숨을 잃게 되지만, 이름을 영원히 남기게 될 것이다." 결국 아킬레우스는 전투사의 길을 택하고 트로이 전쟁에 참전하게 되었다.

그리스 연합군은 트로이 원정길에 오를 만반의 준비 태세를 갖추었다. 트로이 원정군의 총사령관으로 미케네의 왕 아가멤논이 임명되었다. 그러나 아울리스 항에는 매일 같이 강한 북풍이 몰아쳐 출항이 늦춰지고 있었다. 함대가 아울리스 항으로 집결하는 동안 아가멤논이 사냥으로 여가를 보내다가 아르테미스 여신의 사슴을 죽인 탓이었다. 신성모독에 몹시 화가 난 아르테미스는 아울리스 항에 순풍이 불지 못하게 막아 함선들이 오랫동안 발이 묶였다.

예언자 칼카스는 총사령관인 아가멤논 왕의 딸을 제물로 바쳐야 여신의 노여움이 풀릴 것이라고 말했다. 아가멤논은 미케네에 있는 자신의 궁전에 사자를 보내 딸에게 아킬레우스와 부부의 연을 맺어 줄 테니 속히 오라는 거짓 전갈을 보냈다. 아가멤논은 이내 자신의 결정을 후회했지만 권력에도 한계가 있었다. 원정길의 지연으로 이미 연합군 내에서 자신의 평판이 위험에 이르렀기 때문이었다. 아가멤논은 결혼식을 위해 화관을 쓰고 나타난 딸을 아르테미스 신전에 제물로 바쳤다. 그제야 비로소 그리스 함대는 돛을 올리고 순풍을 타며 먼바다로 나아갈 수 있었다. 그 선단의 규모는 무려 1,180여 척에 이르렀다.

트로이 상륙

그리스 연합군은 기나긴 항해 끝에 마침내 트로이 해안에 도착하게 되었다. 먼저 지금의 사태를 평화적으로 해결하기 위해 오디세우스와 메넬라오스를 특사로 트로이 성으로 파견했다. 그들은 프리아모스에게 헬레네 왕비를 돌려주면 조용히 돌아가겠다고 제안했다. 하지만 거절당한 채 그리스 함선으로 돌아온 오디세우스와 메넬라오스는 트로이 전쟁의 불가피성을 피력했다.

그리스 군은 전투태세에 돌입하여 상륙하려 했지만 아무도 트로이 땅을 먼저 밟으려 하지 않았다. 트로이 땅에 첫발*을 내딛는 자는 반드시 죽음을 맞이하게 될 것이라는 신탁이 있었기 때문이었다. 그때 테살리아의 용사 프로테실라오스가 용감하게 나섰다. 프로테실라오스**가 뛰어내리자, 주저하고 있던 그리스 군들은 그의 뒤를 이어 속속 트로이 땅에 상륙했다. 그리스 군들은 트로이 주변 동맹국들의 도시를 잔인하게 파괴하고 도륙을 일삼았다. 트로이 인들은 아킬레우스의 이름만 들어도 벌벌 떨며 오금을 저렸다.

전쟁은 9년간 지속되었지만 이렇다 할 진전이 없었다. 트로이는 수적 열세에도 불구하고 헥토르의 용맹함 아래 잘 버티고 있었다. 트로이 전쟁이 10년째 접어든 해의 어느 날, 아킬레우스와 아가멤논 사이에 다툼이 벌어졌다. 그리스 연합군이 트로이 주변 도시들을 약탈하면서 데려온 여자 문제 때문이었다. 아킬레우스는 전리품으로 미네스 왕의 아내 브리세이스를 차지하고 아가멤논은 크리세스의 딸 크리세이스를 가졌다. 크리세이스의 아버지인 크리세스***가 아가멤논을 찾아와 딸을 풀어 줄 것을 간청했다. 하지만 아가멤논은 크리세스를 모욕하고 쫓아내 버렸다. 아폴론 신전의 사제였던 크리세스는 아폴론 신에게 간청하여 그리스 진영에 전염병이 돌게 만들어 수많은 병사들이 죽어 나갔다.

마침내 아킬레우스를 비롯한 그리스 연합군의 지도자들이 아가멤논

---

*   '퍼스트 펭귄(first penguin)'이란 관용구가 있는데, 이는 위험한 상황에서 가장 먼저 바다에 뛰어든 펭귄이 다른 무리의 참여를 이끌어 낸다는 의미를 담고 있다. 즉 불확실성을 감수하고 용감하게 도전하는 '선구자' 혹은 '도전자'를 뜻하는 의미로 쓰이고 있다.
**   프로테실라오스는 몇몇 트로이 군을 죽이고 결국 헥토르가 던진 창에 맞아 전사하게 된다.
*** 크리세스와 브리세스는 형제이며, 크리세스의 딸 크리세이스와 브리세스의 딸 브리세이스는 사촌지간이다.

에게 크리세이스를 돌려보내 줄 것을 요구했다. 화가 난 아가멤논은 크리세이스를 돌려보내는 대신 아킬레우스가 차지하고 있던 브리세이스를 빼앗아 갔다. 아킬레우스는 치밀어 오르는 분노를 주체하지 못하고 바닷가로 달려가 어머니 테티스를 부르며 대성통곡하였다. 테티스는 제우스를 찾아가 무릎을 꿇고, 탄원자의 관습에 따라 한 손으로 제우스의 무릎을 잡고 다른 한 손으로는 그의 턱을 만지며 청원했다. 아들 아킬레우스가 아가멤논에게 모욕당하고 명예의 선물을 빼앗겼으니, 그리스인들이 아들에게 합당한 값을 치를 때까지 트로이인들에게 승리를 안겨 줄 것을 간청했다. 자신을 몹시 따르던 브리세이스를 아가멤논에게 빼앗긴 아킬레우스는 더 이상 전쟁에 출전하지 않겠다고 선언한 후 막사에 틀어박혀 지냈다.

아킬레우스가 막사에 머무는 동안 가장 치열한 격전이 벌어졌다. 트로이 성벽 위에서는 노왕 프리아모스가 전투를 지켜보며 앉아 있었다. 그의 옆에는 전쟁에 이력이 난 원로들이 함께 자리하고 있었다. 성탑에서 걸어 내려오는 헬레네를 보고 늙은 신하들은 그녀의 아름다운 자태에 감탄했다. 트로이를 위험에 처하게 만든 그녀를 아무도 비난하지 않고 그들은 서로 중얼거렸다. "저같이 아름다운 미녀를 얻기 위해서라면 전쟁을 벌일 만도 하지. 그녀는 마치 불사의 여신처럼 아름답지 않은가?" 프리아모스는 헬레네를 불러 싸우고 있는 그리스 영웅들이 누가 누구인지 물었다. 헬레네는 고향 그리스에서 온 영웅들을 하나하나 가리키며 이름을 일일이 알려주었다.

이때 전쟁의 선두에 서서 싸우던 파리스는 메넬라오스에게 일대일 결투를 제안했다. 메넬라오스는 파리스를 응징할 기회를 놓치지 않고 이에 응했다. 트로이 전쟁의 당사자인 두 사람은 헬레네와 그녀의 모든 것을 걸고 승부를 가리기로 했다. 하지만 파리스는 메넬라오스의 적수가 되지 못했다. 메넬라오스는 파리스가 쓰러지자, 그의 투구 머리 장식을 잡은 채 그리스 진영으로 질질 끌고 갔다. 이를 지켜보던 트로이의 병사 판다로스가 메넬라오스에게 화살을 쏘았다. 약속을 어긴 행위에 격분한 그리스 군사들이 트로이 진영으로 달려들면서 전투는 다시 시작되었다. 파리스는 아프로디테 여신의 도움으로 간신히 빠져나와 겨우 목숨을 구할 수 있었다.

아킬레우스의 분노

한편 그리스의 최고 전사인 아킬레우스가 전쟁에 불참하면서 전세는 트로이 쪽으로 급격히 기울었다. 아이아스와 디오메데스가 앞장서서 용맹하게 싸웠지만 역부족이었다. 그리스 연합군이 불리해지자 아킬레우스의 절친한 친구인 파트로클로스는 아킬레우스를 찾아와 그의 갑옷을 빌려달라고 요청했다. 자신이 마치 아킬레우스인 것처럼 가장해 트로이 군을 두려움으로 떨게 만들어 승기를 잡으려는 속셈이었다.

파트로클로스는 아킬레우스의 갑옷을 걸치고 아킬레우스의 부하인 미르미돈 전사들을 이끌며 전투에 참가했다. 모두가 용맹한 아킬레우스가 전사들을 이끈다고 여겼다. 전투에 참가한 파트로클로스는 한동안 아킬레우스만큼이나 잘 싸웠다. 그러나 그는 결국 헥토르와 일대일 대결에서 허무하게 전사하고 말았다. 헥토르는 쓰러진 그의 시신에서 투구를 벗겨내고서야 자신이 상대한 적장이 아킬레우스가 아니라는 것을 알았다. 헥토르는 파트로클로스가 입고 있던 아킬레우스의 갑옷을 벗겨 전리품으로 챙겼다. 이후 파트로클로스의 시신을 놓고 그리스 군과 트로이 군 사이에 공방전이 벌어졌지만 결국 시신은 그리스 군으로 넘어갔다.

아킬레우스는 둘도 없는 친구 파트로클로스*의 전사 소식을 전해 듣고 가슴을 치며 대성통곡하였다. 아들의 울음소리가 바닷속에 있던 어머니 테티스에게까지 들렸다. 아들의 통곡 소리에 놀란 테티스는 자매들을 대동하고 아킬레우스를 찾아왔다. 테티스는 아들의 슬픔을 듣고 비탄에 빠진 그를 위로해 주었다. 갑옷이 없는 것을 알게 된 테티스는 헤파이스토스에게 부탁해 새 갑옷을 만들어 주었다. 아킬레우스는 친구의 죽음을 복수하기 위해 헤파이토스가 만들어 준 신의 갑옷을 입고 전장에 다시 뛰어들었다. 아킬레우스가 나타나자, 그의 기세에 겁을 집어먹은 트로이 병사들은 스카이아이 성문 안으로 숨어들었다.

아킬레우스는 트로이 성 앞에서 친구의 복수를 큰소리로 부르짖으며 헥토르와의 결전을 요구했다. 결전을 앞둔 헥토르는 이미 운명을 아는 듯 눈물짓는 아내 안드로마케를 안아주며 다독였다. 헥토르는 잠시

---

* 파트로클로스는 어린 시절 실수로 친구를 죽이게 되었는데, 복수를 우려한 그의 아버지가 친척인 펠레우스에게 파트로클로스를 피신시켰다. 그곳에서 펠레우스의 아들 아킬레우스와 우정을 나누게 되었고, 비슷한 나이에 어릴 때부터 함께 자란 두 사람의 관계는 친구 그 이상이었다.

어린 아들을 품에 안고 입을 맞춘 뒤 사랑하는 가족을 뒤로한 채 성문을 나섰다. 그에게 명예는 목숨보다 더 중요한 그 이상의 것이기 때문이었다. 안드로마케는 눈물을 글썽이며 남편의 뒷모습을 지켜보았다.

헥토르의 죽음

아킬레우스와 맞선 헥토르는 갑자기 엄습해 오는 두려움을 느끼고 뒤돌아 도망치기 시작했다. 아킬레우스와 헥토르의 쫓고 쫓기는 추격전은 큰 도성을 세 바퀴나 돌 때까지 계속되었다. 쫓기고만 있던 헥토르는 갑자기 말머리를 돌려 아킬레우스와 마주 섰다. 이때 신들의 아버지 제우스는 자신의 황금 저울을 매달아 한쪽에는 헥토르의 죽음을, 다른 한쪽에는 아킬레우스의 죽음을 올려놓았다. 헥토르의 죽음을 올려놓은 쪽이 급격히 내려앉았다. 헥토르가 칼을 뽑아 들고 돌진하자 아킬레우스는 그의 갑옷 목 부근의 벌어진 틈을 향해 창을 힘껏 던졌다. 정통으로 창을 맞고 쓰러진 헥토르는 마지막 숨을 몰아쉬었다. 그리고 그의 영혼은 육신으로부터 빠져나갔다.

헥토르를 죽이고도 분이 풀리지 않은 아킬레우스는 그의 피 묻은 시신에서 갑옷을 벗겨내고, 양발에 구멍을 뚫어 끈을 꿴 후 머리가 끌리도록 마차에 매달았다. 헥토르의 부모와 그의 아내가 지켜보는 가운데 말에 채찍질을 가해 트로이 성벽 주변을 내달렸다. 그 후 아킬레우스는 파트로클로스가 생각날 때마다 벌떡 일어나 마차를 끌고 다니며 헥토르의 시신을 모욕했다. 이 일은 열이틀 동안 밤낮으로 지속되었다.

프리아모스가 아들의 시신을 돌려받기 위해 아킬레우스를 찾아가려 하자 아내 헤카베는 흐느껴 울며 남편을 말렸다. 헤카베는 남편마저 아킬레우스의 손에 죽는 것을 막고 싶었던 것이었다. 프리아모스의 귀에는 아무 말도 들리지 않았다. 그는 오로지 아들의 시신이나마 되찾겠다는 생각밖에 없었다. 프리아모스 왕은 제우스 신에게 제사를 올린 후 아들의 시신을 찾기 위해 막대한 몸값을 수레에 가득 실었다. 그런 다음 전령 한 명과 함께 아킬레우스의 막사를 찾아갔다.

죽음을 무릅쓰고 아킬레우스 막사로 찾아간 늙은 프리아모스 왕은 아킬레우스 앞에 무릎을 꿇고 그의 손에 입을 맞추었다. 그리고 예의를 갖추어 간청했다. "나는 지금 가장 잔인한 짓을 하고 있소이다. 나의 자식을 죽인 자의 손에 입을 맞추고 있으니 말이오. 부디 이 아비의 마음을 헤아려 아들의 시신을 돌려주시오." 순간 아킬레우스의 마음은 슬픔으로 요동쳤다. 아킬레우스는 부하들을 시켜 처참하게 훼손된 헥토르의 시신을 수습하고 깨끗이 닦아 프리아모스에게 돌려주었다. 그리고 헥토르의 장례 기간 동안 휴전을 약속했다. 트로이 사람들은 아흐레 동안 헥토르를 애도한 후 열흘째 되는 날 아침, 장작으로 높이 쌓은 화장대 위에 그의 시신을 누이고 불을 붙였다.

헥토르의 장례가 끝나고 나서 다시 격렬한 전투가 벌어졌다. 헥토르의 전사 소식을 전해 들은 아마존 족의 여왕 펜테실레이아가 프리아모스를 돕기 위해 여전사들을 이끌고 왔다. 수많은 그리스 병사들이 그녀의 창에 쓰러져 갔다. 그리스 군은 자신들의 함선이 있는 곳까지 퇴각하기에 이르렀다. 결국 펜테실레이아는 아킬레우스와 맞서게 되었다. 펜테실레이아가 달려들자 아킬레우스는 그녀를 향해 창을 힘껏 던졌다. 아킬레우스의 창이 그녀의 오른쪽 젖가슴을 꿰뚫었다. 죽은 적장의 투구와 갑옷을 벗긴 아킬레우스는 깜짝 놀랐다. 펜테실레이아의 모습이 너무나 아름다워 연민의 정을 느낀 아킬레우스는 그녀의 시신을 수습하여 트로이 성으로 돌려보내 주었다.

아킬레우스의 죽음

새벽의 여신*의 아들인 에티오피아의 멤논 왕도 대군을 이끌고 트로이 군을 도우러 달려왔다. 멤논은 에로우토스, 페론, 안틸로코스 등 많은 그리스 장수들을 무찔렀다. 안틸로코스가 멤논의 칼에 죽게 되자 아들의 죽음을 본 노장 네스토르는 멤논에게 일전을 요구했지만, 멤논은 노인과의 싸움을 정중히 거절하였다. 네스토르는 아킬레우스에게 멤논과 상대해 줄 것을 청하여 아킬레우스와 멤논 두 영웅은 일대일로 맞붙게 되었다. 두 사람은 모두 여신의 아들이며, 또한 둘 다 헤파이스토스가 만들어 준 신의 갑옷으로 무장하고 있었다. 결국 아킬레우스의 칼이 멤논의 가슴을 깊숙이 뚫어 쓰러뜨렸다.

---

* 새벽의 여신 에오스는 트로이의 왕자였던 티토노스를 유혹하여 에티오피아로 데려갔다. 그 후 둘 사이에서 마티온과 멤논이 태어났다. 티토노스는 프리아모스와 형제지간이다.

다음 날 아킬레우스는 여세를 몰아 트로이 군을 성벽까지 밀어붙였다. 이때 성벽 위에 있던 파리스가 아킬레우스의 발뒤꿈치를 향해 화살을 쏘았다. 날아간 화살은 아킬레우스의 뒤꿈치를 정통으로 꿰뚫었다. 아킬레우스가 쓰러지자, 그의 시신을 탈취하기 위해 달려드는 트로이 군을 오디세우스가 막아섰다. 이때 아이아스가 재빨리 아킬레우스의 시신을 그리스 군 진영으로 옮겨 갔다.

아킬레우스를 애도하는 그리스인들의 통곡 소리는 바다 밑에 있는 그의 어머니 테티스에게까지 까지 닿았다. 아들의 죽음을 알게 된 테티스와 그녀의 딸들은 통곡하며 떼를 지어 그리스 군의 선단 근처로 올라왔다. 그리스 군은 이다산에서 구해온 장작들을 높이 쌓았다. 그리고 장작더미의 가장 높은 곳에 위대한 전사 아킬레우스의 시신을 눕혔다. 이윽고 불을 붙이자 순식간에 불길이 치솟았다. 화장대에서 불태워진 아킬레우스는 친구 파트로클로스의 무덤 옆에 묻혀 영원히 잠들게 되었다.

아킬레우스가 죽은 뒤 아킬레우스의 갑옷과 투구를 서로 차지하기 위해 오디세우스와 아이아스 사이에 경쟁이 벌어졌다. 아이아스는 아킬레우스의 주검을 둘러싼 전투에서 더 큰 공을 세운 자신이 당연히 아킬레우스의 무구를 차지해야 한다고 생각했다. 아킬레우스의 갑옷의 행방은 자신의 명예가 달린 문제였다. 그러나 결국에는 언변에 능한 오디세우스에게 갑옷을 빼앗기게 되었다. 아이아스는 분을 참지 못하고 광기를 부리다 스스로 목숨을 끊고 말았다.

5

트로이의 멸망

    그리스 연합군은 트로이 성을 포위한 채 10여 년에 이르는 전투를 벌였지만, 트로이 성은 여전히 견고했다. 게다가 그리스 최고의 전사 아킬레우스가 죽고 아이아스마저 죽게 되자 그리스 군의 사기는 급격히 떨어졌다. 이때 그리스 군의 예언자 칼카스는 트로이의 왕자이자 예언자인 헬레노스가 트로이를 지켜주는 신탁을 알고 있다고 했다. 이 말은 헬레노스로부터 트로이를 멸망시킬 방법을 알아낼 수 있다는 뜻이기도 했다. 영리한 오디세우스는 이다산에 있는 헬레노스를 잡아들였다. 그를 통해 아킬레우스 아들 네오프톨레모스*를 참전시켜야 하며, 헤라클레스의 활과 화살 없이는 트로이를 절대 함락할 수 없다는 예언을 듣게

---

*   네오프톨레모스는 아킬레우스가 여장을 하고 리코메데스 왕의 궁전에 숨어 지낼 때 만난 데이다메이아 공주와 사이에서 태어난 아들이다.

되었다.

그 당시 네오프톨레모스는 할아버지 리코메데스의 궁에 머물고 있었으며, 헤라클레스의 활과 화살은 필록테테스*가 가지고 있었다. 필록테테스는 그리스 군이 트로이 원정길에 오르면서 렘노스섬에 잠깐 들렀을 때 그곳에 남겨졌다. 뱀에게 물려 상처를 입은 데다가 지독한 악취마저 풍겨 그를 섬에 버려둘 수밖에 없었다. 오디세우스와 디오메데스는 네오프톨레모스를 데려오는 길에 필록테테스도 함께 데려왔다. 필록테테스가 도착하자 의사 마카온과 포탈레이리오스 형제가 그를 치료해 주었다.

필록테테스는 지니고 있던 헤라클레스의 독화살을 가지고 전투에 참가하여 뛰어난 공로를 세웠다. 특히 필록테테스는 아킬레우스를 죽인 파리스를 쏘아 죽음에 이르게 했다. 독화살을 맞고 치명적인 상처를 입게 된 파리스는 자신이 버렸던 아내 오이노네를 찾아 이다산으로 갔다. 그녀는 무슨 병이든 고칠 수 있는 마법의 약을 가지고 있었기 때문이었다. 파리스는 오이노네에게 자신을 치료해 줄 것을 간청했지만, 오이노네는 그의 부탁을 매몰차게 거부했다. 그녀는 이내 후회하고 파리스를 찾아 서둘러 트로이로 갔지만 이미 숨을 거둔 뒤였다. 남편의 주검을 본 오이노네는 죄책감에 시달린 나머지 목을 매고 자살하였다.

트로이인들은 팔라디온이라 불리는 아테나의 신상을 모셔 두고 있는 한 트로이는 절대로 멸망하지 않을 것이라고 굳게 믿고 있었다. 팔

---

* 헤라클레스가 죽을 때 장작더미에 불을 붙여준 필록테테스에게 자신의 활과 화살을 주었다. p191.

라디온 신상은 트로이가 제우스와 아테나 여신의 보호 아래 있다는 징표였다. 이 사실을 알게 되자 오디세우스와 디오메데스는 목숨을 걸고 트로이 성안으로 숨어들어 가 팔라디온 신상을 훔쳐 오기도 했다. 하지만 그리스 군은 트로이 성 밖에서 싸워서는 절대 그들을 정복할 수 없다는 결론을 내리고 성 안을 공략할 계책을 세웠다.

트로이 목마 작전

오디세우스는 병사들을 숨길 수 있는 큰 목마를 만들어 성안으로 들여보내기로 했다. 오디세우스는 나무를 잘 다루는 목수들에게 100여 명이 안에 들어갈 수 있는 거대한 목마를 만들게 했다. 가장 먼저 네오프톨레모스가 비워진 목마의 뱃속으로 들어갔다. 그 뒤를 이어 메넬라오스, 디오메데스, 오디세우스 등을 비롯해 수많은 영웅들이 목마 안으로 올라갔다. 남겨진 그리스 군대는 모두 가까운 섬으로 보내 마치 전 함대가 퇴각한 것처럼 가장하였다. 그런 다음 목마 안에 숨어 있던 영웅들이 성안으로 들어가 깊은 밤에 몰래 성문을 열면 군사들이 진입하여 트로이 성을 함락시킬 계략이었다. 이 묘안은 매우 위험한 작전이었지만 오디세우스는 이점을 간과하지 않았다.

다음 날 동이 트자, 그리스 함대는 모두 떠나고 성 밖에 거대한 목마만 덩그러니 서 있었다. 이를 본 트로이 군은 마침내 그리스인들이 전쟁을 포기하고 떠났다고 여기며 환희에 들떠 있었다. 바로 그때 버려진 그리스 군 진지에서 병사 한 명을 발견했다. 트로이 군은 그를 붙잡아 프리아모스 왕 앞으로 끌고 가 무릎을 꿇렸다. 그는 시논이라는 언변이 매우 뛰어난 자로 오디세우스가 계략을 꾸미기 위해 남겨둔 병사였다. 시논은 울먹이면서 그럴싸하게 꾸며댔다.

그리스 진영에서 팔라디온을 훔쳐가자 몹시 화가 난 아테나 여신이 그리스 군에게 한 사람을 제물로 바쳐 그 죄를 정화할 것을 명했고, 자기가 바로 그 제물의 희생양이 되었다고 했다. 그는 그리스 군의 퇴각 직전에 제물로 바쳐질 계획이었는데, 몰래 빠져나와 숨어 있다가 그들이 모두 떠난 뒤 나왔다는 것이었다. 그리고 목마는 아테나 여신에게 바쳐질 공물이며, 트로이인들이 성안으로 들여가 아테나 여신에게 바쳐 여신의 환심을 사게 될 것을 염려해 일부러 크게 만든 것이라고 했다. 트로이인들이 거대한 크기 때문에 목마를 성안에 가져가지 못하고 부수게 되면 여신이 화가 나서 그들을 벌할 것이라는 게 그리스인들의 의도라고 말했다.

시논이 꾸며낸 이야기는 너무나 완벽해 트로이 군들은 대다수 그의 말을 믿었다. 하지만 트로이의 사제 라오코온과 그의 두 아들이 의문을 제기했다. 프리아모스의 딸이자 예언자인 카산드라 역시 의구심을 품고 라오코온의 말에 동조했다. 하지만 카산드라의 예언은 아폴론의 저주*로 인해 그 누구도 믿지 않았다. 그때 갑자기 바다에서 거대한 뱀 두 마

---

* 카산드라는 아폴론 신의 총애로 예언의 능력을 얻었으나 그녀는 아폴론의 사랑을 거절했다. 이에 화가 난 아폴론은 카산드라의 예언을 더 이상 아무도 믿지 않게 만들었다.

리가 나타나 라오코온*과 그의 두 아들의 몸을 감아 죽이고 아테나 신전으로 사라졌다. 이 뱀들은 트로이를 미워하던 바다의 신 포세이돈이 보낸 것이었다. 라오코온과 두 아들의 끔찍한 죽음을 목격한 트로이인들은 결국 목마를 성안으로 들여 아테나 신전 앞에 안치했다. 트로이인들은 종전을 축하하며 밤늦게까지 먹고 마시며 거하게 잔치를 벌인 뒤 모두 집으로 돌아가 깊은 잠에 곯아떨어졌다.

마침내 밤이 깊어지고 목마 안에 숨어 있던 그리스 병사들은 몰래 내려와 트로이의 성문을 활짝 열어젖혔다. 이때 성 밖에서 대기하고 있던 그리스 군사들이 물밀듯이 밀려 들어왔다. 그리스 군들이 닥치는 대로 불을 지르자 트로이 도시 전체가 거대한 불길에 휩싸였다. 갑작스러운 불길에 트로이인들은 속수무책으로 살육당할 수밖에 없었다.

그리스 군이 프리아모스의 궁전 문을 부수고 들어갔을 때 궁전 안뜰 제단 주위에 어린아이들과 여인들이 모여 있었다. 늙은 프리아모스 왕도 그들과 함께 있었다. 아킬레우스의 아들 네오프톨레모스는 그의 아내와 딸들이 지켜보는 앞에서 프리아모스 왕의 목을 내리쳤다. 트로이의 병사들과 장군들도 모두 목숨을 잃고 유일하게 아이네이아스만 살아남았다.

목숨을 부지한 트로이인들은 남편과 자식을 잃은 채 의지할 때 없는 불쌍한 여인들뿐이었다. 그들의 운명은 그리스인들의 노예로 끌려가기만 기다리는 처지에 놓이게 되었다. 사로잡힌 여인들 무리 속에 헥토르

---

* 라오코온은 안테노르의 아들로 아이네이아스의 아버지 안키세스와 형제지간이다.

의 아내인 안드로마케도 아들 아스티아낙스를 품에 안고 함께 있었다. 하지만 안드로마케의 어린 아들마저도 그리스 병사에 의해 성벽 아래로 던져졌다. 이로써 헥토르의 어린 아들 아스티아낙스는 트로이의 마지막 희생양이 되었다. 노예로 잡힌 채 떠날 준비를 하고 있던 여인들은 불타오르는 트로이의 종말을 지켜보았다. 마침내 10년에 걸친 트로이 전쟁은 끝이 나고 트로이는 영원히 전설 속으로 사라졌다.

19장

오디세우스의 모험

'오디세우스의 모험'은 고대 그리스의 시인 호메로스의 대서사시 ≪오디세이아≫에 근거한 것이다. ≪오디세이아≫는 오디세우스의 노래란 뜻으로, 그리스의 영웅 오디세우스가 트로이 전쟁이 끝나고 고향으로 돌아가면서 겪게 되는 10년 동안의 모험에 관한 이야기이다.

≪오디세이아≫는 오디세우스가 칼립소의 섬 오기기아를 탈출하는 이야기를 시작으로 파이아케스인들이 사는 스케리아섬에 도착하여 알키노오스 왕과 원로들 앞에서 자신이 겪은 10년 동안의 모험에 관하여 들려주게 된다. 그 후 고향으로 돌아와 아내에게 구혼한 자들을 응징하고, 아내 페넬로페와 재회하는 장면으로 끝을 맺는다.

≪오디세이아≫에서는 트로이 전쟁이나 그 전의 행적에 관해서는 언급하지 않는다. 그래서 '오디세우스의 모험'에서는 오디세우스의 출생과 성장 그리고 트로이 전쟁 참전에 관해서도 함께 알아보았다.

1
출생과 성장

　오디세우스는 그리스 이타카의 왕 라에르테스와 안티클레이아 사이에서 외아들로 태어났다. 하지만 오디세우스의 아버지가 시시포스라는 설이 있다. 안티클레이아의 아버지 아우톨리코스는 도둑질의 명수로 알려져 있었는데, 한번은 교활하고 꾀가 많은 시시포스의 소 떼를 훔친 적이 있었다. 하지만 그의 신출귀몰의 재주도 시시포스 앞에서는 잘 먹히지 않았다. 소 떼가 점점 줄어드는 것을 알게 된 시시포스는 소의 발굽에 자신의 이름을 새겨 넣었다. 그러고는 글자가 찍힌 발굽 자국을 따라가 아우톨리코스에게 소를 훔친 사실을 자백받았다.

　시시포스에게 덜미를 잡힌 아우톨리코스는 그 보상으로 딸 안티클레이아를 시시포스와 동침시켰다. 이로 인하여 안티클레이아는 남편 라에르테스와 결혼하기 전에 이미 오디세우스를 임신하고 있었다. 외가와 친가의 혈통을 이어받고 태어난 오디세우스의 지략과 교활함을 그 누구도 따라잡을 수 없었다.

소년 시절 오디세우스는 외할아버지 아우톨리코스의 집을 방문했을 때 외삼촌과 함께 멧돼지 사냥을 나간 적이 있었다. 이때 멧돼지의 어금니에 찔려 다리에 깊은 상처를 입었다. 이 사건으로 오디세우스는 평생 다리에 큰 흉터를 갖고 살았다.

청년 시절에 오디세우스가 이타카에서 도둑맞은 양 떼와 유괴된 양치기를 찾기 위해 메세네로 갔을 때였다. 마침 잃어버린 암말들을 찾아 그곳에 온 에우리토스*의 아들 이피토스와 오디세우스는 서로에게 호감을 느껴 친구가 되기로 결의하였다. 이피토스는 우정의 표시로 오디세우스에게 명궁인 에우리토스의 활을 선물로 주었다.

헬레네와 구혼자들의 서약

그리스 도시국가인 스파르타의 왕 틴다레오스에게 헬레네라는 딸이 있었다. 그리스 최고의 미녀로 알려진 헬레네가 결혼할 나이가 되자 그리스 전역에서 구혼자들이 구름떼처럼 몰려들었다. 이타카 출신의 오디세우스도 헬레네의 구혼자들 중 한 명이었다. 하지만 오디세우

---

* 에우리토스는 테살리아 오이칼리아의 왕이다. 궁술의 명인으로 알려졌으며 헤라클레스의 궁술 스승이기도 했다. 에우리토스의 활은 아들 이피토스가 물려받았는데, 오디세우스에게 이 활을 선물하였다. 나중에 오디세우스는 이 명궁으로 아내 페넬로페를 괴롭히던 구혼자들을 처단하게 된다.

스는 일찌감치 헬레네에 대한 구혼을 포기한 후 그녀의 사촌인 페넬로페를 마음에 두고 있었다. 오디세우스는 그녀를 얻기 위해 헬레네의 아버지 틴다레오스 왕에게 접근했다. 그 당시 틴다레오스는 헬레네의 구혼자들 때문에 골머리를 앓고 있었다. 수많은 구혼자들 중 한 명을 사위로 고르면 선택받지 못한 자들이 폭동을 일으키지나 않을까 두려웠다.

오디세우스는 틴다레오스에게 문제를 해결해 주는 조건으로 이카리오스의 딸 페넬로페와 결혼할 수 있도록 도와달라고 요구했다. 이카리오스는 틴다레오스 왕의 동생이며 페넬로페는 조카딸이었다. 틴다레오스가 그의 제안에 응해 오디세우스는 해결 방법을 조언해 주었다. 그 묘책은 누가 남편으로 선택받든 그 권리를 인정하고 그들 부부를 지켜주겠다는 서약을 구혼자들에게 먼저 받아내는 것이었다. 오디세우스의 해결책이 먹혀들어, 그는 페넬로페를 얻을 수 있었다. 결국 틴다레오스의 총애를 받고 있던 메넬라오스가 헬레네를 차지하게 되었다. 후사가 없던 틴다레오스는 사위 메넬라오스에게 스파르타의 왕위도 함께 물려주었다.

2

트로이 전쟁 참전

메넬라오스가 결혼한 지 얼마 지나지 않아 그의 아내 헬레네가 트로이 왕자 파리스에게 납치당하는 사건이 발생했다. 아내를 빼앗긴 메넬라오스는 형 아가멤논에게 도움을 요청하기에 이르렀다. 미케네의 왕 아가멤논은 트로이에 전쟁을 선포하고 헬레네에게 구혼했던 수많은 영웅들과 왕들에게 구혼자의 서약에 따라 참전을 요구했다.

이타카의 왕 오디세우스가 조언해 준 구혼자의 서약은 자신이 전쟁에 내몰리는 빌미가 되었다. 메넬라오스와 인간 중에 가장 영리한 자로 손꼽히는 팔라메데스가 징집을 요구하기 위해 오디세우스를 찾아왔다. 사랑스러운 아내와 어린 아들을 키우며 행복한 삶을 살고 있던 오디세우스는 광기를 가장하여 자신의 의무를 회피하려 했다. 하지만 오디세우스의 술수를 간파한 팔라메데스에 의해 그의 거짓 광기가 들통나 징집에 응할 수밖에 없었다. 오디세우스는 트로이 원정길에 오르면서 오랜 친구이자 충직한 친구 멘토르*에게 어린 아들 텔레마코스의 교육과 집안일을 맡기고 떠났다.

트로이 전쟁에서의 활약

이타카의 왕 오디세우스는 12척의 배와 군사들을 이끌고 트로이 전쟁에 참전해 많은 중요한 역할을 수행했다. 오디세우스는 여장을 하고 리코메데스 왕의 딸들 틈에 숨어 있던 아킬레우스를 찾아내어 참전시켰으며, 헬레네를 되찾기 위해 사절단의 대표로 메넬라오스와 함께 트로이에 다녀오기도 했다. 오디세우스는 그리스 군의 최고 지략가이자 달변가였을 뿐만 아니라 분쟁과 위기의 해결사였다. 아킬레우스와 아가멤논이 갈등을 겪을 때 이를 해결하고, 트로이 프리아모스의 아들 헬레노스를 포로로 잡아 트로이를 정복하기 위한 결정적인 정보를 얻어 내기도 했다.

트로이의 왕자이자 예언자인 헬레노스만이 트로이를 정복할 방도를 알고 있었는데, 오디세우스는 그를 설득하여 그리스 군이 전쟁에서 이기기 위한 세 가지 조건을 알아냈다. 그 조건에 따라 오디세우스는 아킬레

---

* 멘토르(Mentor)에서 멘토(mento)라는 단어가 유래되었다. 멘토란 경험과 지식을 바탕으로 다른 사람을 조언하며 이끌어 주는 사람을 이르는 말이다. '오디세이아'에서는 주로 아테나 여신이 오디세우스의 친구인 멘토르의 모습을 하고 나타나 텔레마코스를 이끌며 현명한 길잡이 역할을 한다.

우스의 아들을 데려와 전쟁에 참전시키고, 렘노스섬에 버려진 필록테테스를 다시 데려왔으며, 트로이의 아테나 신전에서 팔라디온 여신상을 훔쳐 오기도 했다.

때로는 오디세우스의 교활함과 술수는 아군에게 피해를 주기로 했다. 그는 자신을 원정길에 오르게 만든 팔라메데스에게 앙심을 품고 그를 모함하여 아군 병사들이 던진 돌에 맞아 죽게 만들었다. 또한 아킬레우스가 죽은 뒤 헤파이스토스가 만들어 준 아킬레우스의 갑옷과 투구를 서로 가지려고 아이아스와 경쟁이 벌어졌을 때도 교묘한 언변과 지략으로 그것을 차지하였다. 아킬레우스의 주검을 둘러싼 전투에서 더 큰 공을 세운 아이아스는 자신이 마땅히 아킬레우스의 무구를 차지해야 한다고 여겼다. 그러나 오디세우스에게 무구를 빼앗기게 되자 분을 참지 못하고 광기를 부리다 수치심에 스스로 목숨을 끊고 말았다.

무엇보다 트로이 전쟁이 막바지에 이르렀을 때, 오디세우스는 트로이 목마 작전을 고안해 내어 그리스 군이 전쟁에서 승리하는 데 결정적인 역할을 하였다. 마침내 10년에 걸친 그리스와 트로이의 전쟁은 그리스 군의 승리로 끝이 나고 트로이는 불길에 휩싸인 채 영원히 전설 속으로 사라졌다.

3

오디세우스의 모험 경로

트로이 전쟁은 끝이 났다. 10년의 세월을 너무나 길었다. 살아남은 그리스인들은 이제 사랑하는 가족의 품으로 돌아갈 수 있다는 기대에 모두가 들떠 있었다.

그러나 그리스 함대가 고향으로 돌아가기 위해 출항했지만 귀향길은 험난했다. 승리에 도취한 그리스인들이 신에게 마땅히 해야 할 감사의 재물을 바치지 않기 때문이었다. 그뿐만 아니라 오일레우스의 아들 아이아스*가 저지른 소행이 신들을 더욱 분노하게 만들었다. 카산드라가 그리스군을 피해 아테나 여신의 신전에 숨어있을 때였다. 카산드라를 찾아낸 아이아스는 아테나 여신의 신상을 붙잡고 저항하는 그녀

---

* 그리스 군에 두 명의 아이아스란 장수가 있는데, 서로 구분하기 위해 살라미스의 왕 텔라몬의 아들을 대(大) 아이아스, 로크리스의 왕 오일레우스의 아들을 소(小) 아이아스라 불렀다.

를 끌어내 겁탈하는 만행을 저질렀다.

　아테나 여신은 포세이돈을 찾아가 집으로 돌아가는 그리스군에게 재앙을 내려달라고 간청했다. 이에 포세이돈은 무시무시한 폭풍우를 일으켜 그리스군의 함대를 난파시켰다. 아가멤논은 자신이 탄 배 한 척을 제외한 함대의 모든 배를 잃었다. 메넬라오스는 엉뚱하게도 이집트로 밀려가 5년의 세월을 보내야만 했다. 신성 모독의 장본인인 아이아스는 결국 바다에 빠져 죽었다.

　오디세우스 일행은 폭풍우에 휩쓸리며 완전히 항로에서 벗어나 버렸다. 바다 위를 이리저리 떠돌아다니던 오디세우스는 수많은 고난과 모험을 겪으면서 모든 동료를 잃고 말았다. 혼자 살아남은 그는 아흐레 동안 표류하다가 열흘째 되는 날에 원시림이 무성한 오기기아섬에 도착하게 되었다.

칼립소의 섬 오기기아

　신비의 섬 오기기아에는 칼립소라는 아름다운 님페가 살고 있었다. 칼립소는 오디세우스를 반갑게 맞이하며 정성껏 보살펴 주었다. 오디세우스를 사랑하게 된 칼립소*는 그를 붙잡고 놓아주지 않았다. 칼립소는

---

*　칼립소는 티탄 신족 아틀라스의 딸로 바다의 님페이다. 칼립소란 이름은 '가리는 자', '숨기는 자'라는 뜻을 가지고 있다.

오디세우스에게 자신의 모든 것을 주었지만 그는 행복하지 않았다. 그녀는 오디세우스에게 영생을 약속하며 함께 살자고 유혹했다. 하지만 오디세우는 불멸의 삶을 거절하고 필멸의 운명인 인간의 삶을 선택하였다. 자신을 기다리고 있는 아내와 자식을 저버릴 수 없었기 때문이었다.

오디세우스는 7년 동안 칼립소에게 붙잡혀 있었다. 7년이란 세월은 그에게 너무나 길었다. 그는 가족과 고향이 그리워 수평선 너머로 결코 나타나지 않을 배를 기다리며 하루하루를 견디고 있었다. 이제 포세이돈*을 제외한 모든 신들은 오디세우스를 동정하게 되었다. 올림포스 신들은 회의를 통해 오디세우스를 칼립소의 굴레에서 구해내기로 결정했다. 제우스는 헤르메스를 칼립소에게 보내 오디세우스를 고향으로 돌려보내 줄 것을 명했다. 칼립소는 사랑하는 오디세우스를 떠나보내야 한다는 사실에 가슴 아팠지만, 신들의 뜻을 거역할 수 없었다.

칼립소의 도움을 받으며 뗏목을 만든 오디세우스는 다시 바다로 출항했다. 항해한 지 17일 동안 한숨도 자지 않고 계속 나아가 18일째 되던 날, 마침내 안개 속에 펼쳐진 육지가 눈에 들어왔다. 하지만 바로 그때 오디세우스를 발견한 포세이돈**은 다시 풍랑을 일으켜 그의 뗏목을 산산이 부숴버렸다.

---

* 오디세우스는 포세이돈의 아들 폴리페모스의 눈을 멀게 해 포세이돈의 노여움을 샀다. p378.
** 신들의 마지막 회의에 참석하지 않은 포세이돈은 자기가 없는 틈을 타 신들이 오디세우스를 도와주려 한 사실을 뒤늦게 알게 되었다.

파이아케스인들의 섬

오디세우스는 이틀 밤낮을 쉬지 않고 필사적으로 헤엄친 끝에 파이아케스인들이 사는 섬에 도착하였다. 깜깜한 어두운 밤이었다. 완전히 탈진한 채 알몸으로 육지에 올라온 오디세우스는 나무 아래에 쌓인 낙엽 더미를 덮고 깊은 잠에 빠져들었다. 다음 날 아침 처녀들의 목소리에 잠이 깬 오디세우스는 잎이 붙은 나뭇가지를 꺾어 벌거벗은 몸을 가린 채 모습을 드러냈다. 나우시카 일행은 강물이 바다로 흘러드는 물웅덩이에서 빨래하는 중이었다. 모든 처녀들이 놀라 도망갔지만, 나우시카는 놀란 기색도 없이 오디세우스에게 옷을 건네주었다.

나우시카는 스케리아섬을 다스리는 알키노오스 왕과 아레테 왕비의 딸이었다. 나우시카 공주의 도움으로 궁전으로 들어간 오디세우스는 알키노오스 왕과 왕비 앞에 자신의 처지를 아뢰며 자비를 베풀어 달라고 간청했다. 오디세우스는 알키노오스 왕의 융성한 대접을 받은 뒤 오기기아섬에서 칼립소와 지냈던 일과 칼립소를 떠나 항해에서 겪은 일, 그리고 나우시카 공주를 만났던 일 등을 숨김없이 이야기했다. 알키노오스 왕은 이방인에게 고향을 돌아갈 수 있도록 선원과 배를 마련해 주겠다고 약속했다.

다음 날 알키노오스는 파이아케스 족의 젊은이들에게 이방인을 소개하고 그를 도와줄 것을 요청했다. 그뿐만 아니라 알키노오스는 이방인을 위해 왕궁에서 축하연을 베풀었다. 축하연에 눈먼 음유시인 데모도코스가 초대되어 노래를 불렀다. 데모도코스는 그 당시 널리 알려진 트로이의 목마 이야기를 노래하며 흥을 돋우었다. 오디세우스는 자신의 활약상을 찬양하는 대목이 나오자 회환에 젖어 남몰래 눈물을 훔쳤다. 이를 알아챈 알키노오스 왕은 데모도코스에게 노래를 멈추게 하고 오디세우스에게 물었다. "이방인이시여! 그대는 왜 우는가? 그대의 이름은 무엇인가? 귀하게 태어났든 천하게 태어났든, 모든 부모는 자식들에게 이름을 주는 법이다. 이제 그대의 이름을 밝히시오."

그때야 비로소 오디세우스는 자신이 누구인지 말했다. "나는 라에르테스의 아들 이타카의 왕 오디세우스입니다. 제가 바로 이 노래의 주인공이지요." 오디세우스 말에 놀란 알키노오스 왕은 그에게 여기까지 오게 된 사연이 무엇인지 물었다. 이렇게 하여 오디세우스는 전쟁이 끝난 후 트로이에서 출항해 폭풍우를 만난 이야기를 시작으로, 10년에 걸친 모험에 관한 이야기를 알키노오스 왕과 모든 원로들 앞에서 다음과 같이 들려주었다.

키코네스 족과 로토파고이 족

12척의 배를 이끌고 트로이에서 출발한 오디세우스 일행은 거센 바람에 밀려 트라키아의 키코네스 족이 사는 해안 도시 이스마로스에 닿았다. 오디세우스 일행은 키코네스 족의 공격을 받자 그 지역을 정복하였다. 백성들을 도륙하고 전리품은 서로 나눠 가졌다. 하지만 아폴론의 사제 마론과 그의 처자식은 죽이지 않고 살려주었다.

마론은 이에 대한 감사 표시로 많은 선물을 주었는데, 그중에 아주 독하고 달콤한 포도주도 있었다. 오디세우스 일행은 전리품을 챙기고 먹고 마시느라 시간을 지체했다. 그사이 살아남은 자들이 동료들을 데리고 오디세우스 일행을 공격해 왔다. 오디세우스는 여러 명의 부하를 잃고 간신히 그곳을 빠져나올 수 있었다.

이스마로스를 떠난 오디세우스 일행은 무시무시한 폭풍우에 시달리며 아흐레 동안 표류하다가 열흘째 되던 날에 로토파고이 족이 사는 섬에 상륙했다. 로토파고이* 족은 오디세우스 일행을 친절하게 맞이했다. 그리고 그들은 자신들이 먹는 로토스를 대접해 주었다. 로토스는 세상사를 모두 잊고 현실에 안주하게 만드는 달콤한 망각의 열매였다. 이 열매를 먹은 부하들은 고향으로 돌아갈 생각을 까맣게 잊어버리고 그 섬에 머무르려 했다. 오디세우스는 가지 않겠다며 막무가내로 버티는 부하 몇몇을 강제로 질질 끌어 배에 태워 묶은 뒤 출발해야만 했다.

키클로페스 족의 섬

항해를 계속하던 오디세우스 일행은 이번에는 시칠리아섬에 정박하

---

* 로토파고이는 망각의 열매인 '로토스를 먹는 사람들'이란 뜻이다.

였다. 그곳에는 외눈박이 거인 부족인 키클로페스가 양과 염소를 기르며 동굴에서 살고 있었다. 키클로페스*는 몸집이 거대하고 흉포하며 오만불손하여 신들조차도 두려워하지 않았다. 키클로페스 중에서도 가장 유명한 자는 폴리페모스라 불리는 거인이었다.

오디세우스는 부하 12명과 함께 폴리페모스가 양 떼를 몰고 나간 사이에 그의 동굴에 들어갔다가 그 안에 갇히고 말았다. 저녁 무렵에 돌아온 거인 폴리페모스가 양 떼를 동굴 안으로 몰아넣은 뒤 입구를 거대한 바위로 막아 버렸기 때문이었다. 폴리페모스는 동굴에서 오디세우스 일행을 발견하고는 두 명을 붙잡아 바닥에 패대기를 쳐서 잡아먹었다. 그런 다음 포만감에 젖어 코를 골며 곯아떨어졌다. 오디세우스는 칼을 뽑아 잠든 폴리페모스를 죽이고 도망가려다 곧 마음을 바꾸었다. 그를 죽이면 오히려 동굴 입구를 막아 놓은 거대한 바위 때문에 영원히 갇히게 될 뿐이었다.

다음 날이 되자 폴리페모스는 어제처럼 오디세우스의 부하 둘을 잡아먹은 뒤 가축을 몰고 나가 바위문을 닫고 가버렸다. 마침 마론이 준 독한 포도주를 챙겨 왔던 오디세우스는 폴리페모스가 돌아오기만을 기다리고 있었다. 폴리페모스가 거대한 바위문을 열고 나타나자 오디세우스는 염소 가죽 부대에 든 맛있고 독한 포도주를 권했다. 술을 마신 폴리페모스는 오디세우스에게 이름이 뭐냐고 물었다. 포도주에 대한 답례

---

* 시칠리아섬에 살고 있는 거인 부족 키클로페스는 가이아와 우라노스 사이에 태어난 외눈박이 키클로페스 삼형제와 서로 다르다. 키클로페스 중에서 폴리페모스는 포세이돈의 아들로 알려져 있다.

로 선물을 주고 싶다고 했다. 오디세우스는 세상 사람들이 모두 나를 우티스라 부른다고 대답했다. 세 번이나 잔을 비운 폴리페모스는 오디세우스에게 선물로 맨 나중에 잡아먹겠다고 약속한 뒤 이내 곯아떨어졌다.

폴리페모스가 정신없이 잘 때 끝을 뾰족하게 깎아 만든 말뚝을 불에 달구어 그의 눈에 박아 넣었다. 기습을 당해 눈이 멀게 된 폴리페모스는 끔찍한 비명을 지르며 미친 듯이 날뛰었다. 폴리페모스가 큰소리로 동료를 부르자 그들이 동굴 주위로 몰려들었다. 동료들은 폴리페모스에게 누가 눈을 멀게 했는지 물었다. 폴리페모스는 우티스*가 그랬다고 대답했다. 아무도 안 그랬는데 눈이 찔렸다면 신의 저주를 받은 것이 틀림없다고 생각한 동료들은 모두 떠나버렸다.

장님이 된 폴리페모스는 아침에 양 떼가 풀을 뜯으러 나갈 때가 되자 동굴 입구를 조금만 열고 양의 등을 일일이 손으로 더듬어 보면서 내보냈다. 오디세우스 일행이 양 등을 타고 빠져나가지 못하도록 막기 위해서였다. 오디세우스 일행은 양의 배 밑에 매달려 몸을 숨기고 푹신한 양털을 움켜쥔 채 무사히 밖으로 빠져나갈 수 있었다.

다시 배에 오른 오디세우스는 동굴 입구에 서 있는 눈먼 폴리페모스에게 큰 소리로 조롱했다. "불쌍한 폴리페모스여, 누가 너의 눈을 멀게 한 자가 누구냐고 묻거든 그건 우티스가 아니라 라에르테스의 아들 이타카의 왕 오디세우스라고 말하라!" 폴리페모스는 그 말을 듣고 예언자

---

*   우티스는 '아무도 아닌'이라는 뜻으로 '우티스가 그랬어'라는 말은 '아무도 안 그랬다'라는 뜻으로 알아들을 수 있다.

텔레모스가 자신에게 한 예언이 생각나 몸서리를 쳤다. 분노한 폴리페모스는 바위를 번쩍 들어 소리 나는 곳을 향해 던졌지만, 오디세우스의 배를 맞히지는 못했다. 하지만 그 여파로 배가 다시 뭍으로 다가가자, 선원들은 사력을 다해 노를 저어 겨우 바다 쪽으로 빠져나갈 수 있었다.

오디세우스에 의해 눈이 멀기 전에 폴리페모스는 한때 바다의 님페 갈라테이아를 미친듯이 사랑한 적이 있었다. 우윳빛 살결의 갈라테이아는 해신 네레우스의 50명의 딸들 중에서도 가장 아름다운 님페였다. 어느 날 예언자 텔레모스가 폴리페모스에게 오디세우스라는 자에게 시력을 빼앗기게 될 것이라고 경고했다. 폴리페모스 자신은 이미 한 여인과 사랑에 눈이 멀어 아무것도 보이지 않는다며 그의 경고를 무시했다.

그러나 갈라테이아에게는 사랑하는 다른 연인이 있었다. 부드러운 턱에 보일 듯 말 듯 솜털이 막 나기 시작한 열여섯 살의 미소년 아키스였다. 목신 판과 님페 시마이티스의 아들인 아키스는 시칠리아에서 양치기를 하고 있었다. 갈라테이아가 아키스를 사랑하고 있다는 것을 알게 된 폴리페모스는 질투심에 사로잡혀 안달하였다. 그럴수록 갈라테이아의 마음은 폴리페모스에게서 더욱 멀어져 갔다. 폴리페모스는 끝내 갈라테이아를 얻지 못했다.

어느 날 폴리페모스는 노을이 지는 바닷가에서 사랑의 노래를 부르며 애타는 심정을 달래고 있었다. 하지만 갈라테이아를 향한 마음을 주체할 수 없어 이리저리 헤매고 다녔다. 그때 폴리페모스는 바위산 기슭에서 아키스의 가슴에 머리를 기대고 있는 갈라테이아를 발견하고 분노가 폭발했다. 갈라테이아가 놀라 달아나자, 폴리페모스는 커다란 바위를 집어 들고 아키스를 향해 던졌다. 바위가 아키스를 깔아뭉개어 바위 밑으로 붉은 피가 흥건히 흘러내렸다. 이때 아키스의 조부인 강의 신 시마이토스가 아키스의 피를 맑은 강물이 되어 흐르게 하였다. 그 후 사람들은 이 강을 아키스의 이름을 따서 아키스 강이라 불렀다.

아이올로스의 섬

오디세우스 일행은 시칠리아섬을 떠나 이번에는 아이올로스 왕이 지배하는 바람의 나라에 도착했다. 청동 성벽이 둘러져 있는 이 섬에는 바람의 신 아이올로스가 열두 자녀와 함께 살고 있었다. 아이올로스는 오디세우스 일행을 환대하며 한 달 동안 편히 머물 수 있게 해주었다. 떠날 때는 고향 이타카로 데려다줄 순풍을 제외한 모든 나쁜 바람들을 가죽부대에 넣어 단단히 묶은 뒤 오디세우스에게 전해 주었다. 그리고 고향에 도착할 때까지 가죽 부대를 절대 열어 보지 말라고 경고했다.

아이올로스섬을 떠난 지 열흘째 되던 날, 드디어 꿈에 그리던 고향 땅이 눈에 들어왔다. 지친 데다 긴장이 풀린 오디세우스가 깜박 잠든 사이에 가죽 부대 안에 든 물건이 무엇인지 궁금해하던 부하들이 그것을 열어 보았다. 그러자 안에 가두어 두었던 나쁜 바람들이 모두 쏟아져 나와 거센 폭풍을 휘몰아쳤다. 배는 고향으로부터 멀어져 다시 아이올로스섬으로 밀려갔다. 오디세우스의 일행을 다시 맞이하게 된 아이올로스는 이들이 신의 노여움을 사고 있다고 여겨 더 이상의 도움을 주지 않고 섬에서 내쫓았다.

다시 항해를 시작한 오디세우스 일행은 밤낮으로 노를 저어 가파른 절벽으로 둘러싸인 라이스트리고네스 족이 사는 텔레필로스에 도착했다. 부하들은 배를 항구에 정박시켜 놓았지만 오디세우스는 자신의 배를 항구 바깥쪽에 정박시켜 뒀다. 식인 거인 라이스트리고네스 족은 항구에 정박시킨 함대에 돌덩이를 던지며 공격해 왔다. 배가 부서지는 소리와 오디세우스 부하들의 비명소리가 뒤엉켜 항구는 순식간에 아수라장이 되었다. 그들은 점심 식사를 위해 오디세우스의 죽은 부하들을 마치 물고기처럼 작살에 꿰어 가져갔다. 병사들과 배 11척을 잃고 오디세우스의 배 한 척만 가까스로 그곳을 빠져나올 수 있었다.

마녀 키르케의 섬

구사일생으로 살아남은 오디세우스 일행은 아이아이에섬에 이르게 되었다. 지중해의 외딴섬인 아이아이에섬에는 키르케라는 마녀가 홀로 살고 있었다. 오디세우스는 선발대를 보내 키르케 궁전을 정찰하게 했다. 키르케는 이들을 반갑게 맞이하는 척하며 음식을 대접해 주었다. 마법의 약초가 들어있는 음식을 먹은 병사들이 돼지로 변하자 모두 우리에 가두어버렸다. 마침 밖에서 이를 지켜보던 일행 중 한 명이 도망쳐 오디세우스에게 알려주었다. 부하들을 구하러 가던 오디세우스는 도중에 헤르메스 신을 만나 모리라는 약초를 얻게 되었다. 이 약초의 도움으로 키르케의 마법을 풀고 부하들을 본래 모습으로 되돌릴 수 있었다.

오디세우스는 키르케와 연인 사이가 되어 그녀의 궁전에서 1년간 함께 살았다. 오디세우스 일행도 그녀의 섬에서 모두 행복하게 지내고 있었다. 그러던 어느 날 오디세우스는 다시 귀향길에 나서기로 마음먹었다. 오디세우스는 키르케에게 고향으로 돌아갈 수 있도록 허락해달라고 간청했다. 그를 더 이상 잡아둘 수 없다고 생각한 키르케는 고향 이타카로 안전하게 돌아갈 수 있도록 도와주었다.

키르케는 오디세우스에게 저승으로 내려가 예언자 테이레시아스의 조언을 구하게 했다. 죽어서도 예언의 능력을 지니고 있는 그가 고향으로 돌아갈 방도를 알려줄 것이라고 했다. 오디세우스는 하계로 내려가 테이레시아스 망령을 만났다. 테이레시아스는 태양신 헬리오스가 소중히 여기는 황소에게 해를 입히지 않으면 고향으로 무사히 돌아갈 수 있게 된다고 했다. 그것을 지키지 못하면 오디세우스는 모든 부하를 잃고 남의 배를 얻어 타고 고향에 돌아가게 될 것이라고 예언했다. 지상으로 돌아오자 키르케는 항해 중에 닥치게 될 위험도 자세히 알려주었다.

바다의 마녀와 괴물

키르케의 섬에서 출항한 오디세우스 일행은 얼마 지나지 않아 세이레네스의 섬 근처에 도착했다. 이미 키르케에게 들어 세이레네스의 치명적인 노랫소리에 관하여 알고 있던 오디세우스는 부하들에게 밀랍으로 귀를 막고 노를 젓게 하였다. 그녀들의 노래를 들어보고 싶은 유혹을 이기지 못한 오디세우스는 부하들을 시켜 자신을 돛대에 단단히 묶게 했다. 세리레네스의 노래를 들은 오디세우스는 더 듣고 싶은 욕망에 사로잡혀 몸부림쳤지만 무사히 빠져나갈 수 있었다.

그다음에 오디세우스 일행은 바다 괴물 스킬라와 카립디스 사이의 좁은 해협을 지나가야 했다. 스킬라는 동굴 안쪽에서 뿌리를 내리고 개의 형상을 한 여섯 개의 머리를 밖으로 드러낸 채 짖어대고 있었다. 맞은편에 있는 카립디스는 허기를 달래기 위해 하루에 세 번씩 엄청난 양의 바닷물을 들이마셨다 다시 토해내기를 반복하며 소용돌이를 일으키고 있었다. 오디세우스 일행은 키르케의 충고를 따라 스킬라가 있는 쪽으로 바싹 붙어 지나갔다. 카립디스의 소용돌이에 휩싸여 부하를 모두 잃는 것보다 여섯 명의 희생을 감수하기로 했기 때문이었다. 오디세우스 일행은 스킬라의 주둥이 여섯 개가 선원을 한 명씩 낚아채서 먹어 치우는 동안 재빨리 그곳을 빠져나갔다.

헬리오스의 섬

스칼라와 카립디스를 벗어난 오디세우스 일행은 헬리오스의 섬에 상륙했다. 키르케가 태양신 헬리오스의 섬을 반드시 피하라고 당부했지만, 오랜 항해에 지친 오디세우스 일행은 하룻밤만 묵고 가기로 했다. 그런데 한밤중이 되자 갑자기 폭풍우가 몰아쳤다. 그 후 폭풍우가 계속되고 순풍이 불지 않아 그들은 한 달이 넘도록 섬에 갇히게 되었다. 그동안 먹을 것도 모두 동나버렸다. 오디세우스는 헬리오스의 신성한 소에게 절대로 손을 대지 말라고 당부했지만, 허기에 지친 병사들은 그가 깜박 잠이 든 사이에 헬리오스의 소를 잡아먹고야 말았다.

이 사실을 알게 된 헬리오스는 신들의 회의에서 오디세우스 부하들에게 벌을 내리지 않으면 태양마차를 타고 하데스로 내려가 다시는 지상에 빛을 비추지 않겠다고 으름장을 놓았다. 제우스는 세상의 질서가 무너지는 것을 염려해 그들의 배를 산산조각 내어 벌할 것이라며 헬리오스를 달랬다. 제우스의 노여움을 산 오디세우스 일행은 거센 돌풍을 만나 다시 스킬라와 카립디스가 있는 곳으로 떠밀려갔다.

배는 산산이 부서져 부하들은 모두 물에 빠져 죽고 오디세우스만 겨우 살아남게 되었다. 오디세우스는 부서진 배의 용골을 붙잡고 홀로 아흐레 동안 표류하다가 열흘째 되는 날 밤에 칼립소가 사는 오기기아섬에 이르게 되었다. 칼립소의 섬에 관한 이야기는 이미 전날에 다 들려주었기 때문에 더 이상 얘기할 필요가 없었다. 이로써 오디세우스는 알키노오스 왕과 원로들 앞에서 시작한 이야기의 끝을 맺었다.

오디세우스로부터 그동안 겪은 고초와 기이한 모험을 들은 알키노오스 왕과 원로들은 모두 그에게 깊은 동정심을 느꼈다. 알키노오스 왕은 그를 고향 이타카로 데려다주겠다고 약속했다. 알키노오스에게 온갖 진귀한 선물과 배와 선원을 제공받은 오디세우스는 20년 만에 마침내 꿈에 그리던 고향 땅에 발을 디딜 수 있었다.

4

오디세우스의 귀환

    이타카에서는 전쟁이 끝나고 여러 해가 흘렀는데도 오디세우스가 돌아오지 않자, 모두가 그가 죽은 것을 기정사실로 받아들였다. 인근 지역에 있던 수많은 귀족들이 페넬로페에게 결혼을 요구하기 시작했다. 구혼자들의 수는 무려 108명에 이르렀다. 이들은 궁전에 죽치고 앉아 허구한 날 먹고 마시며 오디세우스의 가산을 탕진하고 있었다. 이처럼 무례한 구혼자들 때문에 페넬로페와 그녀의 아들 텔레마코스는 고통과 두려움 속에 하루하루를 보내고 있었다. 하지만 그녀는 남편이 돌아오리라는 희망을 결코 버리지 않았다.

    구혼자들의 끈질긴 결혼 요구에 시달리던 페넬로페는 한 가지 계략을 생각해 냈다. 죽을 날이 머지않은 늙은 시아버지 라에르테스의 수의를 다 짜기 전에는 결혼할 수 없다고 핑계를 댔다. 수의 짜는 일이 끝나면 구혼자들 중 한 명과 결혼하겠다고 약속했다. 페넬로페는 낮에는 천을 짜고 밤에는 몰래 풀기*를 계속하면서 시간을 끌었다. 그렇게 3년이란 세월을 피해 왔지만, 구혼자 무리 중 한 명과 눈이 맞은 시녀 멜란토의 배신으로 결국 모든 것이 탄로 나고 말았다. 더 이상 구실로 삼을 것이 없던 페넬로페는 더욱 난처한 처지에 놓이게 되었다.

오디세우스의 도착

때마침 이타카로 돌아온 오디세우스는 거지 노인으로 변장해 자신의 충실한 돼지치기 에우마이오스**를 찾아갔다. 에우마이오스는 불쌍한 노인을 따뜻하게 맞아들이고 먹을 것을 대접해 주었다. 그리고 자신의 오두막에서 그날 밤을 보낼 수 있게 잠자리도 마련해 주었다.

그동안 아버지 오디세우스를 찾아 배에 올랐던 텔레마코스는 집으로 돌아가고 싶은 열망에 휩싸여 급히 배를 돌렸다. 이타카로 돌아온 텔레마코스는 곧장 집으로 가지 않고 돼지치기 에우마이오스를 찾아갔다. 잠시 집을 비운 사이에 무슨 일이 벌어지지는 않았는지 알아보기 위해서였다. 텔레마코스가 에우마이오스의 집에 도착했을 때 그는 아침

---

* '페넬로페의 베 짜기'라는 관용구가 있는데, 이는 '쉴 새 없이 무언가를 수행하지만 끝나지 않는 일'을 의미한다.

** 에우마이오스는 시리아섬을 다스리는 크테시오스 왕의 아들이었다. 여자 노예가 페니키아 상인과 눈이 맞아 도망치면서 어린 에우마이오스를 납치해 갔는데, 오디세우스의 아버지에게 노예로 팔려 와 궁에서 오디세우스와 함께 자라게 되었다. 그 후 그는 오디세우스 집안에 충성하며 살고 있었다.

식사를 준비하고 있었다. 텔레마코스를 본 에우마이오스는 기쁨의 눈물을 흘리며 그를 맞이해 주고 식사를 권했다. 텔레마코스는 먼저 자신의 귀환을 알리기 위해 에우마이오스를 어머니가 기다리고 있는 집으로 보냈다. 그때야 오디세우스는 텔레마코스에게 자신이 아버지임을 밝히고 두 사람은 부둥켜안고 하염없이 눈물을 흘렸다. 그사이 어엿한 청년으로 자란 아들 텔레마코스를 통해 그동안에 있었던 일들과 이타카의 상황을 모두 전해 들었다.

다음 날 텔레마코스를 먼저 궁으로 보내고, 오디세우스는 뒤따라 자신의 정체를 감춘 채 거지 행색으로 궁으로 들어갔다. 오디세우스는 마침내 20년이 지나서야 꿈에 그리던 자기 집에 들어서게 되었다. 문 앞에 누워 있던 아르고스가 고개를 들고 귀를 쫑긋 세웠다. 오랜 세월이 지났어도 아르고스는 주인을 금세 알아보고 꼬리를 흔들었지만, 너무 늙어 한 발짝도 움직이지 못했다. 오디세우스도 자신이 기르던 아르고스를 알아보고 눈물을 훔쳤다. 남들의 의심을 살까 두려워 다가가지 못하고 발길을 돌리자 늙은 개는 그만 숨을 거두었다.

연회실에서 식사를 마치고 할 일 없이 빈둥거리던 구혼자들은 늙은 거지를 보자 놀리거나 심지어 때리기도 했다. 마땅히 환대를 베풀어야 할 나그네를 내치는 것은 예의에 어긋나는 행동이었다. 페넬로페는 구혼자들에게 모욕당한 나그네를 불러오도록 했다. 그런 다음 오디세우스를 어린 시절부터 돌봐왔던 늙은 유모를 시켜 관습에 따라 나그네의 발을 씻겨주도록 했다. 유모 에우리클레이아는 페넬로페의 지시로 거지로 변신한 오디세우스의 발을 씻겨 주다가 다리의 흉터를 보고 주인임을 단숨에 알아보았다. 오디세우스는 급히 유모의 입을 막아 페넬로페에게 자신의 도착을 발설하지 못하게 하였다.

오디세우스의 복수

다음 날 아침이 되자 구혼자들은 궁으로 다시 몰려들어 자신들을 위해 마련된 호화로운 음식에 둘러앉아 연회를 즐기고 있었다. 텔레마코스는 이미 궁전 안에서 구혼자들과의 결전을 준비하고 있었다. 아무것도 모르고 있던 페넬로페는 어쩔 수 없이 구혼자들 앞에서 한 가지 제안을 하기에 이르렀다.

페넬로페는 남편 오디세우스의 활과 화살을 구혼자들에게 보여주며 말했다. 이 활과 화살로 한 줄로 늘어선 열두 개의 도낏자루 구멍을 모두 꿰뚫는 사람이 있다면 그를 남편으로 맞이하겠다고 선언하였다. 사실 이 활은 힘이 센 오디세우스만이 쏠 수 있는 명궁이었다. 구혼자들 중 그 누구도 오디세우스가 사용하던 활의 시위조차 당기지 못했다. 마지막 구혼자마저 활쏘기 시도에 실패했을 때 거지 행색을 한 오디세우스가 나섰다. 하지만 모두가 거지 같은 이방인에게 활을 쏘게 할 수 없다고 소리쳤다. 이때 텔레마코스는 어머니에게 활 쏘는 일은 자기에게 맡기로 거처로 들라고 했다. 그런 다음 텔레마코스는 아버지인 이방인에게 활을 쏘도록 허락해 주었다. 오디세우스는 능숙한 솜씨로 시위를 당겨 열두 개의 고리를 모두 통과시켰다.

이어 오디세우스는 구혼자들에게 자신의 정체를 밝혔다. 오디세우스는 순식간에 구혼자들의 우두머리 노릇을 하던 안티노오스를 향해 활을 쏘았다. 화살이 그의 목을 꿰뚫자 즉사하고 연회장 바닥에 그대로 쓰러졌다. 텔레마코스도 아버지와 합세하여 겁에 질려 날뛰는 구혼자들을 모조리 도륙하였다. 그뿐만 아니라 그동안 주인을 배신하고 구혼자들과 한 통속이 되어 놀아났던 시녀들을 가려내 처단하였다. 그리고 하녀들을 시켜 모든 현장을 원상태로 돌려놓았다. 그 사이 깊은 잠에 빠져 있던 페넬로페는 아직 남편이 돌아온 줄 모르고 있었다. 유모 에우리클레이아가 오디세우스의 귀환 소식과 구혼자들의 처단을 알렸지만, 페넬로페는 그녀의 말을 쉽사리 믿으려 들지 않았다. 페넬로페는 제 눈으로 직접 확인하기 위해 서둘러 연회장으로 들어갔다.

페넬로페와의 재회

페넬로페는 오디세우스를 마주 보았지만, 세월 탓인지 전혀 낯선 사람처럼 보였다. 페넬로페는 유모 에우리클레이아에게 침대를 침실 밖으로 옮겨* 오디세우스의 잠자리를 마련하라고 지시하며 남편을 시험해

---

* 결혼 당시 살아 있는 커다란 올리브나무가 침실 안에서 자랄 수 있도록 방을 만든 다음, 나무의 우듬지를 잘라내고 그 밑둥치와 줄기를 활용해 침대를 만들었기 때문에 나무를 뿌리째 뽑아야 가능한 일이었다.

보았다. 이 말을 듣고 있던 오디세우스는 살아있는 나무 밑둥치로 만든 침상이라 결코 인간이 옮길 수 있는 일이 아니라고 하였다. 페넬로페는 올리브 나무로 직접 만든 부부 침상의 비밀을 오디세우스에게 확인하고 나서야 비로소 그를 남편으로 받아들였다. 그녀는 울면서 오디세우스에게 달려가 두 팔로 그의 목을 꼭 끌어안았다. 오디세우스와 페넬로페는 밤새도록 그동안 겪은 일들을 이야기하며 회포를 풀었다.

다음 날 오디세우스는 돌아오지 않는 아들 때문에 슬퍼하며 시골에서 은둔생활을 하고 있던 늙은 아버지 라에르테스를 찾아갔다. 라에르테르는 20년 만에 돌아온 아들 오디세우스를 알아보지 못했다. 몇 가지 증거를 확인한 후 아들임을 알아차린 그는 의식을 잃고 아들 가슴에 쓰러졌다. 정신을 차린 라에르테스는 아들과 함께 그간 못다 한 이야기를 나누었다.

그러던 차에 구혼자들의 우두머리 격이었던 안티노오스의 아버지 에우페이테스가 살해당한 구혼자들의 가족을 선동하여 라에르테스의 농장으로 쳐들어 왔다. 오디세우스와 아들 텔레마코스는 선두에서 부하들을 이끌며 맞서 싸웠다. 사람들을 선동했던 에우페이테스는 오디세우스의 아버지 라에르테스가 던진 창에 맞아 죽임을 당했다. 이때 싸움을 멈추고 갈라서라는 아테나 여신의 명령이 내려졌다. 영웅들의 수호신인 아테나 여신의 중재로 모든 싸움은 끝이 나고 종전협정이 체결되었다. 그리고 마침내 이타카에는 평화가 찾아왔다.

20장

아이네이아스의 모험

'아이네이아스의 모험'은 로마의 시인 베르길리우스의 장편 서사시 ≪아이네이스≫에 근거한 것이다. ≪아이네이스≫는 아이네이아스의 노래란 뜻으로, 트로이의 영웅 아이네이아스가 유민과 가족을 이끌고 패망한 트로이에서 탈출하여 7년간의 유랑 끝에 이탈리아에 도착해 로마제국의 초석을 마련한다는 이야기이다.

≪아이네이스≫는 아이네이아스가 트로이에서 탈출하는 장면을 시작으로 카르타고에 도착하여 카르타고의 여왕 디도에게 트로이 전쟁과 7년간의 모험에 관한 이야기를 들려준다. 그 후 카르타고를 떠나 이탈리아에 도착해 원주민과의 전투에서 그들의 왕 투르누스를 물리치고 아이네이아스가 승리하는 장면으로 끝을 맺는다.

≪아이네이스≫에서는 아이네이아스의 출생과 그의 일부 행적에 관해서는 언급하지 않는다. 그래서 '아이네이아스의 모험'에서는 아이네이아스 출생을 시작으로 시간의 흐름에 따라 그의 행적을 살펴보았다.

1

출생과 트로이 전쟁

아이네이아스는 아프로디테 여신과 인간 안키세스 사이에서 아들로 태어났다. 다르다니아의 왕자였던 안키세스*가 이다산에서 양을 돌보고 있을 때였다. 안키세스의 수려한 용모에 마음을 빼앗긴 아프로디테는 아름다운 인간 여인으로 변신하여 그에게 접근하였다. 아프로디테는 자신을 프리기아의 오트레우스 왕의 딸이라고 속이고 안키세스에게 사랑을 고백했다. 얼마 후 아프로디테는 안키세스의 아이를 갖게 되었다. 아프로디테는 안키세스에게 자신의 정체를 밝히고 앞으로 태어날 아이의 어머니가 누군지 아무에게도 발설하지 말라고 당부했다. 트로이의 운명이 그 아이에게 달려있으며, 그의 후손들이 대대손손 끊기지 아닐

---

* 안키세스는 트로이 왕가의 후손인 카피스와 테미스테 사이에서 태어났다. 아들 아이네이아스와 함께 트로이 전쟁에 참전했다.

것이라고 했다.

그 후 아프로디테는 아들 아이네이아스를 낳아 이다산의 님페들에게 맡겨 길렀다. 아프로디테는 아이네이아스가 다섯 살이 되던 해에 아버지 안키세스에게 데려다주었다. 안키세스는 자신의 큰딸 히포다메이아의 남편인 알카토오스에게 아들의 교육을 맡겼다. 그러던 어느 날 안키세스는 술김에 사람들에게 아들 아이네이아스의 출생 비밀을 털어놓았다. 아프로디테 여신과 정을 통하여 낳은 아들이라고 자랑삼아 말했다. 이에 제우스는 신들의 비밀을 누설한 안키세스에게 벼락을 내려 한쪽 다리를 불구로 만들었다.

매형 알카토오스 밑에서 훌륭한 청년으로 자라난 아이네이아스는 아버지의 뒤를 이어 트로이 세력권에 있던 다르다니아의 왕이 되었다. 트로이 전쟁이 발발하자 트로이 왕가의 후손인 아이네이아스는 다르다니아의 군대를 이끌고 전쟁에 참전하였다. 아이네이아스는 트로이 군에서 헥토르 다음가는 용맹한 장수로 전투에서 혁혁한 공을 세웠다. 아이네이아스는 여러 번 위험에 처하기도 했지만, 신들의 각별한 보호를 받으며 위기를 벗어날 수 있었다. 트로이 목마 작전으로 전세가 급격히 기울었는데도 불구하고, 아이네이아스는 최후의 항전을 시도했다. 하지만 트로이가 온통 불길에 휩싸이자, 트로이의 패망이 돌이킬 수 없음을 깨달았다. 어머니 아프로디테도 트로이에서 떠날 것을 경고하자 아이네이아스는 탈출하기로 결심하였다.

2

트로이 탈출

　아이네이아스는 여든이 넘은 늙은 아버지 안키세스*를 한쪽 어깨에 얹고 어린 아들의 손을 잡은 채, 불타는 트로이 성을 탈출해 새로운 안식처를 찾아 떠났다. 뒤를 따르던 아내 크레우사의 모습이 보이지 않자, 아이네이아스는 다시 성으로 들어가 미친 듯이 아내를 찾아다녔다. 그때 슬픈 아내의 망령이 나타나 더 이상 찾지 말고 어서 떠나라고 당부하였다. 아이네이아스는 아내를 껴안으려 했지만 그녀는 바람결처럼 사라졌다.
　아이네이아스는 그를 따르던 유민들과 함께 이다산에서 몇 달간 머물며 배를 건조한 뒤 이들을 이끌고 새로운 정착지를 찾아 떠났다. 선

---

* 이때 안키세스는 페나테스 여신상을 들고 아들 아이네이아스의 어깨에 탔는데, 페나테스 신상은 가정을 지켜주는 조상신으로 조상 대대로 모시던 신상이었다.

단 규모는 20여 척이나 되었다. 아이네이아스 일행은 트라키아를 거쳐 델로스섬에 도착했다. 델로스섬은 아르테미스와 아폴론이 태어난 섬으로 그 당시 늙은 안키세스의 오랜 친구인 아니우수 왕이 다스리고 있었다. 그곳에서 며칠간 머물며 여독을 푼 아이네이아스는 아폴론 신전을 찾아 신탁을 물었다. 옛 어머니를 찾아가라는 아폴론의 신탁에 따라 크레타섬으로 갔다. 트로이인들의 조상으로 알려진 테우크로스*가 크레타 출신이기 때문이었다. 하지만 아이네이아스의 꿈에 조상신 페나테스가 나타나 아폴론이 말한 옛 어머니의 땅은 크레타가 아니라 자신들의 조상인 다르다노스**가 태어난 헤스페리아라는 계시를 받았다. 그 당시 그리스인들은 이탈리아를 헤스페리아라 불렀다.

아이네이아스의 모험 경로

이탈리아를 향해 출발한 아이네이아스 일행은 펠로폰네소스 반도를 마주보고 있는 두 개의 스트로파데스섬 중 한 섬에 닿았다. 피네우스 왕의 궁전에서 쫓겨난 괴조 하르피이아이***가 이곳에 살고 있었다. 아이네이아스 일행은 괴조에게 쫓겨 다시 바다로 도망쳤다.

---

* 테우크로스는 트로이의 전설적인 왕으로 테우크로이인들의 시조이다. p322.
** 다르다노스와 이아시온은 이탈리아 중부 에트루리아 태생으로 알려져 있다.
*** 칼라이스와 제테스가 피네우스 왕의 나라에 있는 하르피이아이를 쫓아내고 왕을 구해주었다. p159.

다음으로 프리아모스의 아들 헬레노스와 헥토르의 아내 안드로마케가 건설한 새 왕국 부트로톤에 들리게 되었다. 트로이가 멸망하자 헥토르의 동생 헬레노스와 그의 형수 안드로마케는 네오프톨레모스의 노예가 되어 그리스 에페이로스로 끌려갔다. 그러나 나중에 네오프톨레모스가 죽게 되자 그들은 에페이로스 근처인 이곳 부트로톤에 정착하였다. 부트로톤에서 헬레노스와 그의 형수 안드로마케는 새 왕국을 건설하고 부부가 되어 함께 살고 있었다. 이들은 아이네이아스 일행을 기쁘게 맞이하고 후하게 대접해 주었다. 떠나기에 앞서 예언의 능력이 있는 헬레노스는 그들에게 항해에 유용한 조언도 아끼지 않았다.

헬레노스의 충고에 따라 아이네이아스 일행은 괴물 스킬라와 카립디스를 피해 시칠리아를 우회하여 이탈리아로 접근하는 길을 선택했다. 아이네이아스 일행은 남쪽으로 계속해서 항해하다가 에트나산이 있는 시칠리아 남부의 해안에서 하루 머물기로 했다. 다음 날 아침이 되자 거지 행색을 하고 반송장이 된 한 남자가 나타났다. 그는 오디세우스의 일행 중 한 명이었던 아카이메니데스란 자였다. 아카이메니데스는 폴리페모스 동굴에서 탈출했을 때 뒤처져 키클로페스*가 사는 이곳에 혼자 남겨지게 되었다. 그는 아이네이아스 일행에게 빨리 이 섬을 떠나야 한다며 다그쳤다.

때마침 오디세우스에게 눈이 멀게 된 거인 폴리페모스가 눈이 있던

---

* 가이아와 우라노스의 자식인 키클로페스 삼형제와 다른 외눈박이 거인 부족이다. 100여 명이나 되는 이들 키클로페스 중에서 가장 유명한 자는 포세이돈의 아들로 알려진 폴리페모스이다. p377.

움푹 팬 자리를 씻기 위해 해변으로 다가왔다. 눈이 후벼 파인 자리에서 아직도 피가 흘러내리고 있었다. 겁에 질린 아이네이아스 일행은 아카이메니데스를 배에 태우고 서둘러 노를 저어 나갔다. 노 젓는 소리를 들은 폴리페모스가 바다로 뛰어들었지만, 다행히 그를 피해 달아날 수 있었다. 허탕을 친 폴리페모스가 괴성을 내지르자, 그의 동료들이 해안으로 달려왔다. 이미 아이네이아스 일행이 출항한 뒤여서 그들은 그저 바라볼 수밖에 없었다.

아이네이아스 일행의 항해를 지켜보던 헤라 여신은 바람의 신 아이올로스에게 명령하여 커다란 풍랑을 일으키게 했다. 파리스의 신판을 절대 잊지 않고 있던 헤라는 트로이인들에게 증오심을 품고 있었기 때문이었다. 이로 인해 아이네이아스 일행은 북아프리카의 카르타고 연안으로 밀려갔다. 아이네이아스는 지금까지 7년 동안이나 바다를 헤매고 다녔다. 그사이 많은 배들이 난파당하거나 폭풍우에 휩싸여 뿔뿔이 흩어졌다. 이제 스무 척의 배 중에서 남은 일곱 척을 이끌고 간신히 이곳 카르타고에 이르게 된 것이었다.

디도의 도시 카르타고

카르타고는 디도라는 여왕이 세운 도시로 그 당시 그녀의 치세 하에 크게 번성하고 있었다. 페니키아 티로스의 왕 벨루스의 딸이었던 디도는 값진 보물을 많이 소유하고 있던 부유한 시카이우스와 결혼하였다.

벨루스 왕이 죽은 뒤 왕위를 물려받은 디도의 오빠 피그말리온*이 시카이우스의 황금을 탐내고 아무도 모르게 그를 살해하였다. 디도의 꿈속에 죽은 남편이 나타나 모든 사실을 폭로하며 빨리 달아나라고 했다. 디도는 피그말리온의 폭정에 반감을 품은 티로스의 귀족들을 거느리고 도망쳐 카르타고에 이르게 되었다.

디도 일행은 이곳에 정착하기로 하고 원주민의 왕 이아르바스에게 땅을 달라고 요청했다. 이아르바스는 소 한 마리의 가죽으로 둘러쌀 수 있는 만큼의 땅을 주겠다고 했다. 이대로 물러설 수 없었던 디도는 소가죽을 가늘게 잘라 끈을 만든 다음에 도시를 세울 정도의 땅을 둥그렇게 감쌌다. 깜짝 놀란 원주민들은 아름답고 지혜로운 디도에게 기꺼이 정착을 허락해 주었다. 이렇게 확보한 땅에 디도는 성채를 짓고 새로운 도시를 건설하였다. 디도가 건설한 도시는 새 도시라는 뜻의 카르타고라 불리었고, 성채는 가죽이란 뜻의 비르사라고 불렸다.

아이네이아스가 도착했을 때 디도 여왕은 도시에 헤라 여신의 신전을 짓고 있었다. 때마침 신전에 트로이 전쟁 장면을 그려 넣는 중이었다. 그 그림에는 아이네이아스가 용감하게 싸우는 장면도 있었다. 소문으로만 듣던 아이네이아스 일행을 보자 디도는 최대한 예우를 갖추어 맞이했다. 아이네이아스와 미망인이 된 디도는 트로이 전쟁과 모험에 관한 이야기를 나누면서 둘 사이에 사랑이 싹트게 되었다. 그러던 어느

---

* 갈라테이아와 사랑에 빠진 조각가 피그말리온과 이름은 같지만, 그와는 다른 인물이다.

날 사냥 대회에 나갔다가 갑자기 쏟아지는 소나기를 피해 근처에 있는 동굴로 들어가게 되었다. 둘은 이곳에서 억눌렸던 연정을 불태웠다. 사랑에 빠진 디도는 아이네이아스에게 자신이 가진 모든 것을 다 주었다. 한동안 아이네이아스는 그녀와 함께 행복한 나날을 보내고 있었다.

어느 날 갑자기 아이네이아스는 할 일 없이 빈둥거리며 만족해하는 자신에게 깜짝 놀랐다. 제우스가 헤르메스를 보내 그의 사명을 상기시키며 카르타고를 떠나라고 경고했던 것이었다. 디도는 아이네이아스가 자신을 버리고 떠나려 한다는 사실을 믿을 수가 없었다. 그녀는 아이네이아스에게 카르타고에 머물 것을 간청했지만 그는 디도의 손길을 냉정하게 뿌리치고 작별 인사도 없이 떠나 버렸다. 버림받은 디도는 아이네이아스와의 추억이 담긴 물건들을 모두 불길 속에 집어던지고 자신도 불 속으로 뛰어들었다.

무녀 시빌레와 망각의 강 레테

아이네이아스 일행은 다시 이탈리아를 향해 출발했다. 도중에 배가 커다란 파도에 부딪히는 바람에 충직한 키잡이 팔리누루스가 바다에 떨어져 죽었다. 키잡이가 없었지만 포세이돈의 도움으로 이탈리아의 땅 쿠마이에 무사히 도착할 수 있었다. 아이네이아스는 예언자 헬레노스의 충고에 따라 쿠마이의 무녀 시빌레가 살고 있는 동굴을 찾아갔다. 시빌레는 저승으로 내려가서 아버지 안키세스*의 망령을 만나면 앞으로 이탈리아에서 일어날 일들을 알아낼 수 있을 것이라고 하였다. 그녀는 아이네이아스에게 숲으로 가서 지하세계로 들어갈 수 있는 황금 가지**를 찾아오면 저승으로 안내하겠다고 했다. 아이네이아스가 숲으로 들어갔을 때 비둘기 두 마리가 황금빛 나는 나무 위로 날아올랐다. 아이네이아스는 그 나무의 황금 가지를 꺾어 시빌레에게 가져다주었다.

아이네이아스와 무녀 시빌레는 저승으로 흘러드는 스틱스 강에 이르렀다. 강가에는 장례를 치르지 못해 카론의 배를 탈 수 없는 망령들이 모여 있었다. 이들은 노잣돈이 없어 카론의 뱃삯을 지불할 수 없었기 때문이었다. 아이네이아스는 망령들 사이에서 키잡이 팔리누루스를 발견하였다. 팔리누루스는 아이네이아스를 알아보고 카론의 배에 태워 저승으로 데려달라고 부탁했다. 하지만 그것은 저승의 규율을 어기는 일이라 아이네이아스는 그에게 지상으로 돌아가면 즉시 장례를 치러 주겠다고 약속했다. 아이네이아스와 시빌레가 카론의 배를 타려 할 때 카론은 살아있는 자들은 태워줄 수 없다며 거절했다. 시빌레가 황금 가지를 보여주자, 카론은 아무 말 없이 그들을 배에 태워주었다.

저승에서 아이네이아스와 시빌레는 비탄의 들판을 지나가게 되었다. 비탄의 들판에는 비참한 운명 때문에 스스로 목숨을 끊은 불행한 연인들이 살고 있었다. 그곳에서 아이네이아스는 디도의 망령과 마주치

---

* 연로한 안키세스는 아이네이아스와 함께 하는 여정에서 날로 쇠약해진 나머지 약속의 땅 이탈리아에 이르지 못하고 시칠리아섬에서 죽음을 맞이했다.
** 황금 가지는 겨우살이나무로 겨울에도 황금빛으로 빛나 황금 가지라 불리며 신성한 나무로 여겼다.

게 되었다. 디도의 망령은 그가 묻는 말에 아무 대답도 하지 않고 외면하였다. 아이네이아스의 마음은 심하게 동요되어 그녀가 사라진 후에도 한참 동안 눈물을 흘렸다. 마침내 아이네이아스는 엘리시온 들판에 이르렀다. 엘리시온 들판은 선택받은 선한 영혼들만 올 수 있는 축복받은 땅이었다. 아이네이아스는 이곳 엘리시온에서 아버지 안키세스를 만났다. 두 사람은 서로를 끌어안고 기쁨의 눈물을 흘렸다.

안키세스는 아이네이아를 망각의 강 레테로 데려갔다. 지상세계에서 다시 태어날 영혼들이 레테의 강물을 마시고 있었다. 이 강물을 마신 망자들은 그동안 전생에서 겪은 기억들을 모두 잃어버리게 되는 신비의 강물이었다. 안키세스는 아들에게 후손으로 다시 태어날 영혼들을 보여주었다. 강물을 마시기 위해 차례를 기다리는 그들은 아이네이아스의 후손이자 위대한 로마인으로 다시 태어날 영혼들이었다. 안키세스는 아들에게 일족의 운명과 새로 건설하게 될 로마의 장래에 관해서도 들려주었다. 아버지와 작별 인사를 나누고 지상으로 돌아온 아이네이아스는 항해를 계속해 마침내 이탈리아 중부 라티움 지방에 도착했다.

3

로마 건국

　라티움은 늙은 라티누스 왕이 다스리고 있었다. 라티누스 왕은 선친 파우누스의 망령으로부터 곧 도착하게 될 이방인과 무남독녀인 딸을 결혼시키라는 계시를 받았다. 라티누스 왕은 아이네이아스가 사절단을 보내오자, 아이네이아스가 선친이 예언한 사윗감이라고 확신했다. 하지만 라티누스의 아내 아마타는 결혼을 반대했다. 딸 라비니아의 약혼자인 루투리인의 왕 투르누스도 아이네이아스 일행에 적개심을 품고 전쟁을 벌였다. 이로 인해 여러 차례의 피비린내 나는 전투가 벌어졌다. 이 전쟁으로 양편 모두 큰 피해를 입었다. 마지막 전투에서 아이네이아스와 투르누스는 일대일로 맞붙게 되었다. 마침내 아이네이아스는 투르누스를 죽이고 승리를 거두었다.

　원주민과의 전쟁에서 이긴 아이네이아스는 라티누스 왕이 이끄는 라티니 족과 평화 협정을 체결하고 그의 딸 라비니아와 결혼하였다. 아이네이아스는 트로이 유민과 라티니 족을 연합하여 새로운 도시를 건설하고 아내 라비니아의 이름을 따서 라비니움이라 불렀다. 아이네이아스의 사후에 트로이에서 데려온 아들 아스카니오스가 라비니움의 왕위에 올랐다. 얼마 후 아스카니오스는 라비니아가 낳은 이복형제 실비우스에게 라비니움을 넘겨주고 알바롱가 지역에 새로운 도시를 건설하였다. 아스카니오스는 후사가 없이 죽음을 맞게 되자 실비우스에게 알바롱가 왕국을 물려주었다. 알바롱가 왕조는 실비우스의 혈통에 의해 계속 이어지다가 누미토르의 대에 이르게 되었다.

누미토르는 알바롱가 13대 왕 프로카스의 맏아들로 부왕이 죽은 뒤 왕위를 물려받았다. 그러나 누미토르의 동생 아물리우스가 반란을 일으켜 형 누미토르의 왕위를 빼앗고 자기 자리를 위협하게 될 조카들을 모두 제거하였다. 조카딸 레아 실비아는 베스타* 신전의 여사제가 되게 하여 평생 처녀로 남아 대를 잇지 못하게 했다.

로마의 초대 왕 로물루스

그러던 어느 날 레아 실비아는 신전에 바칠 물을 긷기 위해 숲으로 갔다가 전쟁의 신 마르스**와 동침하여 쌍둥이 로물루스와 레무스 형

---

* '베스타'는 로마식 이름으로 그리스 신화의 불과 화로의 여신 헤스티아와 동일시된다.
** '마르스(Mars)'는 로마식 이름으로 그리스 신화의 전쟁의 신 '아레스(Ares)'와 동일시된다.

제를 낳았다. 이 사실을 알게 된 아물리우스는 레아 실비아를 감옥에 가두고, 시종을 시켜 쌍둥이 형제들을 티베리스 강에 갖다 버리게 했다. 마침 암늑대가 아이들을 발견하고 동굴로 데려가 젖을 먹였다. 왕의 가축을 돌보던 목동 파우스툴루스가 늑대의 젖을 먹고 살아남은 형제들을 발견하고 이들을 데려와 자식처럼 보살펴 주었다. 장성한 로물루스와 레무스 형제는 목동이 되어 가축을 기르며 살았다. 이들 두 형제의 우애는 남달리 깊었다.

그러던 어느 날, 레무스가 아물리우스 왕의 목장을 습격했다가 투옥되는 일이 발생했다. 로물루스가 동생 레무스를 구하기 위해 아물리우스의 왕궁으로 찾아가려고 했다. 이때 파우스툴루스가 로물루스에게 두 형제의 출생 비밀에 관하여 알려주었다. 로물루스는 자기를 따르는 목동의 무리를 이끌고 아물리우스의 왕궁으로 쳐들어가 그를 죽이고 동생 레무스를 구해냈다. 그리고 외할아버지 누미토르에게 빼앗겼던 왕위를 되찾아 주었다. 하지만 그의 어머니 레아 실비아는 이미 옥사한 뒤였다.

그 후 로물루스와 레무스는 누미토르에게 하사받은 땅에 새로운 도시를 건설하기로 했다. 그곳은 알바롱가 왕국 가까이에 있는 지역으로 두 형제가 늑대의 젖을 먹고 자란 곳이기도 했다. 이때부터 누가 새로운 도시의 왕이 될지를 놓고 형제 사이에 대립이 시작되었다. 티베리스 강변에는 일곱 개의 언덕이 있었는데, 로물루스는 팔라티노 언덕에 도시를 세우길 원했고, 레무스는 아벤티노 언덕에 세우길 원했다. 그들의 논쟁이 계속되자 중재에 나선 누미토르 왕이 신의 뜻을 물어보자고 제안했다. 쌍둥이 형제는 각자가 선택한 지역에서 하늘을 나는 새들을 통해 신의 뜻을 알아보기로 했다. 로물루스 쪽 하늘에는 12마리의 독수리가 날아들고, 레무스 쪽 하늘에는 6마리의 독수리가 날아들었다.

신의 선택을 받은 로물루스는 새로운 도시의 경계를 표시하기 위해 황소 두 마리가 끄는 쟁기로 고랑을 파고 흙으로 성벽을 쌓기 시작했다. 신의 선택을 받지 못해 화가 난 레무스는 로물루스가 쌓고 있는 신성한 성벽을 훌쩍 뛰어넘어 들어왔다. 그리고 이렇게 빈약한 성벽으로 어떻게 도시를 지킬 수 있겠냐며 비웃었다.

이 사건으로 둘 사이에 큰 다툼이 벌어지면서 격분한 로물루스는 동생 레무스를 칼로 찔러 죽였다. 그러고는 큰 소리로 외쳤다. "그 누구도 나의 성벽을 뛰어넘는 자는 이렇게 되리라." 이성을 되찾은 로물루스는 자신이 저지른 잘못을 깨닫고 스스로 목숨까지 끊으려 했다. 레무스의 장례식에 참석한 로물루스는 참회의 눈물을 흘리며 동생의 넋을 위로해 주었다. 그 후 새로운 도시를 세우고 왕의 자리에 오른 로물루스는 이 도시를 자신의 이름을 따서 '로마'라 불렀다.

이로써 트로이가 패망한 이후 유민들을 이끌고 이탈리아로 건너온 베누스* 여신의 아들 아이네이아스는 로마 건국의 초석을 마련하게 된 것이었다. 기원전 753년 로물루스가 로마를 건국하고 나서 기원후 476년 서로마 제국이 멸망할 때까지 거대한 신성 로마 제국은 천년 이상 지속되었다.

---

* '베누스(Venus)'는 로마식 이름으로 그리스 신화의 아프로디테 여신과 동일시된다.

천년제국 로마의 최전성기 판도는 서쪽의 에스파냐에서부터 동쪽의 서아시아까지, 북쪽으로는 브리타니아에서부터 남쪽의 북아프리카에 이르기까지 거대한 제국을 건설하였다.

훗날, 세상 사람들은 이렇게 말했다.
"모든 길은 로마로 통한다."

므네모시네의 그리스 로마 신화

초판 1쇄 발행 2023년 12월 7일

지은이 | 권혁진
디자인 | 권나연
펴낸곳 | ㈜성공신화 R&D

등록일 | 2023년 4월 3일
주소 | 서울시 마포구 서교동 371-7
전화 | 02-2654-1231
ISBN | 979-11-984843-1-4

이 책은 저작권법에 의해 보호를 받는 저작물이므로 무단전재와 복제를 금합니다.
책값은 뒤표지에 있으며 잘못되거나 파손된 책은 구입처에서 교환해 드립니다.